나는 슬픔을 물려받았다

나는 슬픔을 물려받았다

정신질환의 유전과
마음의 회복에 관하여

제임스 롱먼 지음
성소희 옮김

The Inherited Mind
James Longman

바다출판사

이 책은 과학 연구 결과를 기반으로 하며, 저자의 의견과 생각을 담고 있다. 이 책의 목적은 여기서 다루는 주제들에 관해 유익하고 유용한 정보를 제공하려는 것이다. 저자와 출판사는 독자에게 의료나 건강 등의 주제에 관해 전문가 관점에서 조언하려는 의도가 없다. 독자는 이 책에 나오는 정보가 면허를 소지한 의료 전문가의 조언을 대신한다고 생각해서는 안 된다. 아울러 저자가 아는 한, 책 속의 정보는 출판 시점을 기준으로 정확하다. 저자와 출판사는 독자가 이 책 속 정보를 사용해서 직접 발생한 모든 손실이나 부상, 손해에 대해 어떠한 책임도 지지 않는다.

차례

머리말

"ISIS가 오고 있어요!"

시리아 사막에서 잠든 새벽 4시에 이런 말을 듣고 싶지는 않을 것이다. 나는 "튀르키예식 커피 준비해놨어" 같은 말을 더 좋아한다. "걱정하지 마, 좀 더 자"라면 더 좋고. 하지만 뉴스팀의 무장 경호원이 뉴스 중계차 창문을 미친 듯이 두드리는 소리에 정신이 번쩍 들었다. 일부러 '무장 경호원'이라는 모호한 표현을 썼다. ISIS와 싸우는 쿠르드족과 아랍 병력이 최전선에 나간 언론인을 지키라고 고용한 사람이었지만, 정식 훈련은 전혀 받지 않았으리라고 생각해도 무방했다. 나는 우리 경호원이 열일곱이나 열여덟 살쯤이라고 추측했다. 설마 그보다 더 어린 사람에게 무기를 쥐여줬을까 싶어서였다. 지금 생각해보니, 사춘기도 겪지 않았을 것 같다. 지나치게 헐렁한 군복을 입은 그는 계속 고함치며 낡은 AK-47로 중계차 창문을 쳤다. 우리 팀은 몇 초 만에 벌떡 일어났다.

며칠 더 앞으로 시간을 돌려보자. 2019년 3월, 나는 ABC 방송국 동료들—프로듀서 소헬 우딘과 카메라맨 제이미 베이커—과 함께 시리아 남동부를 찾았다. 'ISIS의 몰락'이라고 불리던 상황을 취재해야 했다. 평화로웠던 시절에는 이라크 국경과 가까운 유프라테스강 근처 이 시골 지역의 삶이 비교적 소박했다. 하지만 ISIS라는 암세포가 이곳에 깊이 뿌리내렸고, 다국적군은 테러리스트 점령지의 마지막 보루를 되찾고자 이곳을 거의 완전히 파괴했다. 우리는 날마다 차를 타고 폐허와 진흙더미로 변해버린 마을을 통과하며 버려진 금속 조각을 갖고 노는 어린아이들의 흐릿한 얼굴을 쏜살같이 지나쳤다. 축축하게 젖고 지저분한 그 아이들은 몇 달 동안이나 옷을 갈아입지 못했을 것이다. 황량하다는 말로는 그 광경을 온전히 표현할 수 없다.

마침내 우리는 이른바 '마지막 ISIS 거점'이라고 불리는 바구즈에 도착했다. 테러리스트와 서방 사이 최후의 전쟁이 펼쳐질 곳이었다. 바구즈는 아무것도 없는 허허벌판이었다. 끝없이 펼쳐진 척박한 풍경에는 이 일대에서 흔히 보이는 작달막한 잿빛 미완성 콘크리트 건물 단지가 흩뿌려져 있었다. 우리는 최전선에서 약 1.6킬로미터 떨어진 곳에서 포격당한 건물을 발견하고 그 뒤편에 자리 잡았다. 그곳에서는 우리 중계차가 포격으로부터 안전하기를 바랐다. 우리는 〈굿모닝 아메리카〉와 〈월드 뉴스 투나잇〉 시청자에게 이곳 상황을 보여줄 수 있을 만큼 높으면서도 테러리스트의 표적이 되지 않을 만큼 안전한 곳이 필요했다. 우리를 보호하라고 파견된 군복 차림의 그 소년이 건물을 향해 슬쩍 손을 흔들며 말했다. "건물 안으로 들어가지 마세요. 폭탄이 있어요. 계단은 괜찮아요." 그 경고는 정확했다. 우리가 그 지역을 떠나고 2주 후, 다른 뉴스팀 소속 기자가 화장실을 찾으러 그 건물 안으로 들어갔다가 급조 폭발물을 밟았다.

폭격 작전은 해가 저물면 시작될 예정이었다. 우리는 거대한 주황색과 노란색 반딧불이처럼 보이는 물체가 공중을 가로질러 날아가다가 머리 위로 사라지는 광경을 몇 시간 동안 지켜보았다. 서로를 돌아보았더니, 적막한 어둠 속에서 푸르스름해진 얼굴들이 불안에 잠겨 있었다. 몇 초 후, 약한 바람 한 줄기가 불어와서 먼지가 눈에 들어갔다. 저 멀리서 열렬하게 타오르는 거대한 폭발이 보였다.

그런 순간에는 서로 경쟁하는 뉴스팀 사이의 경쟁심이 녹아서 사라진다. CNN 뉴스팀이 가장 좋은 위치를 차지했지만, 마치 폭격이 치명적이고 일그러진 불꽃놀이인 양 그 장관을 감상하려고 모두 옹기종기 모였다. 우리는 중계차에서 두어 시간 눈을 붙였고, 날이 밝자 폭격을 맞은 건물 옥상으로 올라가서 동태를 살폈다.

"자, 이걸로 보세요." CNN 카메라맨이 쌍안경을 건넸다. 아니나 다를까, ISIS 전투원들이 옥상에 서 있거나 건물 사이를 돌아다니는 모습이 눈에 들어왔다. 어느 대원이 양치하는 모습도 지켜봤다. 그 사람은 아주 꼼꼼하게 이를 닦았다.

"우리가 저 사람들을 볼 수 있다면, 저들도 우리를 볼 수 있지 않을까요?" ISIS 대원이 그렇게나 가까이 있다는 사실에 조금 놀라서 물었다.

"저들은 총알을 낭비하기 싫어해요." 소름 끼치는 대답이 돌아왔다.

당시 나는 서른셋이었고, ABC에서 일한 지 거의 2년이 되어 가고 있었다. 그동안 온갖 곳에서 취재했고—상당수는 제법 위험한 곳이었다—내 나름대로 곤경에 빠지기도 했다. 순진한 24세 청년이었던 2011년에는 영국 신문사의 의뢰로 시리아의 시위운동을 취재하다가 정부 검문소에서 체포당할 뻔했다. 무장 괴한들이 도주해버린 유럽 전역의 테러 현장에도 가봤다. 스킨헤드족이 스와스티카(독일 나치의 상징—옮긴이)를 비롯해 여러 무시무시한 상징을 그린 현수막을 휘두르는 극우 집회에도 나갔다. 하지만 이번에는 가장 긴박한 위험을 맞닥뜨린 것 같았다. 위험 그 자체 때문에 이 일을 한다고 생각하지는 않는다. 물론, 분명히 아드레날린이 솟구치기는 한다. 그런 짜릿함을 즐기는 동료도 있다. 나에겐 진정으로 중대한 사건이 벌어지는 현장에 있다는 사실이 더 중요하다. 세상은 아주 멀리서 지켜보지만, 나는 *실제로 현장에* 나가 있다. 나는 현장을 직접 보고, 현장의 공기를 들이마시고, 현장을 생생하게 경험한다.

바로 그 순간, 인간이 무슨 일을 할 수 있는지 목격한다. 그렇다, 인간은 적개심을 품고 해악을 저지를 수 있다. 하지만 놀라운 용기와 선의, 자비도 보여줄 수 있다. 파리에서 만난 어느 남자의 사연을 절대 잊지 못할 것이다. 그 사람은 2015년 바타클랑 극장 테러로 아내를 잃었다. 그는 아내를 살해한 이들에게 용서한다는 편지를 썼다. 우리는 그에게 카메라 앞에서서 편지를 읽어 달라고 부탁했고, 그 영상은 BBC에서 역대급으로 높은 조회수를 기록했다. 2023년 봄 우크라이나에서 만난 젊은 부부 알리나와 안드리의 이야기도 잊을 수 없다. 러시아가 침공했을 때, 27세였던 안드리는 조국의 부름에 응했다. 그런데 드론 조종사로 입대한 지 얼마 지나지 않아서 박격포탄에 거의 직격으로 맞았다. 안드리는 두 팔과 시력, 청력 일부를 잃었다. 비극적인 이야기다. 하지만 우리 기사의 주인공은 안드리의 아내 알리나였다. 알리나는 남편에게로, 수백 킬로미터 떨어진 진흙투성이 참호로 곧장 달려갔다. 그리고 남편이 회복하는 동안 병원에서 함께 지내며 남편의 눈과 귀, 손이 되어주었다. 알리나는 사랑하는 사람에게 온전히 헌신했다. 커다란 고통에 맞서 커다란 용기를 보여주는 이런 이야기는 사람들이 절망이 아니라 희망을 원한다는 중요한 교훈을 가르쳐줬다. 희망의 일부가 되는 것—너무나도 절망적인 상황에 희망 어린 순간을 가져다주는 것—이 나를 움직이는 원동력이다.

서리로 뒤덮인 사막의 새벽, 뉴스 중계차 밖에서 발작적으로 터져 나오는 고함으로 다시 돌아가자. 과호흡이 온 우리 호위 병사는 ISIS 병력이 인근 마을에서 탈출해서 우리 앞에 펼쳐진 들판으로 향하고 있다고 겨우겨우 설명했다. 쥐구멍에 연기를 피우면 쥐가 쫓겨 나오듯, ISIS 전투원은 뿔뿔이 흩어져서 지금 당장 우리를 향해 달려오고 있었다. 몇 분 안에 도망쳐야 했다. 초현실적인 사건은 연달아 터지는 법, 거대한 위성 접시 안테나를 고정하던 밧줄이 엉켜 있었다. 나는 상황이 얼마나 심각한지 아직 파악하지 못한 운전 기사에게 접시 안테나를 남겨 두고 떠나자고 설득했다. *당장 밴에 타야 한다고!* 탈출하기 전에 팀원 한 명이 건물 옥상으로 달려가서 CNN 팀에 소식을 전했다. 그 팀은 남겠다고 했다.

몇 년이 지난 지금도 그때 ISIS가 정말로 그 건물에 도착했는지 확실하지 않다. 혹시나 건물에 이르렀다고 해도 다행히 옥상에 있던 사람들을 전혀 건드리지 않았다. 다음 날 텔레비전에서 CNN 특파원 벤 웨더먼을 보고 크게 안도했다. 나중에 소식을 들었는데, CNN 팀은 무너진 옥상에서 참치 통조림과 크래커, 아드레날린만으로 무려 50일을 버텼다. 정말로 용감하고 놀라운 일이다.

끊임없는 뉴스 보도라는 임무가 사라지면서 우리 팀의 일도 거기서 끝났고, 우리는 다시 북쪽으로 향했다. 시리아에는 이동 통신 서비스가 아예 없다시피 하다. 우리 집 거실에 버금가는 수준이다. 이라크 북부 국경 근처의 숙소로 돌아와서야 통신이 다시 멀쩡하게 작동하면서 메시지 수신을 알리는 휴대전화 진동이 울렸다. 안전하게 지내라고 간곡히 부탁하는 동료와 친구의 메시지. 시청자가 소셜 미디어에서 우리 보도 영상을 공유했다는 알림. 오랫동안 연락이 끊겼던 사람들이 뉴스에서 우리 모습을 보고 보낸 메시지.

어머니가 보낸 메시지도 있었다. *더는 못 살겠다. 너는 롱먼 집안의 저주를 물려받았어. 너도 네 아버지처럼 병들었잖아.*

어머니가 말한 '병'은 우리 아버지의 조현병schizophrenia이다. 아버지는 내가 아홉 살 때 조현병 때문에 스스로 목숨을 끊었다. 어머니가 말한 '저주'는 아버지와 똑같이 조현병을 앓았던 삼촌과, 아버지와 똑같이 스스로 삶을 마감한 할아버지를 가리킨다.

나는 살면서—장담컨대, 여러분이 충격받았을—이런 메시지를 수도 없이 들었다. 우리 모자 관계는 아버지가 돌아가신 후 틀어졌고, 이런 공격이 우리 사이의 특징이 되었다. 어머니는 분노에 차서 내게 침을 뱉기도 했고, 눈물을 흘리고 숨을 헐떡이며 소리를 지르기도 했다. 이제는 익숙하다. 이런 일은 요즘도 되풀이되고, 나는 하루하루가 전쟁터인 가족과 함께할 때보다는 말 그대로 폭탄이 바로 옆에서 터지는 뉴스 중계차 안에 있을 때가 더 편안하다.

이런 메시지를 받으면 늘 마음이 아프다. 단지 어머니가 한 말이어서가 아니다. 내가 실제로 우울증을 앓고 있기 때문이다. 20대 중반에 처음으로 심각한 우울증을 겪었지만, 그때는 내게 무슨 일이 일어났는지 이해하지 못했다. 당시 언론계에 벌써 몇 년이나 몸담고 있었지만, 내가 정말로 하고 싶은 일인지 여전히 확신이 서지 않았다. 이제 와서 돌이켜보면, 인생의 그 시기 즈음에 다들 방향 감각을 잃곤 한다. 하지만 나는 길을 완전히 잃은 기분이었다. 기력을 잃었고 친구들과 연락을 끊기 시작했다. 생활이 서서히 흐트러졌고, 내 잠재력을 제대로 발휘하지 못하고 있다는 느낌이었다.

어느 날, 직장에서 느닷없이 일이 터졌다. 공황 발작이 일어났고, 런던의 인도에 앉아서 차도로 뛰어들지 고민했다. 아버지의 자살에 관한 자세한 내용은 스물여섯이 되어서야 알았지만, 그전에도 아버지의 정신질환은 알고 있었다. 그래서 내가 여지없이 아버지의 길을 따라갈 운명이라는 느낌이 더욱 강해졌다.

10년이 흐른 후 그 깊은 슬픔이 되살아났고, 나는 다시 자살을 생각했다. 그동안 나를 행복하게 해주리라고 믿었던 모든 이정표—성공적인 경력, 의미 있는 인간관계—가 어쩐지 힘을 잃었다. 그런 이정표는 내가 걸어야 할 길 위의 방해물로만 느껴졌다. 게다가 어머니 역시 우울증과 싸우는 모습을 지켜보면서, 나는 유전적 필연성이라는 생각이 더욱 강해졌다. '롱먼 집안의 저주'라는 개념은 무엇이든 과장하기 좋아하는 어머니의 호들갑이라고 생각하면서도 가끔 의문이 들었다. 어머니의 말이 옳을까? 슬픔이 가족력일까? 나도 정신질환을 *물려받았을까?*

나는 어려서부터 내내 남다른 가족과 어린 시절의 신경증 neurosis(심리적 원인 때문에 두통, 가슴 두근거림, 불면, 불안, 강박 등의 증세가 나타나는 병으로, 현실 왜곡이나 현실과의 단절은 겪지 않는다—옮긴이)에서 벗어나는 데 집중했지만, 진정한 성공은 거두지 못했다. 어머니가 레바논계였고, 나 역시 아랍 문화에 둘러싸여 자랐다. 중동에서 살겠다고 마음먹고 아랍어 전공을 선택했다. 공부하는 동안 시리아와 사랑에 빠졌고, 시리아 내전이 터지면서 시리아에 관한 지식을 귀중한 자산으로 활용했다. 24살부터 신분을 숨긴 채 영국 신문사의 취재원으로 일했고, 텔레비전 뉴스 방송에 보도자료를 제공했다. 외교나 더 깊은 학문 연구에 매진하는 길도 생각해봤다. 하지만 언론 활동에서 해방감을 느꼈다. 내 스스로 결정하고 싶었고, 나 자신이 되고 싶었다. 바샤르 알아사드 대통령이 자국민을 상대로 전쟁을 벌이며 엄청난 불의를 저지른다고 생각했다. 그리고 '도움'을 줄 수 있는 가장 빠른 방법은—언론계에 막 발을 들일 때 가지는 그런 순진한 의미에서—고통받는 사람들을 직접 만나서 그들의 이야기를 세상에 전하는 일이라고 직감했다.

혼자서 일하기에는 너무 위험해지자, 처음에는 스카이 뉴스, 그다음에는 BBC에서 일자리를 얻었고 5년 동안 BBC 베이루트 특파원으로 지냈다. 시간이 더 지나 ABC 뉴스팀으로 이직해서 훨씬 더 광범위한 임무를 맡은 외신 특파원이 되었다. 그 후로 60개국 이상을 여행하며 각종 이야기를 취재했다. 시리아와 우크라이나, 가자 지구에서 벌어진 전쟁과 우간다의 LGBTQ+ 인권 유린을 보도했고, 헬기를 타고 에베레스트산 베이스캠프에 가기도 했다. 다소 기이했던 어느 해에는 전 세계가 대부분 봉쇄되어 있던 시기에 유럽 전역과 그 너머에서 코로나바이러스를 추적했다. 예측 불가능한 업무 특성상, 런던에서 막 저녁 식사를 하려다가 갑자기 공항으로 가라는 전화를 받을 때가 많다.

나한테는 조증mania이 도움이 되는 것 같다. 나는 오랫동안 카오스에 마음이 끌렸다. 하지만 카오스가 언제나 내 안에 있는 듯하다는 사실도 깨달았다. 그런 감정이 내 DNA에 얼마나 뚜렷하게 새겨져 있는지 궁금했다. 이런 혼란은 어렸을 때 내 안에 스며들었을까? 아니면 그보다 훨씬 더 오래전에 시작되었을까? 혼란이 유별난 집안 환경뿐만 아니라 과학적 필연성 때문에 세대를 거쳐 이어지기도 할까? 우리 모두 신체 건강에 집착한다. 부모에게서 물려받았거나 받지 못했을 것에도 집착한다. 심장병 가족력이 있나요? 뇌졸중은요? 가족 중에 암 환자가 있나요? 정기 건강 검진을 받을 때마다 이런 질문을 마주친다. 하지만 내가 병원에서 진료받을 때 가족의 정신건강 병력에 관해 질문받은 적은 딱 한 번뿐이다.

더 이야기하기 전에 한 가지 분명히 해야겠다. 정신질환 연구에서 논란의 여지 없이 확실한 것은 단 하나도 없다. 모든 용어, 모든 연구 내용, 이 분야의 모든 구석이 격렬한 논쟁거리다. 정신의학의 초창기부터 그랬다. *조현병*이라는 말 자체도 모두가 동의하는 용어가 아니다. 조현병은 몇 번이고 다시 정의되고, 재정의되고, 하위 범주로 분류되었다. 어떤 면에서는 인간 심리 연구의 핵심에 있는 질환이다. 나보다 훨씬 더 많이 아는 전문가 다수가 수십 년간 이 문제를 파악하려고 애썼다. 우리가 이와 같은 정신질환을 어떻게 '물려받을' 수 있는지 이해하려는 나의 노력이 누군가에는 잘못된 방향으로 보일 수도 있을 것이다. 우리가 느끼는 감정의 이유를 놓고 끝없이 논쟁을 벌이기보다 결과와 치료에 집중해야 시간과 자원을 더 효율적으로 사용할 수 있다고 느끼는 연구자들이 많다. 당연히, 이들은 사람들이 더 행복하고 건강하게 살도록 도울 방법을 찾고 싶어 한다.

음, 나도 그런 방법을 찾고 싶다. 이런 질병을 더 깊이 이해하는 데 이바지하고 싶다. 이 책에서는 우리 아버지를 중심으로, 그리고 각자 독특한 경험을 겪은 사람들을 중심으로 이야기하고자 한다. 아울러 *조현병*이라는 단어를 어느 정도는 인간적으로 표현하려고 한다. 조현병이라는 말은 무거운 단어다. 그렇지 않은가? 우리 사회에서는 아주 중요한 의미를 지닌다. 이 단어는 광기, 예측 불가능성, 다중인격, 환각을 암시한다. 보통은 누가 조현병을 앓는다고 하면 도울 수 없다고 생각한다. 조현병 환자는 망가지고, 고칠 수 없고, 위험한 존재라고 여긴다. 하지만 나는 전혀 그렇지 않다는 사실을 보여주고 싶다.

이 책은 조현병과 양극성장애bipolar disorder[조울증], 임상적 우울증clinical depression[주요우울장애]이라는 특정 정신질환 세 가지에 초점을 맞춘다. 이 세 가지 질환이 우울증으로 시작해 조현병으로 끝나는 진행 양상을 보인다고 생각하기 쉽다. 그렇지 않다. 세 질환은 각각 별개의 병이며, 어느 하나가 다른 하나로 '변하는' 것도 아니다. 하지만 나는 각 병을 앓는 사람들과 이야기를 나눌 텐데, 세 질환의 증상이 비슷한 방식으로 나타나기도 하고, 앞으로 살펴볼 새로운 유전학 연구가 세 질환이 어느 정도 겹친다고 밝혔기 때문이다.

네이선 파일러Nathan Filer는 《하트랜드*The Heartland*》에서 이렇게 말한다. "통계 분석이나 확률, 분포 곡선, 신경화학영상의 기묘한 이미지의 영역 너머에 영원히 존재할, 우리가 '정신질환'이라고 부르는 것의 또 다른 부분이 있다. 그것은 바로 사람이다. 사람들의 이야기다." 나 역시 이 말에 전적으로 동의한다. 하지만 생물학적 패턴을 찾고, 그 패턴이 우리 경험과 상호작용하는 방식을 알아내는 일 또한 매우 가치 있다고 생각한다.

파일러는 정신질환에 관한 의학적 정의가 전혀 신뢰할 수 없으며 시간이 지나며 계속 바뀌었다고 지적한다. 《정신질환 진단 및 통계 편람*Diagnostic and Statistical Manual of Mental Disorders*》(일명 DSM, 미국정신의학협회에서 출판하며 정신질환의 기준으로 사용되는 서적—옮긴이)은 정신질환 진단에서 가장 중요한 책으로 꼽힌다. 미국과 영국의 의사가 이런 질환을 최대한 일관되게 치료할 수 있도록 돕는 안내서로 기획되었다. 하지만 1970년대에 나온 초판에서는 동성애를 정신질환으로 분류했다. 덧붙이자면, 나는 게이다. 그 편람에 따르면, 나는 정신적으로 불안정하다고 여겨져 치료를 권유받았을 것이다. 그 판본은 분명히 그 시대의 산물이지만, 오늘날 도출되는 모든 결론 역시 건전한 회의주의 시각에서 바라봐야 한다고 분명히 알려준다. 정신건강의 유전적 특성에 관한 최근 연구 *역시* 우리 시대의 산물이다. 이 연구는 새로운 뇌 지도 작성brain-mapping 기술과 신경과학 분야의 혁신, 유전체genome 발견으로 나타난 무한한 가능성에 초점을 맞춘다.

이 모든 경고에도 불구하고, 나는 정신질환 연구가 매우 흥미롭다. 이 분야에서 가장 흥미진진한 발전을 발견하는 여정에 여러분도 함께하기를 바란다. 나는 우리 가족의 사연을 이야기하고, 그 과정에서 복잡한 의학 및 과학 용어를 이해하기 쉽게 풀어낼 것이다.

누구나 가족의 역사와 경험이 우리를 형성한다는 사실을 잘 안다. 적어도 이런 사실을 깨달은 경험이 한두 차례 있을 것이다. 나는 *생물학적* 차원에서 어떤 일이 벌어지는지 더 분명히 이해하고 싶다. 이 책을 쓰려고 조사를 시작하면서, 광범위한 주제 네 가지를 살펴보기로 했다.

첫째: 우리 DNA에는 정신건강에 영향을 미치는 요소가 있을까? 있다면 정확히 무엇일까? 그런 요소는 어떻게 작용할까?

둘째: 환경적 요인이 그런 유전적 특성에 영향을 미칠까? 어떻게, 얼마나 많이 영향을 미칠까?

셋째: 부모의 경험과 트라우마가 유전될 수 있을까?

아마 가장 중요할 마지막: 우리는 이 전부를 극복하고 잘 살아갈 방법을 찾을 수 있을까? 어떻게 찾아야 할까?

정신질환은 뇌에 영향을 미치므로 순전히 생각의 문제, 즉 오로지 마음속에만 존재하는 문제로 여길 때가 많다. 하지만 정신질환은 단순한 마음의 병이 아니다. 우울증과 양극성장애, 조현병의 유전적 특성은 복잡하며, 유전자가 환경과 특히 트라우마에 받는 영향을 연구하는 후성유전학epigenetics은 비교적 새로운 분야다. 그래도 놀라운 연구에 매진 중인 정신과 의사와 유전학자의 도움을 받아 이 문제를 설명해보겠다. 정신질환을 앓는 사람들의 다양한 사연도 소개할 것이다.

나는 아버지를 알았던 사람들을 찾아다니다가 아버지의 예술대학 친구들도 만났다. 아버지의 친구들은 아버지가 초월명상 운동Transcendental Meditation movement에 푹 빠졌던 1960년대 학창 시절을 생생하게 그려냈다. 아버지는 학업을 마치고 스위스로 가서 초월명상의 창시자 마하리시 마헤쉬 요기Maharishi Mahesh Yogi와 함께 지냈다. 요즘 과학계에서는 집중 명상과 정신증psychosis(개인의 정신적 능력, 현실 검증 능력, 의사소통 능력 등에 총체적 왜곡과 혼란이 생겨서 일상생활 적응 능력이 저하되는 정신적, 행동 장애—옮긴이)의 연관성을 새롭게 탐구 중이다. 이 책을 쓰면서 아버지가 요즘에도 큰 인기를 누리는 이 영적 운동의 기원과 얼마나 밀접하게 얽혔는지 깨달았고, 극단적인 명상 수련이 아버지의 첫 정신증 발병을 어떤 식으로든 촉발했을 가능성까지 알게 되었다. 이 분야의 전문가가 잠재의식에 접근하려는 욕망이 지나칠 때 뇌에서 어떤 일이 벌어지는지 설명할 것이다.

아버지의 치료를 도왔던 사람들과도 감동적으로 재회했다. 나는 아버지의 의료 기록을 찾아서 아버지를 담당했던 사회복지사와 임상 간호사를 만났다. 두 사람은 아버지를 도왔을 뿐만 아니라, 이런 질병을 치료할 때 연민과 친절이 얼마나 중요한지 폭넓게 보여주었다. 여러분에게 나와 아버지의 삶에 있었던 순간을 공유하고 비슷한 일을 겪은 사람들의 사연을 전하면서, 나는 우리 몸이 우리의 정신건강 이력에 관해 얼마나 많이 알려주는지 보여주고 싶다. 우리는 아주 많은 부분에서 유전과 생물학적 요인의 영향을 받는다. 과학계는 최근에서야 유전학과 생물학이 정신건강의 복잡성과 어떻게 연관되는지 이해하기 시작했다.

꼭 짚고 넘어가고 싶은 문제가 있다. 요즘에는 정신건강과 정신질환을 혼동하는 경향이 있다. 정신건강과 정신질환은 서로 다르다. 누구나 뇌가 있으므로 정신건강을 잘 챙겨야 한다. 하지만 누구나 임상적 우울증이나 양극성장애, 조현병, 아니면 정신증, 망상, 환각을 유발하는 다른 정신질환을 앓지는 않는다. 정신건강과 정신질환 사이의 경계를 모호하게 흐리면 정신질환 전체가 질병이 아니라고 규정하는 것이나 다름없다. 이런 상황은 공원 산책이나 정신건강 휴가만으로는 해결할 수 없는 질환을 앓는 사람들을 오히려 소외시킨다. 정신질환의 현실을 명확하게 밝히는 것은 이 책의 핵심이기도 하다.

나는 행동을 통해 유전적 병력의 비밀을 풀 수 있을지도 모른다는 사실에도 관심이 간다. 심장병 가족력이 있다면 심장병에 걸리기 더 쉽지만 발병을 확실하게 예측할 수 없는 것과 마찬가지로, 우리가 습관을 바꾼다면, 정신질환 역시 결코 피하지 못할 운명이 아니다. 나는 내 몸에서 무슨 일이 일어나고 있는지, 그런 일이 내 감정과 기분에 어떤 영향을 미치는지 간절하게—그리고 지금 당장 최대한— 알고 싶다. 우리 인간은 놀라운 치유 능력을 *정말로* 지니고 있다. 어느 의학 박사가 말했듯이, "뇌는 심리 작용과 생물 작용이 만나는 곳이다." 우리에게는 타고나는 것이 있고, 배우는 것이 있다. 이 말은 어디서 비롯했든 나쁜 습관과 행동을 *잊을* 수도 있다는 의미다. 나는 이런 사실에서 희망을 본다.

이 책이 쉽지는 않을 것이다. 내가 간단한 산수도 못 하고, 학교 다닐 때 과학과 수학에 젬병이어서 잘 안다. 그래서 과학 지식을 쉽게 풀어내려고 최선을 다했다. 전문가에게 어려운 개념을 천천히 설명해 달라고 부탁했고, 분자생물학자가 아니어도 충분히 이해할 수 있다는 것을 증명했다. 하지만 전 세계의 정신질환 통계를 하나도 빠뜨리지 않고 요약하지는 *않았다*. 그 대신 영국과 미국의 정신질환 통계 자료를 가끔 언급했다. 두 나라에 집중한 이유는 간단하다. 내가 영국에서 살며 미국 텔레비전 방송국에서 일하는 데다, 이 책에서 강조하는 연구의 상당 부분이 영국과 미국에서 진행 중이기 때문이다.

어떤 사람은 우울증이나 다른 정신질환이 '유전'되었다는 사실을 알아도 그다지 유용하게 느껴지지 않을 것이다. 하지만 나는 항상 답을 찾고 싶었다. 기자가 된 이유도 그 때문이리라. 나의 뇌를 이해한다면, 삶의 경험이 뇌에 미치는 영향을 이해한다면 유용할 것이다. 우울증이 자주 빼앗아 가는 논리로 무장한 채 이런 문제를 다룰 수 있기 때문이다. 의학계가 정신질환을 더 깊이 이해한다면 장래 정신질환 치료가 어떻게 달라질지 생각해보아도 흥미롭다. 만약 우리 아버지가 아직 살아 있다면, 더 다양한 치료법을 선택하고 치료받았을 것이다. 머지않아 뇌와 정신질환의 유전 패턴에 관한 과학 지식이 발전하면서 우리 사회가 정신질환 환자를 훨씬 더 잘 이해하고 받아들일 것이다.

이 책에는 내가 아버지를 재발견하는 과정도 담겨 있다. 그 과정은 아버지가 내게 물려준 것, 내가 여전히 찾아 헤매는 것, 내가 꼭 붙잡아야 할 것과 그럴 필요가 없는 것을 다시 찾는 과정이다. 내가 아버지의 상실을 받아들이는 여정이기도 하다.

우울함에 빠져 있고 그 이유가 궁금한 모두를 위해 이 책을 썼다. 가족 관계가 어렵고, 분노와 가족애 사이에서 갈등하는 모두도 이 책을 읽었으면 한다. 어둠 속에 가라앉아 있었거나 그런 이를 아는 사람, 우리 뇌가 어떻게 설계되었는지 더 알고 싶은 사람 모두도 마찬가지다. 삶과 죽음, 그사이에 놓인 우리 위치를 가끔 생각하는 사람에게도 이 책이 가닿았으면 한다.

여러분이 이 책을 읽고 가족 안에서 정신건강 병력이 어떻게 작용하는지, 최신 과학이 그 병력에 관해 무엇을 알려주는지 이해하기를 바란다. 전문가의 설명뿐만 아니라 여러분과 비슷한 일을 겪었을 평범한 사람들의 이야기도 들을 수 있을 것이다. 정신건강 유전학이라는 흥미로운 신세계를 조사하면서 내 삶을 더 긍정적으로 생각할 수 있었다. 짧게 말해, 나는 이제 외롭지 않다. 여러분도 이 책을 읽고 똑같이 도움을 받았으면 한다.

1. 가족의 자살

우리는 누구나 우리보다 먼저 살았던 이들을 마음 속에 품고 있다.

— 리엄 캘러넌Liam Callanan, 《클라우드 아틀라스*The Cloud Atlas*》

그 어떤 기억보다 더 생생한 기억이 있다. 내가 아홉 살이었을 적, 쌀쌀한 가을 초저녁에 학교에서 겪은 일이다. 나는 친구와 텅 빈 휴게실 바닥을 엎치락뒤치락 뒹굴고 있었다. 당시 나는 뚱뚱하지는 않았지만 언제나 먹는 것을 좋아했고 또래 아이들보다 덩치가 확연히 컸다. 가운데로 가르마를 탄 금발 아래 동그랗고 작은 얼굴의 두 뺨이 싸움 놀이의 흥분 탓에 빨갛게 달아올라 있었다. 눈가로 엄숙한 표정을 한 사감 선생님이 보였다.

"제임스, 따라오렴."

심장이 철렁 내려앉았다. 혼나는 게 싫었고, 틀림없이 야단

맞으리라고 생각했다. 선생님을 보자마자 아무 잘못도 하지 않은 척 시늉했던 기억이 난다. 나는 변명을 늘어놓으려고 재빨리 일어나서 오워스 선생님의 사무실로 따라갔다.

선생님이 회전의자에 앉자, 몸무게에 의자가 아래로 꺼지며 부드럽게 쉭 거리는 소리가 났다. 선생님은 커다란 회색 눈으로 나를 바라보았다. "사고가 있었단다."

곧바로 혼란이 밀려왔다. 선생님이 나에 관해서 말하는 게 아니라는 사실을 깨달았다.

오워스 선생님은 몸집이 컸고 느릿느릿하게 움직였다. 나는 선생님이 친절한 거인 같아 보였다. 어린 시절을 떠올려 보면, 나와 친구들은 숲속의 작은 동물이고 다정함을 내뿜는 선생님은 우리를 보호하겠다고 맹세한 마법의 곰이었다. 선생님은 내가 눈물을 흘릴 줄 알고 크고 투박한 손을 책상 너머로 뻗어서 휴지를 뽑았다.

"아버지 말이야. 정말 유감이구나." 선생님의 목소리가 멀리서 달리는 기차 소리처럼 부드럽게 웡웡거렸다. "어떻게 손을 쓸 수도 없었다고 하더구나."

나는 선생님을 빤히 바라보았다. 무슨 말인지 이해할 수 없었다. 선생님이 휴지를 내밀었지만, 필요하지 않았다. "무슨 말이에요?"

잠시 침묵이 흘렀다. "아버지가 돌아가셨어, 제임스."

그럴 리 없다고 말했는지 아니면 속으로 생각하기만 했는지 모르겠지만, 그 소식을 전혀 믿지 못했던 것이 기억난다. 불과 지난 주말에 아버지를 봤다. 어떻게 그럴 수 있을까? 어떻게 여기에 있던 사람이 당장 다음 날에 영원히 사라질 수 있을까? 어렸던 나는 도무지 이해할 수 없었다. "어머니가 와 계셔." 오워스 선생님은 애써 기운을 북돋우려는 말투로 말했다. "보건 선생님이랑 계시는데, 같이 갈까?"

선생님은 일어나서 나를 사무실 밖으로 데리고 나갔다. 이상하게도 휴게실이 전에 없이 붐비고, 환하고, 덥게 느껴졌다. 입고 있던 겨울 스웨터가 너무 갑갑했다. 눈물이 차올랐다. 오워스 선생님 뒤를 따라 걸으며 선생님의 발에 집중했다. 푸른 카펫을 밟는 갈색 구두. 문가에 멈춰 선다. 복도로 들어선다. 다른 복도로 들어간다. 형광등 불빛이 눈을 찔렀다. 지나가는 사람들과 눈을 마주치지 않으려고 했다. 우는 모습을 보이고 싶지 않았다.

보건 선생님 방은 기숙사 본관 바로 옆이었다. 어머니는 어스름한 거실의 크림색 소파에 앉아서 나를 기다리고 있었다. 울고 있던 어머니는 나를 보자마자 품으로 끌어당겼다. 어머니의 숨결에서 술 냄새가 났다. 어떤 일은 살면서 결코 잊지 못한다. 아버지가 돌아가셨다는 소식을 들은 날 밤 어머니가 술에 취해 있던 일은 내 마음속 가장 강렬한 기억이다. 어머니는 발작하듯이 울기 시작하더니 내게 괜찮은지 묻고는 꽉 껴안았다. 내 몸이 어머니 무릎 위로 끌려 올라가면서 발이 방바닥에서 떨어졌다. "괜찮아요." 나는 나 자신보다 어머니가 더 걱정스러워서 괜찮다는 말만 되풀이했다. 혼란스러우면서도 부끄러웠고, 그 순간이 빨리 지나가기만을 간절하게 바랐다.

그 이후로는 어땠는지 기억나지 않는다. 어른들은 나를 학교에 남겨 두기로 정했다. 훗날 내가 이날 이야기를 들려주면, 너 나 할 것 없이 아버지가 돌아가셨는데 외아들을 학교에 붙잡아 두다니 모질다고 말했다. 나는 옳은 결정이었다고 생각한다. 어머니를 마주하지 않을 수만 있다면 차라리 학교에 남아 있고 싶었다. 어머니는 그날 저녁 나를 두고 떠나면서 마음이 몹시 아팠을 것이다. 하지만 당장은 내가 학교에 머무는 편이 가장 낫다는 사실을 잘 알았으리라고 생각한다. 집에서는 그나마 최선의 상황에서도 한 치 앞을 가늠할 수 없었다. 내가 기숙학교에 온 것도 안정적으로 지내기 위해서였다. 그러니 이처럼 불안정한 때에 나는 당연히 학교에 머물러야 했다. 게다가 나는 학교를 정말 좋아했다. 학교에서는 언제나 편안했다. 아무도 내게 아버지가 어떻게 돌아가셨는지 알려주지 않았다. 그저 화재가 있었다고, "어떻게 손쓸 수가 없었다"라고만 했다.

그 후 며칠은 이상하게도 기억이 흐릿하다. 다들 내게 친절하게 대하려고 애썼지만, 확실히 내 눈치를 봤다. 나는 다른 아이 다섯 명과 함께 한방을 썼다. 방 한가운데에 일인용 침대가 두 개, 양쪽 끝에 이층 침대가 하나씩 있었다. 이층 침대 위층의 내 자리는 봉제 인형으로 빼곡했다. 원숭이와 곰 인형은 친할머니와 외할머니한테서 선물 받았다. 아버지가 준 기다란 초록색 뱀 인형에는 제이크라는 이름을 붙였다. 나는 오직 밤에만, 아무도 날 보지 못하는 이층 침대에서만 제이크를 품에 안고 울었다.

장례식 날 아침은 생생하게 기억한다. 평일이어서 수업을 빠지고 장례식을 치르는 시골 할머니 댁으로 가야 했다. 그날 아침, 나는 블레이저 재킷을 입고 아침 식사를 하러 내려갔다.

아이들은 참 재미있다. 어릴 때는 순식간에 잊어버리곤 한다. 그날 아침 내내 친구들이 달려와서 "제임스, 왜 일요일 옷을 입었어?"라고 물었다. 우리 학교에서는 조금이라도 특이한 일이 있으면 누구나 큰 관심을 보였고, 평일에 블레이저 재킷을 입는 일은 톱뉴스감이었다. "오늘 아버지 장례식이 있어." 나는 조용히 대답했다. 정적이 흘렀다.

처음 몇 교시는 곤란하게도 빤히 쳐다보는 눈길을 피하면서 어렵사리 넘겼다. 그다음이 두 시간짜리 미술 수업이었고, 중간에 나가야 했다. 오워스 선생님이 검은색 정장과 넥타이 차림으로 애써 쾌활한 표정을 지으며 교실로 들어왔다. 오워스 선생님이 미술 선생님에게 조용히 설명했고, 두 사람은 내게 앞으로 나오라고 다정하게 손짓했다. 내가 앞치마를 벗고 블레이저 재킷을 입자 교실이 침묵에 잠겼다. 내가 준비됐다고 선생님에게 눈짓하자, 아이들 시선이 쏟아졌다.

차는 길 건너편에 서 있었다. 길을 반쯤 건넜을 때 오워스 선생님이 내 어깨를 붙잡았다. 나는 멈춰 서서 선생님을 올려다보았다. 선생님이 미술 교실 쪽을 가리켰다. 햇살이 눈부시게 내리쬐는 날이라 눈을 가늘게 뜨고 커다란 창문 두 개를 쳐다봤던 기억이 난다. 반 아이들이 손을 흔드는 모습이 눈에 들어왔다. "잘 다녀와, 제임스!" 아이들은 내가 한 명도 빠짐없이 볼 수 있도록 서로 위로 기어오르면서 소리쳤다. 친구들 모두 당연히 혼자서는 나를 위로할 말을 찾지 못했다. 하지만 함께라면 할 수 있었다. 나는 창가의 웃는 얼굴들을 영원히 기억할 것이다.

장례식에서 나는 너무나 작은 존재처럼 느껴졌다. 사람들이 많았다. 퀴퀴하고 축축한 잉글랜드 시골 교회에 떼 지어 모인 이 사람들이 누구인지 궁금했던 기억이 난다. 아버지가 살아 있을 때는 왜 한 명도 보지 못했을까 하는 생각도 들었다. 나는 앞쪽 신도석에 앉아서 친척 아주머니가 낭독하는 시를 들었다. 고색창연한 석조 건물에서 목소리가 메아리쳤다. 아버지가 마침내 자유의 몸이 되었다는 내용이었다. 장례식에서 그런 말을 하는 게 좀 이상했다. 장례식에서도 아버지가 직접 불을 질러 자살했다는 사실을 아무도 말해주지 않았다.

그 교회에 있던 아홉 살 꼬마는 모르고 있었지만, 아버지는 여러 차례 조현병과 조현정동장애schizoaffective disorder, 정신병성인격장애psychotic personality disorder를 진단받았다. 내가 세

살이 되었을 때 아버지는 병이 너무 심해져서 어머니와 헤어졌다. 어머니는 아버지와 나 단둘만 남겨놓고 자리를 비우는 것이 무서웠고, 아버지가 며칠씩 사라지는 경우도 잦았다고 했다.

이처럼 아버지가 자주 곁을 떠난 탓에 아버지에 관한 내 기억은 군데군데 비어 있다. 사랑하는 사람이 세상을 떠나면 그 사람을 미화하는 것이 당연하지 않을까. 커트 그레이Kurt Gray와 대니얼 웨그너Daniel Wegner는 《신과 개와 인간의 마음*The Mind Club*》에서 이렇게 설명한다. "사람들의 품성은 죽음과 함께 그대로 굳어진다. 게다가 우리는 그들이 어떤 사람이었는지 과장하는 경향까지 있다. 선했던 사람은 진정한 영웅이 되고, 악했던 사람은 진정한 악한이 된다."

아버지는 살아생전에 영웅이 아니었지만, 내게는 영웅이 되었다. 어렸을 때 나는 기억 조각을 엮어서 사실상 가상의 인물, 누구에게나 친절하고 나무랄 데 없는 사람을 만들어냈다. 나이가 들면서 아버지에 대한 기억은 희미해졌고, 나 역시 정신질환과 싸우기 시작하면서 그 기억은 희석되고 손상되었다. 이제는 어린 시절에 간직한 기억보다 훨씬 더 흐릿한 이미지만 남아 있다. 하지만 아버지의 진실한 선량함은 돌아가신 지 수십 년이 지난 지금도 여전히 내게 빛을 비추고 있다.

존 제임스 롱먼은 예술가였고 약간 자유분방한 보헤미안 스타일이었는데, 나는 그런 모습이 멋지다고 늘 생각했다. 아버지는 애쓰지 않고도 멋스러워 보이는 매력이 있었다. 청바지와 닥터 마틴 부츠 차림에 두 손을 주머니 깊숙이 찔러 넣고 다리를 꼰 채 벽이나 문간에 기대어 있곤 했다. 은백색 머리카락(아직은 물려받지 못했다)과 능글맞은 미소(친구들 말로는 내가 고스란히 물려받았다고 한다)가 기억난다. 나를 목말 태우고 런던을 한참 걸어 다녔던 일, 쉴 새 없이 말아 피우던 담배 때문에 손가락 사이사이에 묻어 있던 누런 얼룩도 기억난다. 내 수학 숙제를 풀어주면서 몹시 즐거워하던 모습도, 문제를 푸는 아버지 바로 옆에 앉아 있을 때 까칠하게 자란 턱수염이 내 얼굴을 찔러서 따끔거렸던 감촉도 떠오른다. 우유를 한가득 부어놓은 커다란 시리얼 그릇도, 아버지가 손수 만든 큼직한 침대도, 아버지 아파트에서 숨바꼭질할 때면 숨곤 했던 그 침대도 생각난다. 아버지의 맨발도, 물질에 철저히 무관심했던 태도도 기억한다. 가득 찬 재떨이, 유화 물감이 엉긴 낡은 붓을 꽂아 둔 말라붙은 잼 병도 기억한다. 아버지가 침묵을 지켰던 순간도 기억하고, 아버지의 유머도—냉소적이고 유별난 유머 감각, 가끔 선보이는 슬랩스틱, 한결같은 자기 비하도 기억한다. 입 안쪽에서 반짝거리는 은색 치아 충전재가 다 보일 정도로 입을 활짝 벌리고 온 얼굴로 짓던 웃음도. 아버지가 뭐든 만들기 좋아했던 것도 기억한다. 아버지는 손재주가 무척 뛰어났다. 종이비행기는 특히나 잘 만들었다. 마지막으로 아버지와 함께했던 나날에는 집 지붕 위에서 종이비행기를 접고 함께 앉아서 종이비행기가 까닥거리며 저 아래 보도로 날아가는 광경을 지켜보곤 했다.

아버지가 스스로 목숨을 끊었다는 말을 언제 들었는지는 정확하게 기억나지 않는다. 아마 10대 시절, 여느 때처럼 어머니와 싸우던 중 어머니가 분노에 차서 그런 이야기를 내뱉었을 것이다. 그러고도 스물여섯이 되어서야 아버지의 죽음에 얽힌 사연을 낱낱이 알게 되었다. 우울증을 한 차례 겪고 나서 가족사를 처음 제대로 생각해본 후, BBC 담당 기자에게 우리 아버지에 관한 프로그램을 만들어보자고 제안했다. 조사차 지역 도서관에 가서 신문 기사를 찾아보았더니, 예상대로 기사 몇 편이 나왔다. 1996년 10월 3일자《켄싱턴 뉴스》1면에는 '불난 집에서 투신자살'이라는 기사가 실려 있었다. 그때 아버지가 아파트에 불을 질렀을 뿐만 아니라 창문에서 뛰어내렸다는 사실을 알게 되었다.

기사에서 익명의 이웃은 아버지가 사회복지 서비스를 받지 못하고 버려진 듯해서 몹시 화가 났다고 말했다. 이웃이 아버지를 도우려고 여러 차례 애써봤지만, 아무것도 할 수 없었다고 했다. 또 아버지가 환각 증세를 보였고, 목소리가 들린다며 호소했다고 진술했다. 아버지는 병원에 가보았지만, 입원실이 부족해서 집으로 돌아와야 했다. 돌아가시기 며칠 전에는 목욕 가운 차림으로 길거리를 돌아다니는 모습이 목격되기도 했다.

기자인 내가 우리 가족의 비극이 이런 식으로 과장되게 보도된 기사를 보고 있노라면 기분이 다소 이상하다. 대체로 나는 비극적인 사건을 보도하는 사람이지, 신문 기사에 실리는 사람이 아니다. 내가 인터뷰한 사람들이 자기 삶을 다룬 텔레비전 뉴스나 서면 기사를 보고 어떻게 반응했는지 궁금해진다. 우리 아버지가 '아들을 둔 아버지'나 그저 '어느 남자'가 아니라 '조현병 환자'로 묘사된 글을 보면서 이런 질환을 앓는 사람을 연민 어린 눈으로 보도하는 일이 얼마나 중요한지 새삼 깨닫는다. 지금은 상황이 달라졌기를 바란다. 분명히 달라졌다고 생각한다. 《켄싱턴 앤드 첼시 메일》은 아버지의 죽음으로 이어진 각종 문제에 초점을 맞추었다. 기자에게 의견을 밝힌 이웃 니컬러스 헤네시에게 감사한 마음은 영영 잊지 못할 것이다. 헤네시는 아버지가 제대로 보살핌을 받지 못해서 진심으로 화가 난 것 같았다.

아버지의 죽음과 부재는 확실히 내게 깊은 영향을 미쳤다. 나는 오랫동안 사람들에게 아버지가 화재로 돌아가셨다고만 말했고, 그밖에 곤란한 질문은 피했다. 그 일에 관해서는 언제나 입을 다물었다. 나는 건물 전면을 치장 벽토로 장식한 노팅힐 콜빌로의 아파트 꼭대기 층에서 자랐고, 부모님이 갈라서기 전까지는 두 분과 함께 살았다. 어머니는 아버지와 함께 지내는 상황이 너무나 힘겨워졌다고 했다. 외출했다가 집에 돌아와서 내가 어디에 있는지 물어보면 아버지가 모르는 경우도 종종 있었다고 했다. 아버지는 내게 밥을 주거나, 목욕을 시키거나, 기저귀를 갈아줄 생각조차 하지 않았을 것이다.

어머니는 너무 걱정스러워서 결국 아버지와 나를 단둘이 둘 수 없다고 판단했다. 그래서 아버지는 우리 집 코앞에 있는 작은 아파트로 이사했다. 아버지는 집에만 틀어박혀 있는 편이었고, 노팅힐 아파트는 10년 넘게 아버지의 안식처가 되어주었다. 근처 블레넘 크레센트에 있는 새 아파트로—정부에서 공급한 건물이었다—옮긴 일은 아버지의 정신건강에 엄청난 충격을 주었을 것이다.

이제는 아버지가 창문에서 뛰어내렸다는 사실을 알기에 그 건물이 불길하게 느껴진다. 나는 차를 타고 지나갈 때마다 목을 쭉 빼고 그곳을 바라본다. 근처를 걸을 때는 길을 바꿔서 건물 바로 바깥 보도를 따라 걸으며 아버지가 뛰어내리는 장면을 상상해본다. 꼭 묘지를 방문하는 것 같다. 하지만 그 아파트는 아버지가 돌아가신 곳일 뿐이고, 다른 누구에게도 신성하지 않다. 사람들이 개와 산책하고, 버스가 오가고, 아이들이 친구를 쫓아다니며 노는 곳이다. 길에 깐 포석 하나하나조차 대수롭지 않은 곳이다. 하지만 이곳에서 우리 아버지의 삶이 끝났고 내 삶이 헤아릴 수 없을 만큼 달라졌다.

맷 헤이그Matt Haig의 《시간을 멈추는 법*How to Stop Time*》은 내가 손에 꼽을 만큼 좋아하는 책이다. 이 역사 판타지 소설은 수 세기를 살면서도 평범한 사람이라면 누구나 마주하는 사랑과 상실에 관한 질문과 씨름하는 이들을 이야기한다. 헤이그의 여느 작품과 마찬가지로 이 소설은 죽음과 인간성을 창의적으로 해석하며, 소설 속 문장은 우리 아버지의 마지막 날을 압축해서 보여준다. "시간이라는 게 원래 그런 거 아니겠어요? 다 똑같지는 않죠. 며칠, 몇 년, 몇십 년은 텅 비어 있어요. 아무것도 없죠. 그냥 고요할 뿐이에요. 그러다가 한 해, 심지어는 하루나 오후 한나절을 마주쳐요. 그게 전부예요. 전부요."

블레넘 크레센트에서의 그 단 한 순간은 내게 '전부'가 되었다. 아버지나 그 사건을 생각하지 않는 날은 단 하루도 없다. 의심이나 슬픔이 피어오를 때마다 그 감정이 어떤 식으로든 아버지와 연결되지 않았는지 궁금해한다. 누구를 만나든 아버지가 그 사람을 어떻게 대했을지 상상하고, 어디를 가든 아버지가 그곳에 있는 모습을 생각한다. 가끔은 부엌에서 거실 쪽을 흘끗 쳐다보며 아버지가 소파에 누워서 입꼬리에 담배를 물고 눈을 찡그리며 연기 사이로 책 따위를 보는 모습을 그려본다.

아버지가 내 인생을 어떻게 생각할지 궁금하다. 내 직업과 친구들도. 아버지가 우리 집에 와서 내 남편 알렉스 브레넌을 만나고 함께 시간을 보내면 어떨지 생각해본다. 아버지는 진정한 히피족이자 반항아였으니 내가 게이라는 사실을 받아들였을 것 같다. 어머니를 만나기 전에는 초월명상의 창시자 마하리시 마헤쉬 요기를 따라서 수행하며 10년 동안 유럽에서 살기도 했다. 과학과 철학, 영성에 관심이 많았고, 열린 마음으로 깊이 사색했다. 내가 성 정체성으로 고민할 때 아버지가 곁에 없어서 몹시 힘들었다. 우리가 고인을 얼마나 미화하는지는 앞에서 이미 이야기했다. 사실, 아버지가 살아 있었더라도 상황이 어땠을지는 전혀 짐작할 수 없다. 하지만 어머니가 게이 아들을 향한 감정을 더디게 정리하는 동안 아버지는 듬직한 아군이 되어주었으리라고 생각한다.

아버지가 내 인생을 너무 번드르르하다고 생각할까 봐 걱정스럽다. 아버지가 나를 자랑스러워할지 확신이 없다. 그레이와 웨그너는《신과 개와 인간의 마음》에서 몸이 사라지면 정신도 죽을 수 있다는 걸 우리가 믿기 어려워하는 이유를 설명한다. 아버지의 정신은 여전히 여기에 머물면서 여전히 생각하고 여전히 판단한다…. 물론 아버지는 남을 함부로 판단하지 않았다. 그래도 내가 너무 많이 소유하고, 물질적인 것에 시간을 너무 많이 쏟는다고 생각할까 봐 걱정스럽다. 아버지는 어머니와 사귀던 시절 몇 달에 한 번씩 아파트에서 짐을 몽땅 꺼내 길거리에 갖다 놓았다고 한다. 병 때문이었을까? 아니면 지금 내게 절실히 필요한 검소함과 절제를 실천했던 걸까? 아버지가 아직 살아 있다면, 나는 더 나은 사람이 되었을까?

화재 때문에 아버지의 물건이 상당수 사라졌다. 그래도 할머니가 돌아가시면서 아버지의 그림 중 내가 가장 좋아하는 작품을 물려주셨다. 덧문을 열어놓은 커다란 창문이 나 있고

연한 녹색과 파란색으로 칠한 거실을 그린 단순한 유화다. 아버지는 빛을 정말 아름답게 포착했다. 거실 가운데서 오른쪽에 홀로 놓인 의자가 바닥에 어렴풋한 그림자를 드리우고 있다. 아버지가 오랫동안 그리워했던 고요함과 평온함이 담겨 있다. 우리 집 벽난로 위에 걸어둔 이 그림은 아버지의 소박함을 일깨운다. 아버지가 겨우 스물 무렵에 이 그림을 그렸다는 사실이 더욱 놀랍다.

나는 아버지의 다른 그림도 몇 점 갖고 있다. 아버지가 결혼식 날 어머니에게 쓴 편지도 있다. 내 수중에 있는 아버지의 친필은 이 편지뿐이다. 아버지는 어머니를 바다라고 불렀고, 어머니는 아버지를 바위라고 불렀다. 왜 서로에게 이런 별명을 붙였는지 아직은 완전히 이해하지 못한다. 아마 어머니는 타고난 과장된 태도 때문에 바다처럼 종잡을 수 없는 사람이어서 바다로 불리지 않았을까. 아버지는 조용하고 내향적인 편이었으니 바위로 불리지 않았나 싶다. 아버지의 글씨체가 나와 비슷해서 또 한 번 기쁘다. 편지에는 이렇게 적혀 있다.

A에게, 사랑하는 마음을 담아 J가. 바위가 바다에게. 3시에 만나요

마지막 유품은 아버지의 턱시도다. 올이 다 드러날 만큼 낡아서 이제는 입지 않고 옷장에 걸어 두었지만, 아버지 옷이 내 옷장에 있다는 사실만으로도 행복하다. 우스꽝스럽게 들리겠지만, 아버지의 턱시도는 옷장을 지키는 할아버지가 되어서 내 옷이 들어올 때마다 반겨주고 나갈 때마다 작별 인사를 건네는 것 같다. 애니메이션 〈미녀와 야수〉에서처럼 살아 움직이는 턱시도가 아직 젊은 셔츠와 바지에 말을 걸고, 그러면 셔츠와 바지는 내 하루가 어땠는지 이야기해준다. 턱시도 안쪽 깃에 *John J Longman*이라고 새겨져 있다. *J*는 *James*를 의미한다.

조앤 디디온Joan Didion은 《상실*The Year of Magical Thinking*》에서 남편을 잃고 1년 동안 겪은 슬픔을 탐구한다. 디디온은 남편의 죽음을 둘러싼 감정에서 벗어나 자기 자신에게 이렇게 묻는다. "나는 왜 그가 죽었다는 사실을 그토록 받아들이지 못했을까? 그 일이 그 사람에게 일어났다고 이해하지 못했기 때문일까? 그 일이 나에게 일어났다고 이해했기 때문일까?"

디디온의 책은 내가 아버지의 죽음을 받아들이는 데 가장 유용한 관점을 알려주었다. 아버지의 죽음을 받아들이는 일은 어렵지 않았던 듯하다. 하지만 아버지의 죽음과 이 사건이 내 삶에 미치는 영향을 분리하기가 어려웠다. 내가 겪은 우울 증세가 아버지와 상당히 관련 있는 것 같았다. 아버지가 살아 있었더라도 정신질환 때문에 나와 그다지 가깝게 지내지 않았을지도 모른다. 하지만 아버지가 세상을 떴기 때문에—그리고 아버지가 세상을 뜬 방식 때문에—내 삶에서 아버지의 존재감이 더욱 뚜렷해졌다. 아버지한테서 물려받았을까 봐 걱정스러운 유전적 특성이 아버지의 죽음 때문에 되살아난 것 같았다. 마치 무덤 속에서 스위치를 켠 것처럼. 디디온의 말은 아버지의 죽음에서 벗어나는 데 큰 도움이 되었다. 하지만 그 말만으로는 충분하지 않았다.

내 동료이자 친구인 제니퍼 애슈턴Jennifer Ashton 박사는《자살 이후의 삶*Life after Suicide*》에서 전남편 롭이 스스로 목숨을 끊은 이후 어떻게 삶의 의미를 찾았는지 대단히 심오한 방식으로 설명한다. 젠의 말은 깊은 울림을 준다. "가까운 이의 죽음으로 인한 슬픔은 사랑이다. 사랑했기 때문에 슬픈 것이다. 애도는 그 사람의 죽음에 대한 트라우마에서 벗어나 그 사람의 삶을 기억하는 데 도움이 된다. 그런 다음, 고인과 새로운 관계를 맺도록 이끈다. 사랑하는 사람의 죽음이 관계의 종말을 의미하는 것은 아니다."

아버지는 돌아가셨지만 여전히 나의 아버지다. 나는 여전히 아버지의 아들이다. 아버지는 생전에 그랬던 것처럼 지금도 내게 소중한 존재다. 앞으로도 내 아버지일 것이다. 아버지가 세상을 떠났다고 해서 내 아버지가 아닌 것은 아니다. 나는 몇 년 동안 이따금 아버지에게 왈칵 치솟는 분노를 느끼곤 했다. 제니퍼가 책을 쓰려고 이야기를 나눴던 사람들 일부도 같은 감정을 느꼈다고 했다. 사랑하는 사람이 자기를 버리고 떠나면 화나는 것이 자연스러운 반응이다.

하지만 아버지의 자살이 증오에서 비롯한 선택이 아니었다고 믿는다. 자살은 슬프게도 어쩔 도리가 없었던 임상 질병에서 벗어나는 길이었다. 제니퍼가 말하는 애도는 사람마다 다를 테다. 나의 애도 과정은 아버지가 죽음을 선택한 이유를 찾는 일이었다. 무엇이 아버지의 질병을 일으켰을지, 어떻게 하면 그 병에서 벗어날 수 있을지 이해하려는 노력이 나의 애도였다.

2. 진실을 찾아서

그 강인한 여성과 강인한 남성이 있었기에 우리는 더 용감하고 현명해졌다. … 우리가 지금의 우리인 것은 그들이 있었기 때문이다. 어디에서 왔는지, 누가 내 이름을 불러줬는지 아는 것이 현명함이다.

— 마야 안젤루Maya Angelou, 《에보니*Ebony*》 잡지

나는 성당에 갈 때마다 외할머니를 위해 촛불을 켠다. 우리 어머니의 어머니, 가브리엘을 위해서.

젊은 레바논 여성 가브리엘 사와야는 제2차 세계대전 중 카이로에서 열린 이집트 국왕 푸아드 1세의 생일 기념 무도회에서 뉴질랜드 출신 해럴드 클래리지를 만났다. 가브리엘은 프랑스어와 아랍어, 그리스어, 이탈리아어를 할 줄 알았지만, 영어는 거의 하지 못했다. 해럴드는 이집트에서 영국군 소속으로 싸우고 있었고, 왕립 공병 연대의 대표로 무도회에 초대받

았다. 해럴드는 외국어에 능통한 인물이 아니었다. 그날 밤 발코니에서 갖가지 오해 때문에 키득거리며 이야기를 나눈 후, 가브리엘은 해럴드의 담뱃갑에 주소를 적어주었다. 해럴드는 엘 알라메인 전선에서 가브리엘에게 편지를 썼고, 가브리엘은 멀리 떠나 있는 해럴드를 위해 영어를 배웠다.

전쟁이 끝나자 두 사람은 카이로에서 결혼식을 올렸고, 이후 몇 년 동안 중동을 돌아다녔다. 이라크 바트당 혁명과 레바논 내전을 피해 마침내 영국에 정착했고, 50년 동안 결혼 생활을 이어갔다. 두 사람은 사실상 여러 차례 난민으로 살았고, 런던에 도착했을 때는 무일푼이나 다름없었다. 하지만 둘의 유대감은 특별했다. 외할아버지는 행복의 비결이 상대의 말을 완전히 이해하지 못하는 것이라고 종종 농담하곤 했다.

이 글을 쓰면서 생각해보니, 내가 어린 시절에 외할머니를 유일하게 변함없이 안정적인 존재로 여기고 무척 사랑했던 것 같다. 외할머니는 우리와 함께 살았고, 언제나 인자하게 사랑을 베풀었다. 레바논 출신의 기독교도였던 외할머니는 화려한 매력이 넘쳤고 아주 독실했다. 눈처럼 새하얗고 숱이 많은 머리카락 위로 비대칭 디자인의 실크 베일을 여러 겹 걸치고 다녔다. 5월에는 성모 마리아를 위해 파란색 옷을 입었고, 빨간 립스틱과 장미수를 넉넉하게 챙기지 않으면 어디에도 가지 않았다. 무언가를 잃어버릴 때마다 프랑스어와 아랍어를 섞어 성 안토니우스에게 기도를 올렸다. 나는 외할머니와 프랑스어로만 대화했지만, 외할머니나 어머니가 아랍어로 소리치면 곧 혼쭐이 난다는 사실을 잘 알았다. 외할머니는 요리 솜씨도 기가 막혔다. 내가 학교에서 돌아오자마자 외할머니가 부엌에서 서둘러 뛰어나오던 모습이 기억난다. 부엌은 고기와 쌀로 속을 채워서 말, 마른 포도잎으로 온통 뒤덮여 있었다. 하지만 외할머니의 진짜 사랑은 디저트였다. 내가 달콤한 과자를 좋아하는 것도 다 외할머니 때문이다. 외할머니 때문에 단것 없이는 못 살게 된 게 아닌가 싶다! 내가 맛있는 마아물 ma'amoul ─ 대추야자로 속을 채운 페이스트리 ─ 을 먹는 모습을 볼 때 외할머니 얼굴에서 퍼지던 미소가 떠오른다. 외할머니는 내가 하나를 다 먹자마자 또 하나를 내 손에 쥐여주곤 했다. 또 외할머니는 침대 위에 엄청나게 커다란 묵주를 달아놓았다. 구슬 하나하나가 내 머리통만 했다. 나는 묵주가 떨어지면 베개를 베고 있는 사람이 단박에 죽으리라고 확신했다.

외할머니는 96세에 프랑스 남부 요양원에서 어머니 품에 안겨 돌아가셨다. 유머 감각이 짓궂었고, 평소에는 여성스러웠지만 굵고 낮은 목소리로 낄낄 웃곤 했다. 자부심이 대단했고, 가문의 전통을 충실히 지키려는 의식도 강했다. 레바논 출신의 외할머니는 어머니가 꽤 늦은 나이까지 자식을 낳지 않아서 적잖이 속을 썩였다. 어머니가 임신하기 훨씬 전부터 손주를 향한 바람을 딱히 숨기지도 않고 아기용품과 잡다한 물건을 사줬다. 나는 외할머니가 선물한 커다란 곰 인형을 아직도 갖고 있는데, 아마 인형의 나이가 나보다 두 살 넘게 많을 것이다. 외할머니는 아직 태어나지도 않은 손주를 위해 정성 들여 세례복을 짓기까지 했다.

마침내 어머니의 임신 소식을 들은 외할머니는 기쁨에 겨워서 어쩔 줄을 몰랐다. 그런데 어머니의 출산 예정일이 얼마 남지 않았을 때, 외할머니의 사촌 안드레가 나보다 먼저 태어날 자기 손주에게 입히게 세례복을 빌려달라고 부탁했다. 결국, 그 옷은 내 세례식에 맞춰서 돌아오지 못했다—아마 옷이 나한테는 너무 길어서 여러 명이 달라붙어 옷자락을 잡고 있어야 했을 것이다. 이 일로 외할머니는 오랫동안 응어리를 품었다. 눈을 감기 전에는 쌀 요리법을 설명하고 어떤 보석으로 장례를 치러야 하는지 지시한 후 어머니에게 몸을 기울여서 마지막 말을 남겼다. "안드레한테 전해." ('아, 드디어 마음에서 털어버리셨구나.' 우리 어머니는 이렇게 생각했다.) "절대 용서 안 할 거라고." 그러고는 숨을 거두셨다. 지금도 그때를 생각하면 웃음이 나온다.

집에서 갖가지 사달이 나면 가브리엘—나의 '그랑마망'—은 언제나 나를 지켜주려고 애썼다. 나 때문에 어머니가 화나서 우리 모두 익숙해진 울음과 고함이 집 안을 덮치면, 외할머니는 어머니 방에 들어가서 어머니를 위로하다가도 다시 돌아와서 다 안다는 눈빛으로 나를 오래도록 안아주었다. 외할머니는 어머니와 아버지 사이, 그리고 무엇보다도 어머니와 친할머니 사이에서 평화를 중재하는 역할을 맡았다. 아버지가 돌아가신 후, 어머니와 나는 외할머니와 외할아버지와 함께 이사했다. 어머니가 잉글랜드 남부 해안 도시 이스트본에 작은 아파트를 샀다. 외할머니나 외할아버지와 방을 같이 쓰지는 않았지만, 집안 환경 덕분에 나는 프랑스와 아랍판《찰리와 초콜릿 공장》속 찰리가 된 것 같았다.

외할아버지는 아주 고지식했고, 나는 외할아버지를 '그랑푸'라고 불렀다. 가끔 외할아버지가 저녁 식사 시간에 식탁을 둘러보다가 나를 발견하고는 누구에게랄 것도 없이 크게 소리치던 모습이 떠오른다. "식탁에 애들까지 앉히나?! 내가 저만 할 때는 부엌에서 개랑 밥을 먹었는데!" 내가 자라면서 외할아버지는 점점 부드러워졌다. 외할아버지와 함께한 시간 중 가장 행복한 순간은 잠자리에 들 때였다. 외할아버지는 상상 속의 늙은 샤이어 품종 말들인 클립과 클럽이 겪는 길고 재미난 모험담을 들려주곤 했다.

하지만 온 가족과 부대껴 살면서 늘 즐겁지만은 않았다. 내가 10대가 되면서 어머니와 관계가 틀어지기 시작했고, 외할머니가 평화 중재자 역할을 다시 맡았다. 싸움은 갈수록 시끄럽고 격렬해졌고, 나는 이제 외할머니가 달랠 수 있는 어린아이가 아니었다. 어머니는 외할머니를 열렬히 떠받들었지만, 나는 끝없이 이어지는 야단스러운 사건 사고에 외할머니가 얼마나 낙담했는지 느낄 수 있었다. 외할머니가 할 수 있는 일은 기도밖에 없었다. 외할머니는 기도했다. 많이. 이제는 내가 얼마나 독실한지 잘 모르겠다. 누가 물어보면, 가톨릭 문화를 따른다고 대답한다. 대개 외할머니를 기리는 의미에서 한 말이다. 한번은 업무차 교황님과 함께 미얀마와 방글라데시로 가는 비행기를 탔는데, 그때 외할머니가 무척 자랑스러워했을 거라고 말했다. 교황님은 어느 교황님이나 그러듯이 내 손을 잡고 따뜻하게 미소 지었고, 내 마음은 외할머니에 대한 추억으로 가득 찼다.

외가가 극적이고 과장된 행동거지와 어느 정도 국제적인 매력이 특징이라면, 친가는 이보다 더 다를 수 없을 만큼 정반대였다. 친할아버지의 이름은 베릭 '지미' 롱먼, 친할머니는 낸시 크레이그바다.

할머니는 스코틀랜드 장로교 성직자의 딸이었고, 할아버지는 잉글랜드 햄프셔 출신의 증권 중개인이었다. 할머니의 모습이 궁금하다면, 고故 엘리자베스 2세의 스코틀랜드 버전이라고 상상하면 된다. 할머니는 긴 주름치마에 잘 어울리는 블라우스나 카디건을 티 하나 없이 깔끔하게 차려입었다. 아침에는 언제나 마멀레이드를 얹은 토스트에 커피를 곁들였고, 오후에는 꼭 차를 마셨다. 그야말로 전형적인 영국인이어서 어떤 일에도 절대 감정을 드러내지 않았다. 우리 아버지를 입에 올리는 일도 거의 없었다. 가끔 나를 아버지로 착각할 때를 빼고는. 아침 식탁에서 신문을 보다가 나를 흘끗 보며 "존"이라고 부르곤 했다. 그러면 나를 잠시 바라보다가 눈을 질끈 감고 미소 지었다. "참, 제임스지! 아, 어떨 때 보면 똑 닮았단 말이야!" 그 말에 설렘이 와락 밀려왔고, 더 알고 싶은 마음이 간절했다. "정말요?" 크게 소리치고 싶었다. "어디가요? 아빠하고 어디가 닮았어요? 더 말해주세요!" 하지만 그래서는 안 됐다. 예의 바른 미소. 식탁에서 커피잔을 끌어당기는 소리. 토스트 한 입.

할머니는 런던의 슬레이드 예술대학에서 공부했고 평생 그림을 그렸다. 10대 시절, 서머싯에 있는 할머니의 별장을 방문하면 할머니는 앉아서 나를 그리며 내가 아버지를 얼마나 빼닮았는지 말하곤 했다. 겨울밤에는 별장의 작은 거실에 할머니와 함께 앉았다. 텔레비전의 푸르스름한 빛이 얼굴에 어른거리는 할머니는 입술을 깨물고 나를 뚫어지게 쳐다보면서 무릎에 얹은 스케치북 위로 연필을 움직였다. 꼭 할머니가 아들을 찾다가 나를 발견한 것 같았다. 묻고 싶은 게 많았지만, 내 턱이나 코끝이 어떤 기억을 불러일으키든 할머니가 마음속에 감춘 슬픔처럼 할머니만의 기억으로 남겨두기로 했다. 할머니가 돌아가시자, 이 그림들은 상자에 들어갔다. 할머니의 유품을 나누는 과정에서 나는 삼촌 내외와 사이가 더욱 멀어졌고, 나에게는 오직 추억만이 남았다.

나는 할머니가 돌아가신 후에야 할아버지도 스스로 목숨을 끊었다는 사실을 알게 됐다. 뭔가 이상한 일이 일어났다고 늘 짐작했지만, 어머니가 말하기 전까지는 아무도 내게 알려주지 않았다. (가족 안에서 일어나는 일은 대부분 비밀에 부쳐진다. 그런데 사람들이 그 비밀을 밝히기로 선택하는 이유 역시 수수께끼로 남기도 한다.) 할아버지는 암 진단을 받고 얼마 지나지 않아 차고에서 총으로 자살했다. 할아버지의 시신을 발견한 사람이 아버지였다.

할아버지는 아내가 트라우마를 겪지 않도록 일부러 아들이 시신을 발견하게 계획했다고 한다. 하지만 그때 이미 정신과 치료를 받고 있던 아들이 시신을 발견하도록 꾸민 일을 납득할 수가 없다. 아버지의 유일한 형제인 토니 삼촌도 10대 후반에 조현병을 진단받았다. 삼촌도 아버지처럼 여러 차례 정신과 치료를 받았다. 삼촌은 쾌활했고, 아버지보다 살집이 더 있었지만 회백색 머리카락은 똑같았다. 또 삼촌의 도리라고 생각한 일을 해내려고 최선을 다했다. 하지만 삼촌은 어딘가 불안해 보였다. 가끔 내게 어린 시절 이야기를 들려주곤 했는데, 매번 나는 삼촌의 기억이 흐릿하며 이 불확실성이 삼촌의 움직임 하나하나에 스며들어 있다는 느낌을 받았다. 찻잔을 찻잔 받침에 얹는 떨리는 손. 미심쩍어하는 조카에게 들려주는 어렴풋한 일화. 삼촌도 아버지처럼 젊어서 명상에 과하게 빠져들었다. 우리 가족의 지인들은 두 사람의 명상 실험과 정신질환이 관련 있다고 생각했다. 진실은 확실하게 알 수 없지만, 이 책 후반부에서 연관성을 자세히 살펴보겠다. 삼촌의 약물 때문인지 삼촌의 본성 때문인지는 모르겠지만, 삼촌은 내 삶에 관심을 보이면서도 동시에 거리를 뒀다. 할머니 댁에 갈 때마다 삼촌과 연락이 닿았지만, 할머니가 돌아가신 뒤로는 연락이 끊겼다. 삼촌은 2022년에 세상을 떴다. 체면과 비밀 유지를 중시하는 우리 집안의 전통에 따라 나는 반년이 지나고서야 소식을 들었다.

어머니는 가족에게 닥친 비극의 원인을 으레 할머니 탓으로 돌렸다. 어머니와 할머니는 같은 공간에 있는 것조차 힘들어했다. 어머니는 성미가 불같았고, 홀대받는다는 느낌에 억울해했다. 할머니는 무정한 시어머니였다. 어머니는 할머니가 끔찍한 일, 즉 자식을 잃는 아픔을 겪었다는 사실을 결코 받아들이지 못했다. 할머니가 이 참사의 원인이므로 슬퍼할 자격이 없다고 보았다. 한편, 할머니도 당신의 불행을 다른 사람들과 비교했고, 그런 점에서 누구도 따라올 수 없을 만큼 불행하다고 여겼다. 하지만 나는 할머니를 사랑했고, 할머니도 나를 깊이 사랑했다. 할머니가 아직 살아 있다면 이 책을 쓰지 않았을 것이다. 할머니는 비밀을 숨겨두는 편이 최선이라고 생각했다. 나는 그런 실수를 반복하고 싶지 않지만, 그래도 할머니가 힘든 순간을 겪었으며 그런 순간을 다른 사람들에게 알리지 않기를 바랐다는 사실을 잘 안다. 나는 할머니의 하나뿐인 손주였다. 할머니가 아버지의 죽음에 관해서 침묵을 지킨 것은 나를 보호하고 싶은 마음 때문이었다고 생각한다. 하지만 할머니 댁에 갈 때마다 집 안 곳곳에 놓인 아버지 사진이 불편한 진실을 일깨웠다. 나는 사진을 가만히 들여다보곤 했다. 사진 속에 나도 함께 있으면 당시 기억을 억지로 떠올렸고, 액자 속 아버지가 되살아나서 나를 돌아보며 미소 짓기를 기다렸다.

나는 아버지를 쏙 빼닮은 내 모습이 아주 마음에 든다. 아버지를 아는 사람들은 내가 아버지 외모를 그대로 물려받았다고 말한다. 누구든 아버지 사진을 볼 때마다 내게 "와, *진짜* 아버지랑 판박이네요"라고 한다. 길쭉한 코—안타깝게도 나이가 들면서 코가 더 자라는 것 같다—와 웃으면 거의 사라지는 눈. 나는 아버지의 모든 면이 내게 나타날 수 있다는 사실에 늘 커다란 위안과 엄청난 자부심을 느꼈다. 하지만 자부심은 의심 때문에 꺾이고 만다. 나는 어떤 면에서 아버지를 닮았을까?

성당에 가면 외할머니를 위해 촛불을 켜듯이, 런던에서 살았던 동네에 가면 아버지를 추모하며 옛집 앞에 서 있는다. 4층짜리 빅토리아풍 연립 주택으로, 층마다 커다란 내리닫이 창이 밝은 흰색 창틀을 두르고 있었다. 지금은 외벽이 세련된 회색으로 칠해져 있다. 이웃한 건물들은 그 유명한 노팅힐의 색 조합을 따른 파스텔 분홍색과 파란색이다. 우리 가족의 옛집은 여전히 연립 주택이지만, 내가 살았을 때보다 지금 주민의 생활이 더 윤택해 보인다. 그들이 누리는 특권은 건물 밖에서도 은근히 엿보인다. 따뜻한 색감의 은은한 조명, 싱그럽게 가꾼 식물, 식민지 시대풍 블라인드. 옛날에는 창문에 홀치기로 염색한 천이 걸려 있었고, 남자들이 창틀에 앉아서 담배를 피웠고, 시끄러운 음악 소리가 흘러나왔고, 길고양이가 돌아다녔다. 나는 건물 바깥에 서서 현관문을 드나들던 일, 아버지의 목말을 타고 긴 산책을 나섰던 일, 건물 앞 길가로 나오면 친구 부모님이 나를 학교에 데려다주던 일 등 지저분한 보헤미안 매력이 가득했던 동네에 얽힌 기억을 되살려보려고 애쓴다. 사실, 그런 기억은 대체로 잘 떠오르지 않는다. 아버지가 그 건물에 살았다는 이유만으로 그곳에서 내 삶이 어땠든지 간에 행복하게 생각하려 한다는 걸 안다. 하지만 진실은 모호하다.

나는 아버지에게 일어났던 일을 대부분 모른다. 심각한 정신질환에는 커다란 낙인이 찍혀 있어서—정신질환을 앓는 가족이 있는 사람이라면 누구나 공감할 수 있을 것이다—사람들은 이 문제를 입에 올리려고 하지 않는다. 온 마음을 뒤덮는 수치심과 슬픔은 종종 진실을 가린다. 하지만 아버지에게 실제로 무슨 일이 일어났는지 알아내야 내 문제를 해결할 뿐만 아니라 우리 가족의 침묵을 깰 수 있다는 사실이 분명해졌다. 가족사는 객관적이면서도 주관적이다. 한편에는 *실제로 일어난* 일이 있고, 다른 한편에는 *사람들이 기억하거나 이야기하는* 일이 있다. 나는 아버지에 관한 객관적 사실을 알고 싶었다. 그러려면 아버지의 진료 기록을 찾아야 했다.

말처럼 쉽지는 않았다. 영국의 국민보건서비스National Health Service(이하 NHS)를 잘 모르는 독자를 위해 간단히 설명하자면, '관료주의 악몽'이라는 말로도 모자란다고 할 수 있다. 어머니가 기억해낸 이름은 아버지 주치의였던 솔켈드 박사뿐이었다. 그때부터 나는 구글을 끼고 살았다. 아버지가 살던 동네의 여러 보건소에 전화해서 솔켈드 박사의 이름이 앤이며 더는 진료를 보지 않는다는 정보를 알아냈다. 어느 접수원이 솔켈드 박사가 다른 의사와 결혼했고, 그 의사는 *여전히* 현업에 있으니 국가의료평의회General Medical Council에 문의하면 연락처를 줄지도 모른다고 알려줬다. 하지만 이름과 전화번호를 남기는 것 말고는 내가 할 수 있는 일이 없었다. 전화기 너머의 거만한 목소리는 분명하게 말했다. "구체적인 메시지는 전달해 드릴 수 없습니다. 무슨 사연인지는 전할 수 없고, 이름은 전하겠습니다." 그래서 몇 주 동안 아무런 성과 없이 전화와 이메일을 주고받은 후, 30년 전에 아버지를 진료했을지도 모르는 사람의 남편에게 내 이름과 전화번호만 적힌 메시지를 남겼다. 기대는 하지 않았다.

나는 이런 식으로 의료 시스템 '가장 아래에서부터' 접근했다. 동시에 시스템의 가장 위쪽에서도 아버지의 의료 기록을 확보하려고 노력했다. 나는 영국의 모든 병원에 환자의 기밀 정보를 보호하고 기록을 발행하는 칼디콧 가디언Caldicott

Guardian이라는 직무가 있다는 사실을 알아냈다. 아버지가 돌아가신 후로 영국 의료 체계는 중앙 집권화되었고, 소규모 병원이나 의원은 점차 대형 감독 기관의 통제 아래에 들어갔다. '좋은 소식이네. 이메일을 보낼 사람이 줄었어.' 이렇게 생각했다. 그런데 내가 발견한 이메일 주소를 사용하는 사람이 단 한 명이며 혼자서 수십만 명의 의료 기록을 관리할지도 모른다는 생각이 들었다. 그다지 좋은 소식은 아니었다. 이메일을 또 허공에 날리게 생겼다. 게다가 내가 이야기를 나눠본 사람들 모두 NHS 기록은 사망 7년 후에 파기되므로 아버지의 기록이 남아 있었더라도 모두 삭제되었을 가능성이 크다고 말했다. 나는 크게 낙담했다.

몇 달 후, 느닷없이 답장이 왔다. 칼디콧 가디언의 연락이었다. 그는 삭제되어야 했을 기록이 기록 보관소에 있었다고 설명했다. 더불어 140페이지나 되는 존 제임스 롱먼의 의료 기록을 첨부했다. 행정 오류가 그토록 반가웠던 적은 없었다. 치료 기록, 사회복지사의 관찰 보고서, 응급실 방문 기록. 나는 전부 살펴보기 시작했다. 서류에는 1960년대까지 거슬러 올라가는 정신과 병력이 압축되어 있었다. 아버지는 1976년에 두 달 동안 정신과 치료를 받았고, 입원 중에 전기충격요법electro-shock therapy을 받았다. 이 내용을 알고는 마음이 몹시 아팠다. 아버지가 온몸이 묶인 채 머리에 전선을 꽂고 있는 모습을 상상하지 않을 수가 없었다. 나중에 살펴보겠지만, 현대의 전기

경련요법electroconvulsive therapy, 줄임말로 ECT는 다른 치료법이나 약물로 효과를 보지 못한 사람들에게 귀중한 치료법이 되었다. 하지만 서류를 읽는 순간, 할리우드 영화에 나오는 빅토리아 시대 정신병원의 모습이 내 머릿속을 가득 채웠다. 약물 복용 기록도 있었다. 아버지는 항정신병약인 클로르프로마진chlorpromazine을 처방받았고, 평생 복용과 중단을 반복했다. 의료진은 아버지에게 약을 계속 먹어야 한다고 설득하느라 줄곧 애를 먹었다. 아버지는 약 때문에 창의력이 무뎌지고 무감각해진다고 느꼈다. 아울러 대체로 자기 병을 인정하지 않았고, "필요할 때만" 약을 먹기로 했다. 하지만 증상이 나타날 때쯤이면 이미 늦은 뒤였다.

1995년 6월에 아버지를 진단한 정신과 의사는 아버지의 병이 "반쯤 종교적인 경험, 사물을 더 깊이 알게 되고 자기 자신을 발견한 것 같은 느낌을 동반한 짧은 정신증 증세"가 특징이라고 적었다. 아버지는 "시각적, 후각적 환각을 호소했다. 1960년대와 1970년대에는 환각 증상이 약 7년 간격으로 나타났지만, 지난 몇 년 동안, 특히 결혼 생활이 파탄 난 이후로는 증상이 더 자주 발생했다. 급성 편집증과 공포로 인해 갑자기 입원하곤 한다."

구체적인 입원 기록 일부는 매우 상세하다. 1991년에는 "조현정동장애의 경조증hypomania 삽화"를 진단받고 입원한 적이 있는데, 아버지는 게가 피부를 기어다니는 것 같다고 호소했다. 의사는 아버지가 횡설수설 내뱉은 말을 그대로 기록했다. "개인의 근원적인 복잡성은… 무한하죠…. 너무 오랫동안… 기본이 너무 복잡해서… 내가 세상이 돌아가는 방식을 만들었어요." 의사는 어머니가 때로는 친구와 함께, 때로는 혼자서 저녁에 면회 온 일도 묘사했다. 아버지가 온전한 문장을 말하지 못하는 모습, 도움이 필요하다는 사실을 문득 깨닫지만 실제로는 도움을 바라지 않는 모습도.

1994년의 진찰 기록은 아버지의 병이 어떻게 발현되는지 상세히 설명한다. 아버지는 세상과 우주에 대한 "매우 추상적이고 지적인" 개념에 집착했다. "그의 사고에서 공통으로 드러나는 주제는 본인의 내적 경험과 연결되는 일의 중요성이다. 그는 '느낌'의 중요성을 특히나 강조한다. 느낌을 경험에서 가장 중요한 요소로 여기는 대신, '생각'은 부차적으로 여긴다." 의료진은 아버지가 크게 동요하며 조리 있게 말하지 못한다고 자주 묘사했다. 한번은 아버지가 물속에 잠긴 것 같다고 말했다. "숨을 못 쉬겠어요." 그러더니 말을 바꿨다. "아, 숨 쉴 수 있어요. 내가 대체 무슨 소리를 하는 거죠?!" 가끔 아버지는 앞뒤로 서성이면서 횡설수설했다. 하지만 어떤 때는 차분하게 생각에 잠겼다.

아버지는 "오늘은 밝고 쾌활"했다가 며칠 후 "기분이 좋지 않고 고립"되었다고 불평하는 상태를 오갔다. 이런 사실을 알고 나니 아버지와 더 가까워진 것 같았다. 나 역시 어느 순간은 괜찮다가도 곧바로 우울해지는 패턴을 평생 겪었다. 아버지의 인생은 내가 앞으로 걸어갈 길을 고스란히 보여준다. 좋을 때와 나쁠 때, 절망스러울 때와 낙관적일 때. 이렇게 오르락내리락하는 여정은 진을 다 빼놓는다. 아버지의 상태가 특히 심각하게 바닥을 쳤을 때를 생생하게 묘사한 글도 눈에 띄었다. 아버지는 의사에게 애원했다. "제발 죽을 수 있[게] 고통을 없애는 주사를 주세요. 내가 의식을 완전히 잃으면 머리도 제발 잘라주세요. 머리를 자르거나 완전히 죽여주세요. 이제 삶은 아무 가치도 없어요." 이 글을 읽으면서 몹시 비통했다. 단어 하나하나가 아버지의 절박함을 절규했다.

아버지의 죽음이 가까워진 나날과 내가 태어난 이후에 작성된 기록도 마음이 아팠다. 아버지가 자살을 기도했다는 내용을 우연히 발견했는데, 날짜가 눈에 띄었다. 1987년 4월. "아들 제임스가 태어나고 11주 후, 파라세타몰paracetamol[아세트아미노펜acetaminophen]을 거의 치사량 복용했다." 의료 기록에서 내 이름이 언급되는 경우는 드문데, 내 출생이 아버지의 자살 시도를 촉발했을지도 모른다는 생각에 슬픔이 밀려왔다. 의료 기록 후반부에는 이런 내용이 나온다. "존은 아내가 임신하기 전까지 관계가 긍정적이었다고 인정했다. 본인은 아이를 원한 적이 없다고 했다." 기록에는 아버지가 나 때문에 어머니와 다투었다는 내용이 빼곡하다. 그런데 더 나중에 사회복지사가 쓴 일지에는 다른 내용이 나온다. "존은 이번 주말에 전

처와 아들을 만날 예정이며, 이 만남을 고대한다고 알려줬다." 1996년 8월—세상을 뜨기 한 달 전—아버지는 사회복지사에게 아내와 아들과 시간을 더 많이 보내고 있다고 말했다. "그는 이 일로 기분이 상당히 좋고, 나를 만나지 못할 것 같다고 한다."

이런 기록을 꼼꼼하게 읽는 일은 이상한 경험이다. 부모님에 관한 개인 정보를 접할 수 있는 사람은 보통 아무도 없다. 의료 기록을 보고 있자니 알면 안 되는 내용을 자세히 캐내는 느낌이 들었다. 하지만 이 기록은 아버지의 삶에 군데군데 존재하는 커다란 공백을 메웠다. 의료 기록 덕분에 내 상상 속 평면적 인물이 진정한 삼차원 인물로 변했다. 나는 감정에 휩싸여서 어렴풋이 떠오르는 기억이 아니라 객관적인 사실을 처음으로 알게 되었다.

무엇보다도 감사한 마음이 가장 크다. 이 기록은 아버지의 증상을 이해하고 치료하는 전문가들이 작성했다. 아버지가 도움을 정말 많이 받은 것 같아서 무척 감사하다. 정신과 진료부터 가정 방문과 잦은 치료까지, 아버지는 마음 쓰며 보살피는 사람들에게 둘러싸여 있었던 듯하다. 물론, 어머니도 있었다. 의료 기록에는 어머니도 자주 등장한다. 어머니는 단순히 아버지와 병원에 동행한 것이 아니라 아버지가 받는 치료의 상당 부분을 함께 감당했다. 의료 기록을 읽으면서 어머니가 그동안 얼마나 힘들었을지 새삼스럽게 깨달았다. 어머니는 아들을 키우는 일과 남편을 돌보는 일 두 가지를 동시에 해내려고 애썼다. 간병인에게는 쉬운 일이 아니다.

의료진이 아버지의 정신증 증세와 우울감을 구분했다는 사실도 중요하다. 아버지는 정신증을 예방하는 약을 먹을 때마다 기분이 좋지 않다고 자주 호소했다. 아버지가 약을 먹지 않으려던 이유 가운데는 우울감도 있었던 것 같다. 의사들은 한결같이 아버지의 우울증과 조현병이 서로 다른 질환이며 각기 다른 치료가 필요하다고 진단했다. 의료 기록은 아버지의 정신증과 나의 우울감을 분리하는 데 도움이 되었다. 한편, 아버지는 내가 공감할 수 있는 절망감을 묘사하기도 했다. 아버지와 나의 경험이 겹치는 부분이야말로 나의 최대 관심사다.

이 기록에는 아버지의 마지막 며칠에 관한 내용도 담겨 있다. 아버지는 세상을 뜨기 전 한 달 동안 잘 지내면서 사회복지사와 정기적으로 연락했던 것 같다. "1996년 8월 19일에 존과 마지막으로 만났다." 담당 사회복지사의 기록이다. "존은 상당히 안정적이었고, 전처에 관한 개인적 문제를 이야기했다. 최근 들어 아들과 더 가까워진 듯하다. 명백한 우울증 징후나 정신 상태의 큰 변화는 없다. 우리는 향후 계획을 논의했고 불안을 달랬다."

하지만 사회복지사는 1996년 8월 말에 휴가를 떠났고, 메모 내용으로 보아 9월 중순 무렵부터 아버지와 연락이 거의 닿지 않았다. 그때쯤 아버지는 침묵에 빠졌는데, 이제 와서 돌이켜보면 나쁜 징조였던 듯하다. 사회복지사가 아버지에게 연락하려고 애썼지만, 9월 27일에 아버지 아파트의 주택조합 대표가 지역 복지팀에 전화해서 사망 소식을 전했다. 사회복지사는 1996년 9월 27일자 메모 옆 여백에 크게 별표를 치고 그 아래에 간략히 사건을 설명했다. 아버지는 그날 새벽 2시에 아파트에 불을 지르고 창밖으로 뛰어내렸다. 가슴 아픈 결말이었다. 아버지가 사회복지사에게 어머니와 나를 얼마나 보고 싶어 하는지 말한 내용을 적어 놓은 앞 페이지를 읽고 나니 더욱 마음이 아팠다. 아버지는 시간제 자원봉사 활동을 구한 일이나 친구의 컴퓨터 작업을 도와준 일도 이야기했다. 전부 잘 풀리는 것 같았는데 갑자기 파국이 찾아오고 말았다.

3. 조현병, 단순한 질병이 아니다

> 오래전부터 너무도 많은 사람이 그들을 인간으로 보지 않았다. 조현병의 가장 파괴적인 점은 바로 접근 불가능성일 것이다. 가까이 다가오지 못하게 막는 이 특성 때문에 많은 이가 조현병 환자와 소통하지 못한다. 특히 조현병 환자의 가족이 자주 저지르는 실수이자 빠지기 쉬운 유혹은 환자와 소통할 수 없으니 환자가 자아를 잃었다고 착각하는 것이다.
>
> — 로버트 콜커Robert Kolker, 《히든밸리로드*Hidden Valley Road*》

아버지의 의료 기록을 살펴보면서 아버지뿐만 아니라 전 세계 2,400만 명이 진단받은 이 질병과도 금세 가까워졌다. 하지만 조현병의 유전적 요소를 더 잘 이해하려면 이 질환을 앓는 사람이나 가족 중에 환자가 있는 사람과 더 많이 이야기를 나눠봐야 한다는 사실을 잘 알았다. 다행히 아버지의 주치의였던 앤 솔켈드 박사가 마침내 연락해왔다. 내가 국가 의료평의회를 통해 보낸 수수께끼 같은 메시지에 솔켈드 박사의 남편이 답장을 보냈는데, 대체 무슨 일인지 조금 혼란스러워했다. 자초지종을 알게 된 그가 아내에게 설명하자, 솔켈드 박사가 기꺼이 대화하겠다고 나섰다. 나는 아버지의 의료 기록을 보내고 답장을 기다렸다.

머피의 법칙 때문인지 하필 내가 ABC 방송국 특파원으로 우크라이나에 파견되었을 때 연락이 왔다. 그래서 몹시 지지직거리는 통화음을 통해 아버지가 도움이 가장 절실했을 때 들었을 목소리를 들었다. 불안을 달래는 말투와 잉글랜드 남부 억양으로 이야기하는 솔켈드 박사는 그야말로 전형적인 영국인답게 사과로 대화를 시작했다. "정말 죄송해요. 기억이 잘 안 나네요." 박사가 조용히 말했다. "그래도 의료 기록이 있어서 도움이 돼요." 솔켈드 박사는 수년간 수만 명을 진료했고, 아버지를 잘 알지는 못했다. 하지만 박사가 어떤 세부 사항을 기억하는지 아닌지는 그다지 중요하지 않았다. 아버지의 주치의와 이야기하는 것만으로도 아버지와 더 가까워진 느낌이었다. 내가 솔켈드 박사의 환자, 아버지가 된 느낌이었다. 박사는 잉글랜드 시골에 있는 집에서, 나는 키이우의 호텔에서 아버지의 의료 기록 위로 고개를 숙인 채 거의 한 시간 동안 이야기를 나눴다.

솔켈드 박사는 전문 의료인이 조현병을 이해하기가 얼마나 어려운지, 그 용어가 얼마나 광범위하게 쓰이는지, 얼마나 많은 사람이 우리 아버지처럼 조현병 관련 질환으로 다양한 병명을 진단받는지 설명했다. 그리고 의대에서는 정신질환에 대한 교육을 받지 못했다고 털어놓았다. "우리는 몰랐죠. 우리가 의사 자격을 얻은 후에야 새로운 진단이 나왔거든요. 솔직히 말해서, 정확히 뭔지도 모르지만 환자를 분류하고 싶어서 내린 진단 같았어요."

"아버님은 정신세계에 관해 이런저런 믿음이 많았고, 정신세계를 이해하려고 애썼어요. 정신증이나 조현병을 앓는 사람들한테서 그런 모습을 볼 수 있죠. 병증이 심한 환자를 직접 방문하곤 했는데, 테이블에 책이나 대수표 같은 것이 어마어마하게 많이 쌓여 있었어요. 어딘가에 비밀이 숨어 있으니 밝혀내기만 하면 병을 극복할 수 있다고 생각한 것처럼요. 아버님은 '약을 먹고 싶지 않아. 나는 통찰력이 있는데, 약이 통찰을 방해하거든'이라고 말하는 것 같았어요."

"솔직히 당시에 아버님이 요즘보다 훨씬 더 나은 보살핌을 받았다고 생각해요. 그때는 지금보다 지역사회의 지원이 훨씬 더 많았던 것 같거든요. 사실, 이 기록을 읽고 정말 감명받았어요." 이 말을 듣자마자 기운이 났다. 솔켈드 박사도 아버지가 잘 보살핌받았다고 생각한다는 사실에 마음이 놓였다. 아버지가 스스로 목숨을 끊었기 때문에 아버지가 제대로 보살핌받지 못하고 사회 시스템에서 소외되었다고 생각했다. 주치의와 대화하고 의료 기록을 읽어보니, 잘못 생각했다는 사실을 깨달았다.

이 책을 쓰기 시작할 무렵, 로버트 콜커의 《히든밸리로드》를 읽어보라는 권유를 여러 번 받았다. 콜커의 책은 자녀 가운데 여섯 명이 조현병을 진단받은 갤빈 가족의 이야기를 다룬다. 이 책과 마찬가지로 콜커의 책도 갤빈 가족의 고난을 통해 정신질환에 관한 의학 연구를 탐구한다. 질병과 치료 양쪽에 시달리는 사람들이 작품 전반을 관통하는 주제다. 갤빈 가족의 어느 조현병 환자를 두고 콜커는 이렇게 말한다. "조현병을 50년 동안 앓으면, 머지않아 치료가 질병만큼이나 해로워진다." 나도 아버지의 의료 기록에서 같은 내용이 고동치는 것을 느낀다.

조현병을 앓는 갤빈 형제 여섯 명은 유전학계가 이들의 경험을 대중과 비교하면서 과학계의 주요 관심 대상으로 떠올랐다. 당시 학계는 두 세기에 걸쳐 진지하게 조현병을 학술적으로 연구하고 있었다. 이 오랜 연구 역사에서 가장 유명한 초기 사례 가운데 하나는 독일 판사 다니엘 슈레버Daniel Schreber의 사례다. 슈레버는 1800년대 후반에 자기 경험을 담아 《내 신경질환에 관한 회고록*Memoirs of My Nervous Illness*》을 썼다.

슈레버는 극심한 편집증, 망상, 더 깊은 의미를 향한 탐구처럼 조현병 환자 하면 흔히 떠올리는 증상을 보였다. 사실, 그는 우리 아버지처럼 자기 경험을 우주와 연결지었고, 본인의 우주론을 회고록에 상세하게 담았다. 슈레버 사례는 지크문트 프로이트Sigmund Freud와 카를 융Carl Jung을 비롯해서 여러 세대의 저명한 과학자가 관심을 쏟았다. 조현병을 마음에서 떼어내 몸으로 가져온 사람이 바로 융이었다. 다시 말해 융은 최초로 이 질병을 단순히 생각의 질병이 아니라 생물학적 질병으로 이해했다. 융은 유전적 소인보다 환경의 중요성을 강조했지만, 후세대 과학자는 유전적 소인과 환경 모두 영향을 미칠 수 있다고 생각했다. 슈레버 사례만큼 유명한 제네인 자매 때문이었다.

제네인 네 쌍둥이는 1930년에 태어났고, 모두 조현병을 진단받았다. *제네인*Genain이라는 이름은 그리스어로 '끔찍한 출생'을 의미하는 가명이다. 미국 국립정신보건원National Institute of Mental Health의 연구심리학자 데이비드 로젠탈David Rosenthal이 수석 연구원으로서 제네인 자매 사례를 담당했다. 로젠탈은 제네인 자매도 갤빈 형제처럼 아버지에게 수년간 학대받고 방치당했다는 사실을 발견했다. 1964년 연구에서 그는 조현병의 근본 원인이 선천적이지 않고 후천적이라고 설명했다. 하지만 생물학적 요인을 간과할 수 없다는 사실도 알았다. 여기서 말하는 생물학적 요인은 부모에서 자식으로 전달되는 단순한 유전만을 가리키지 않으며, 더 모호하고 불명확한 방식으로 영향을 미친다. 로젠탈은 "이 질병이 가족 구성원 사이를 떠돌아다니고 헤매고 다닌다"라고 표현했다. 결정적으로 로젠탈의 연구는 조현병이 "유전적 소인이 없는 사람에게는 발병할 수 없다"라는 사실을 밝혀냈다.

여기서 다시 한번 강조해야겠다. 정신질환에 관한 유전적 설명에 동의하지 않는 사람이 많을 것이다. 하지만 콜커와 로젠탈의 연구, 슈레버 사례를 보면, 조현병을 진단받은 사람들은 증상이 비슷했고 질병의 진행 경로도 유사했다.

조현병 환자는 여러 단계를 거친다. 첫 번째는 전구기prodromal phase로, 눈에 띄는 정신병 증세가 나타나기 전이다. 이 단계를 겪으면 더 내성적으로 변하거나 불안해지거나 쉽게 짜증을 낼 수 있다. 의욕을 잃고 집중력이 떨어지기도 한다. 이런 증상 중 상당수가 다른 정신질환과 겹치기 때문에 전구기에는 조현병으로 진단받지 않을 가능성이 있다. 아버지는 19세에 첫 정신증 증세를 보였다. 갤빈 형제 모두 이 나이 무렵에 정신병을 경험했다. 여성은 더 늦게, 심지어 30대가 되어서야 증상이 나타나기도 한다. 이런 차이가 존재하는 이유는 아직 밝혀지지 않았다.

조현병의 활성기active phase는 대체로 10대 후반이나 20대 초반에 나타난다. 이 시기에 들어서면 목소리를 듣거나 환각을 경험할 가능성이 있다. 존재하지 않는 것을 보거나 듣거나 냄새 맡거나 느낄 수 있다. 편집증이나 망상에 빠지고, 그 탓에 때때로 폭력적인 행동을 보이기도 한다. 우리 아버지는 한 번도 폭력적인 모습을 보인 적 없지만, 게나 벌레 같은 동물이 피부를 기어다니는 것 같다고 자주 토로했다. 한번은 산 채로 불에 타는 듯한 느낌도 받았다. 하지만 아버지가 겪은 증상의 특징은 환영이 아니었다. 밝혀내야 할 더 깊은 진실이 존재한다는 느낌이었다. 이 느낌은 아버지를 잡으려는 사람들이나 정부, 권위에 대한 편집증이 아니라(물론 이런 편집증은 흔하다) 세상에 관한 더 깊은 진실을 밝혀야 한다는 사명과 관련 있었다.

오랫동안 조현병 연구는 과학 연구 목적으로 기증된 사망 환자의 뇌에 의존했다. 하지만 신경영상 기술neuroimaging technology이 혁명을 일으켰다. 이제는 연구 대상이 살아 있는 동안에도 뇌 활동과 구조 변화를 관찰할 수 있다. 학계는 조현병 환자가 뇌의 '우두머리'라고 불리는 전전두피질prefrontal cortex에 이상이 있다는 사실을 밝혔다.

전전두피질은 의사 결정, 위험 평가, 충동 조절, 판단, 감정 반응 관리, 복잡한 행동 조정 등에 관여한다. 전전두피질이 뇌의 다른 영역과 긴밀하게 소통하기 때문에 이 모든 기능이 가능하다. 조현병 환자는 전전두피질과 뇌의 나머지 영역 사이의 연결이 손상된 것으로 보인다. 특히 외부 세계에 대한 인식을 담당하는 부위와 내적 동기를 담당하는 영역 사이의 관계가 손상되었다는 사실이 발견되었다. 이 때문에 조현병 증상에 환각이 포함되며, 조현병 환자는 바깥세상의 영향에 대해 강렬하고 때로는 편집증적인 감각을 경험하기도 한다.

조현병 환자의 뇌에서 소통이 흔히 중단되거나 활동이 지나치게 과도해지는 주요 영역은 전두엽frontal lobe과 측두엽temporal lobe, 시상thalamus 세 군데다. 이마 바로 뒤쪽에 있는 전두엽은 대뇌 피질의 네 영역 가운데 가장 크며, 언어 생성과 기억, 판단, 운동 기능, 창의성과 관련 있다. 아울러 사회적 상호작용을 조절하고, 우리가 적절하게 행동하도록 돕기도 한다. 관자놀이 바로 위에 있는 측두엽도 대뇌 피질의 일부다. 측두엽은 소리를 해석하고 언어에 의미를 부여하는 첫 번째 영역이다. 측두엽은 감정과 기억과도 관련 있으며, 다양한 기억을 저장하고 해석하는 편도체amygdala와 해마hippocampus가 있는 대뇌변연계limbic system와 관계가 깊다. 마지막으로 시상은 뇌 중앙에 있는 달걀 모양 구조로, 일종의 정보 전달 중추 역할을 맡는다. 현대 뇌 지도 작성 기술 덕분에 조현병 환자는 이 영역 사이의 연결이 제대로 기능하지 않는다는 사실이 드러났다.

조현병 환자의 뇌에서는 구조적 이상도 보고되었다. 뇌는 약 60%가 백질white matter로 이루어져 있다. 백질은 정보 전달 통로인 신경 섬유가 모여 있는 거대한 조직으로, 회백질gray matter의 여러 부분들을 연결한다. 뇌에서 나머지 40%를 차지하는 회백질은 신경세포체가 풍부한 뇌 조직으로, 정보를 처리해서 신체 여러 부위로 전달한다. 연구진은 조현병 환자의 대뇌 피질이 얇아지면서 회백질이 감소하는 현상을 관찰했다. 알츠하이머병Alzheimer's disease 같은 신경 퇴행성 질환을 앓는 환자에게도 똑같은 현상이 일어난다. 아울러 조현병 환자의 뇌에서는 백질도 손상될 수 있다.

조현병을 앓는 사람도 적절한 약물 치료를 받으면 평범하게 살 수 있다—이 장의 후반부에서 그런 사람들을 만날 것이다. 우리 아버지도 그랬다. 하지만 수많은 환자가 헌신적인 치료를 받지 못하고 제대로 생활하지 못한다. 아버지도 같은 상황을 겪으면서 영원히 그런 현실에 갇힐까 봐 두려워했다. 이 장에서 설명한 증상 모두 아주 갑작스럽게 나타날 수 있으며, 어쩌면 이런 증상은 뜻밖의 트라우마나 힘겨운 사건에 대한 반응일 수도 있다. 하지만 더 광범위한 조현병 행동을 활성화하는 요인을 찾는 과제야말로 현대 조현병 연구의 핵심이다.

나는 조현병을 조사하던 중 〈양극성장애, 조현병, 그리고 팟캐스트〉라는 팟캐스트를 발견했다. 팟캐스트 소개글에는 "우울증과 조현병, 양극성장애를 앓는 사람들을 독특한 시각으로 바라본다"라고 적혀 있었다. 공동 진행자 미셸 해머는 세 질환의 증상이 너무 많이 겹쳐서 서로 연결했다고 밝혔다. 내게 딱 맞는 팟캐스트 같았다.

미셸은 자기를 조현병 운동가라고 소개한다. 나는 뉴욕시에 있는 미셸의 집을 방문해서 이야기를 나누었다. 새까만 머리에 야구 모자를 쓴 미셸은 특유의 뉴요커 억양을 자랑하며 시속 100마일 속도로 말했다. 온통 *카우피*와 *플라와*와 *왓에바* 같은 말이었는데(각각 'coffee' 'flower' 'whatever'를 가리킨다—옮긴이), 정말 마음에 들었다.

"고등학생쯤에 시작됐어요." 미셸이 기억을 더듬었다. "조현병 증상이 나타났지만, 그때는 잘 몰랐죠. 제가 미련하다고, 제가 하는 말은 죄다 멍청하다고 말하는 목소리가 들렸어요. 밤에 울곤 했죠."

미셸은 갈수록 수업을 듣기 어려워졌다고 한다. "영어 수업에서도 문제가 생겼어요. 선생님이 머릿속에 들어올까 봐 에세이를 쓰고 싶지 않았거든요. 겁에 질렸어요. 극심한 편집증이었는데 그때는 몰랐어요."

미셸은 다들 머릿속의 목소리를 듣는 줄 알았다. 실제로는 그렇지 않다는 사실은 전혀 알 수 없었다. 그 목소리는 "약간 못된 여자애" 같았다고 한다. "제 목소리도 아니었지만, 다른 누구의 목소리도 아니었죠. 그 목소리는 계속 말을 걸었어요. '넌 모두에게 짐이야. 그냥 죽어. 네가 전부 망치고 있잖아.' 그 목소리는 가장 취약한 제 생각을 읽은 존재였고, 그 생각을 저한테 되풀이했어요."

고등학교 시절 내내 어머니가 도와주려고 애썼지만, 미셸은 어머니가 자기를 죽이려 한다고 확신했다. "엄마가 제 삶을 파괴하려 한다고 느꼈죠." 뉴욕 북부에 있는 대학에 진학했을 때도 똑같은 생각이 미셸에게 달려들었다. "이번에는 룸메이트가 절 죽일 것 같았어요. 그때 뭔가 잘못됐다는 걸 깨달았죠. 그래서 보건소에 갔더니 15분 만에 양극성장애라고 했어요."

약을 처방받았지만 효과가 없었다고 한다. 끝내 1학년 때 두 번, 2학년 때 한 번 정신과 병동에 입원했다.

대화가 여기까지 이르러서도 미셸은 여전히 아주 빠르게 말했다. 미셸은 재치 있고 예리하며 상황을 잘 묘사했다. 하지만 정신과 치료에 관해서 묻자, 대답이 퉁명스러울 정도로 짧아졌다. 이 주제는 꺼내지 않는 편이 좋다는 걸 깨달았다. 분명히 미셸의 트라우마를 자극할 것이다.

미셸을 진찰한 정신과 의사는 마침내 조현병이라고 진단했다. "그 소식을 들었을 때 정말 속상했어요. 그래도 친구들과 놀러 나가서 털어놨죠. 그런데 친구들이 '내내 그랬던 거 맞잖아?! 우리가 말했잖아!'라는 거예요. 한 친구는 웃기까지 했어요. '내가 3년 전에도 그렇게 말했을 텐데, 너는 계속 혼잣말만 했다고!'"

미셸은 진단 결과를 기꺼이 듣고 싶어 했던 것 같다. 우리 아버지는 그렇지 않았다. 미셸은 진단 결과를 받아들이는 것이 성숙한 태도라고 생각했다. 대학 시절에는 병을 무시하려고 애쓰며 약도 먹지 않았다. 하지만 시간이 지나면서 의사의 진단이 도움이 되리라는 사실을 깨달았다. "조현병 진단이 최선의 결과예요. 그래야 필요한 도움을 받죠."

미셸의 가족은 적응하는 데 시간이 얼마간 걸렸다. 어머니는 딸에게 최선을 다하고 싶었지만, 미셸은 어머니가 자기를 함부로 재단한다고 느꼈다. "엄마는 '네가 어떤 상태인지 잰하고 로버트한테 이야기했어. 마고한테도. 마고 아들이 메스암페타민 중독자잖아'라고 말하곤 했어요. 그러면 '나를 마약 중독자하고 비교하는 거예요?'라고 받아쳤죠."

조현병 환자를 향한 대중의 인식은 대체로 부정적이다. 영국 통계청이 2015년에 실시한 조사 결과를 보면, 정신건강 문제로 진단받은 사람들은 예측 불가능하고, 대화하기 어렵고, 회복 가능성이 낮다고 여겨지는 경향이 있었다. 특히 조현병을 진단받은 사람에 대한 인식이 가장 부정적이었다. 조현병은 불치병이라는 인식 때문에 더 부정적인 반응을 얻었지만, 다른 정신질환은 극복하기 더 쉽다는 인식이 강했다. 2000년에 미국에서 실시한 광범위한 연구에 따르면, 정신질환을 앓는 사람이 위험하다는 인식은 시간이 갈수록 커졌다. 1996년에 사람들이 정신증을 진단받은 환자를 폭력적이라고 묘사할 가능성은 1950년보다 평균 2.3배 더 높았다. 2015년에 영국공중보건국Public Health England은 국립사회연구센터National Centre for Social Research에 정신질환에 대한 사회적 태도를 조사해 달라고 의뢰했다. 조사 결과, 조현병과 다른 정신질환에 대한 인식은 현저하게 달랐다. 10명 중 7명이 옆집에 조현병 환자보다 우울증 환자가 사는 편이 더 낫다고, 또는 조현병 환자보다 우울증 환자와 어울리는 편을 더 선호한다고 대답했다. 조현병이나 우울증을 앓는 사람과 결혼하거나 자녀를 가지고 싶어 할 가능성은 낮았다. 응답자 대다수가 정신질환이 있는 사람이 승진할 가능성이 낮다고 여겼다. 그리고 응답자 가운데 절반만이 조현병을 앓는 사람과 어울릴 의향이 있다고 답했다. 2012년 프랑스의 설문 조사에서는 응답자 65%가 조현병 환자를 타인에게 위험한 존재로 생각했다.

이처럼 대중이 부정적으로 바라보기 때문에, 또 병을 진단받으면 자기에게 선천적인 문제가 있을 수 있다는 뜻으로 받아들이기 때문에 조현병 진단을 인정하기 매우 어려울 것이다. 마찬가지로, 정신증 증세가 있는 사람을 다른 가족 구성원, 특히 아이들에게서 떼어놓고 싶어 하는 경우도 많다. 이런 상황은 정신질환을 앓는 사람에게 더 커다란 고립감과 절망감을 안겨주기도 한다. 조현병 환자는 다중인격을 지니며, 상당한 시간 동안 '자기 자신'이 아닌 상태로 지낸다는 오해도 널리 퍼져 있다. 이 오해 탓에 주변 사람들이 조현병 환자를 다르게, 마치 낯선 사람인 것처럼 대해도 좋다는 인식이 생겼다. 결국 조현병 환자는 고립되거나 사랑하는 사람들과 함께하는 시간이 줄어든다. 우리 아버지도 그랬다. 게다가 유전의 실체를 정확히 파악하기는 어렵지만, 유전적 감수성genetic susceptibility에 대한 두려움은 현실이다.

미셸의 경우에는 유전적 요인이 중요한 역할을 한 듯하다. "증조할머니가 조현병을 앓았던 것 같아요. 히틀러를 피해 도망온 증조할머니네는 뉴욕시 빈민가의 공동 주택에서 살았어요. 할머니는 부엌 식탁에서 태어났죠. 그 직후 [증조할머니는]

롱아일랜드의 정신병원에 입원했고, 조현병을 진단받았어요. 증조할머니에게 무슨 일이 일어났는지는 아무도 모르지만, 평생 그 시설에 있었어요." 미셸 아버지의 사촌 중에도 조현병을 앓는 사람이 있었다. "어렸을 때는 그분이 정말 재미있다고 생각했어요. 나이가 들면서 좀 유별난 사람이란 걸 깨달았죠."

미셸에게 조현병에 유전적 특성이 있다는 사실을 알아서 도움이 되었냐고 물었다. "네, 아마도요." 미셸은 가족에게서 소외되었다고 느끼기보다는 이상하게도 가족과 공통점을 찾아서 덜 외롭다고 느꼈다. 더불어 미셸은 같은 질환을 겪는 사람들에게 본보기가 되어 긍정적으로 사는 데 집중한다. 미셸은 대중이 조현병을 바라보는 방식을 바꾸고 싶어 한다.

"조현병을 앓으면 폭력의 가해자보다는 피해자가 될 가능성이 더 커요." 미셸이 설명했다. "사람들은 조현병이 최악의 진단이라고 생각하죠. 영화 때문이에요. 모든 병에는 스펙트럼이 있어요. 병증이 심각한 조현병 환자도 있고, 성공적으로 사회생활하는 조현병 환자도 있어요. 저와는 다른 정신질환을 앓는데 상황이 훨씬 나쁜 사람들도 있고요."

미셸은 언론에 조현병 환자가 다른 사람들을 공격하는 이야기가 가득하다고 말했다. "'조현병 환자가 아침에 일어나서 커피를 마시고 출근했다. 퇴근 후에는 친구들과 술을 마시고 가족과 저녁을 먹었다.' 이런 이야기는 절대 안 나오죠. 위기와 관련된 정신질환은 공적인 문제지만, 건강함과 관련된 정신질환은 사적인 문제니까요. 좋은 소식을 알리지 않으면 그 누구도 절대로 알지 못해요. 하지만 사람들이 건강하게 잘 지낸다는 뉴스를 들을 일은 결코 없죠."

우리 아버지의 끝은 비참했을지라도 아버지의 삶은 대체로 행복과 기쁨과 창의성으로 가득했다. 다들 아버지가 유머 감각이 뛰어나고 생각이 깊고 관대하고 친절하다고 입을 모아 말했다. 이런 모습은 조현병 환자 하면 떠올리는 특징과 크게 다르다. 하지만 아버지는 병이 깊어졌을 때조차 예전과 다름없는 사람이었다. 미셸과 대화하면서 이 근본적인 진실을 다시금 깨달았다. 아버지와 조현병에 관해 책을 쓰고 있기는 했지만, 조현병이 아버지를 정의하는 전부는 아니었다. 미셸은 내가 아버지에게서 물려받은 다른 것들—조현병만큼이나, 어쩌면 조현병보다 *더* 중요한 것들—을 일깨워줬다. 자기 상태를 바라보는 태도를 바꾸고 더 나은 사람이 되고자 하는 열망 역시 커다란 영감을 선물했다. "이런 일에 이렇게나 많은 낙인이 찍혀 있다는 게 정말 어처구니없어요. 누구나 이런 문제를 겪는 사람과 관련 있거나 알고 지낸다고요. 낙인은 말도 안 돼요!" 여기에 또 다른 근본적 진실이 있다. 우리 모두 이런 일을 겪는 사람과 관련 있거나 알고 지낸다면, 왜 그렇게 성급하게 판단하는 걸까?

미셸은 자기 경험이 보편적이지는 않다고 말하는 최초의 인물일 것이다. 정신질환은 그 병을 앓는 사람과 돌보는 가족 모두에게 정상적인 삶을 허락하지 않기도 한다. 나는 정신질환을 앓는 가족을 뜻밖에 돌보게 된 사람들과 이야기를 꼭 나눠야 한다는 사실을 깨달았다.

어느 간병인 단체가 매슈를 소개했다. 2003년, 매슈의 어머니 로즈메리가 런던 남부의 자택에서 느닷없이 정신증 증세를 보여서 병원에 입원했다. 그때 로즈메리는 45세였다. "전혀 준비가 안 되어 있었죠." 매슈가 설명했다. "이전에 엄마가 진단받았더라도 저는 그게 무슨 의미인지 몰랐을 거예요."

매슈는 이제 40대 후반이고, 말투가 아주 부드럽다. 차분하고 온화한 분위기를 풍긴다. 어머니의 정신건강이 무너졌다는 소식에 깜짝 놀랐다고 한다. 이전에 매슈의 어머니는 정신증 증세를 보인 적이 없었다. 이혼을 겪고 빚에 시달리고 세 형제를 돌보느라 고단하게 살았지만, 정신질환의 징후는 전혀 보이지 않았다. 그러던 어느 날, 로즈메리는 뜬금없이 집 밖으로 나가지 않겠다고 마음먹었다. "엄마는 방에만 틀어박혀 있었어요. 너무 무서워서 어디에도 갈 수 없었죠. 의료진이 집을 찾아왔을 때도 수수께끼 같은 말만 되풀이했어요. 정신과 병동에 갔을 때는 혼란스럽고 두려워하는 것처럼 보였어요." 어머니는 악취가 난다며 불평하기 시작했고, 아들을 다른 사람으로 착각했다고 한다. "저를 의심하면서 예전만큼 믿지 않았어요. 복용 중인 약도 믿지 않았고, 독이라고 생각하기 시작했죠. 옷에도 독이 묻어 있다고 생각해서 내다 버렸어요."

"우리는 부모님에게 어떤 형태로든 사랑을 기대하잖아요. 하지만 부모님이 그런 병을 앓으면 모든 게 멀어져요. 엄마한테서 '아, 이제는 나를 돌보지 않고 정신병원에 집어넣으려고 하는구나'라는 말을 들으면 괴로워요. 엄마가 치료를 거부해서 경찰에 끌려가는 모습을 볼 때는 정말 끔찍했어요." 매슈는 의료 기관이 약물에 크게 의존할 뿐 심리치료를 충분히 제공하지 않았다고 말했다. 심리치료를 받았다면 상황이 달라졌으리라고 덧붙였다.

매슈는 15년 동안 혼자서 어머니를 돌보았다. 관료주의를 경험하며 상처만 얻었고, 심지어 건강관리사care coordinator에게 어머니를 학대한다는 비난까지 받았다. "다들 언젠가 부모님을 돌봐야 한다는 사실은 알지만, 이렇게 일찍, 이런 식으로 돌보게 될 줄은 전혀 모르죠. 엄마는 수년에 걸쳐 약을 먹고 부작용을 겪으면서 체중이 많이 늘었고 심장 질환도 얻었어요. 예순넷에 돌아가셨어요. 제대로 된 의료 서비스가 사실상 없었다는 게 더 힘들었죠." 매슈는 어머니를 도와야 한다는 의무감을 느꼈다. 하지만 어머니를 보살피는 일은 큰 부담이 되었고, 결국 불안과 우울증에 시달렸다.

매슈와 이야기를 나누다 보니 우리 어머니가 생각났다. 어머니도 아버지를 돌보는 일종의 간병인이 되었다. 아버지의 병은 로즈메리만큼 심각하지 않았지만, 매슈가 느꼈던 책임감은 아버지를 돌보던 어머니의 경험과 닮아 있었다. 자살을 기도한 사람과 병원에 동행한 일. 다른 가족의 부자 관계와 다르다는 사실을 알면서도 아버지가 어떤 식으로든 나와 관계를 맺도록 노력한 일. 설령 상대방이 수긍하지 않는다고 해도 사랑하는 사람을 위해 선택해야 한다는 무거운 책임감.

아버지의 의료 기록을 보면 사회복지사와 정신과 간호사가 아버지를 잘 보살폈다는 사실을 알 수 있다. 매슈처럼 중증 환자를 위해 헌신하는 사람들도 존재한다. 하지만 비교적 최근에 의료 시스템을 경험한 매슈의 이야기는 아버지가 거의 30년 전에 받았던 치료가 오늘날보다 더 나을 거라는 솔켈드 박사의 의견에 신빙성을 더해준다. "정신질환 환자 간병인은 도움을 얻고 간병 계획에 포함되는 데 어려움을 겪어요." 매슈가 말했다. "엄마는 치료받고 싶지 않다고 말했지만, 병 때문에 그런 소리를 한 거예요. 훌륭한 건강관리사를 만날 수도 있지만, 대다수는 정말 형편없었어요. 지원이 삭감되기 시작하면서 상황이 정말로 심각해졌죠."

"유전은 우리 이야기에서 아주 큰 부분을 차지했어요. 외할머니도 심각한 정신질환을 앓았죠. 조현병의 한 형태였어요." 매슈의 외할머니는 어느 날 딸에게 물건을 집어 던지기 시작했다. 하지만 당시에는 의학 치료가 전혀 없었다. 매슈가 어머니의 폭력적인 행동에 고통받았던 것처럼 로즈메리 역시 똑같은 일로 고통받았던 것 같다. "마지막 순간까지, 엄마가 나를 쫓아낼 때까지 버텼어요." 매슈에게 역사가 되풀이되는 것 같은 느낌이 들었는지 물었다. 그런 생각이 늘 마음 한구석에 자리 잡고 있을까? "아, 마음 한가운데에 자리 잡고 있죠. 한구석이 아니라."

매슈에게, 그리고 나 자신과 다른 사람들에게, 세대를 거쳐 반복되는 정신질환은 정말로 큰 걱정거리다. 매슈의 외할머니가 보인 행동이 딸에게 조현병을 '유발'할 정도였을지 궁금하다. 그러니까 그런 학대와 환경이 질병을 촉발할 정도였을까? 아니면 더 깊은 유전적 특성이 있었을까? 로즈메리의 상태가 갑작스럽게 악화한 상황을 보면—적어도 과학자가 아닌 내 생각에는—환경 이외의 다른 요인이 영향을 미쳤던 것 같다. 매슈가 겪는 우울증과 불안은 내 감정을 고스란히 보여준다. 하지만 이런 문제는 트라우마가 될 만한 상황 때문일까, 아니면 불안과 우울증을 겪기 쉬운 유전적 소인 때문일까? 여전히 답을 알 수 없었다.

나는 이 책을 쓰려고 조사를 시작하면서 이야기를 나눌 사람들을 가장 먼저 찾았다. 그리고 순진하게도 그 사람들이 조현병 환자, 환자와 증상이 비슷한 가족 등 내가 상상한 여러 범주에 딱 들어맞으리라고 기대했다. 나를 가장 혹독하게 비판하는 사람은 바로 나 자신이므로 주저 없이 말하자면, 나는 특히 텔레비전 뉴스 기자라는 직업 때문에 공식을 짜맞추려는 경향이 지나치게 강하다. 그래서 방송에 필요한 내용을 정확하게 '알고서' 촬영했다가, 나중에 기대가 완전히 빗나갔으며 간결하고 효과적인 논평을 남겨야 했을 사람이 실제로는 전혀 다른 말을 했다는 사실을 깨달을 때가 있다. 이런 일을 겪으면서 기대에 어긋난 상황을 있는 그대로 받아들여야 한다는 요령을 힘들게 깨우쳤다. 그런 상황에도 긍정적인 면은 있다.

테오가 그런 경우였다. 테오는 미국 샌프란시스코 태생으로 지금은 플로리다에서 지내며, 어려서부터 61세인 현재까지 심각한 정신질환을 앓고 있다. 그는 대개 '고기능high-functioning' 조현병 환자였고, 남편이자 아버지, 직장인으로서 성공적으로 지냈다. 하지만 그렇지 못할 때도 있었다. 테오는 이 세상에서 조현병 환자가 얼마나 변화무쌍해 보이는지, 얼마나 특출나게 찬란한 동시에 무시무시한 존재로 느껴지는지 보여준다. 나는 테오가 자기 경험을 글로 남긴 웹사이트를 통해 그를 알게 됐다. 그는 자기가 "나긋나긋하게 말하고 커다란 펜을 들고" 다니는 "남다른 사서"라고 소개한다.

"여덟 살인가 아홉 살까지는 평범하게 살았어요." 테오가 이야기했다. "그 무렵에 어머니한테 달려가서 방에서 천사를 봤다고 말했죠. 그게 첫 번째 환상이었어요. 할머니한테서 받은 스누피 인형을 껴안고 있었던 게 기억나요. 천사는 키가 2.4m쯤 됐어요. 아름답고 정말 생생했죠. 그 후로 세월이 아주 많이 지나갔네요. 사람들은 그게 제가 상상해서 지어낸 거라고 말하죠. 하지만 저한테는 현실이에요." 테오는 여러 차례 자살을 시도했다. 첫 번째 자살 기도는 겨우 12세 때였다.

미셸처럼 테오도 말하는 속도가 매우 빠르다. 때로는 맥락을 잃고 엉뚱한 방향으로 이야기를 늘어놓기도 한다. 하지만 자기 상태를 항상 인지한다. 그는 1977년, 열다섯 살에 처음으로 조현정동장애로 진단받았다. 그가 "심각한 정신증"이라고 부른 증상이 처음 나타난 이후였다. 결혼해서 아이를 낳았지만, 정규직을 유지하는 데 어려움을 겪었다. 여기저기 옮겨 다니면서 틀에 얽매이지 않고 떠돌아다니며 살았다. 도서관에서 행정 관리자로 자주 일하곤 했는데, 나고 자란 서부 해안 지역에서 시작해 지금은 마이애미에서 근무하고 있다. "도서관은 아름다워요. 도서관이니까 이상해도 괜찮죠." 테오와 대화하는데 곧바로 아버지가 떠올랐다. 테오도 창의적이고 지적인 재능이 강렬하게 빛난다. 생각도 아주 깊은 사람이다. 열 살 남짓밖에 차이 나지 않는 우리 아버지와 어떻게 지냈을지 궁금하다.

테오는 증상이 찾아오면 아주 지독하게 병증을 경험했던 듯하다. 1984년에는 한밤중에 짐을 싣고 국경으로 차를 몰았다고 한다. 그다음 날 어머니에게 정부가 추적하고 있으니 출국해야 한다고 설명했다. "식당에서 셰프랑 싸우다가 속옷만 입고 옥상으로 올라가 버렸어요. 정신증 증세가 나타나도 저는 몰라요. 나중에 사람들에게 물어봐야 하죠."

아버지도 꼭 실행해야 한다고 집착했던 강박 관념이 있었다. 어느 날 밤에는 눈 폭풍이 몰아치는데 스코틀랜드로 차를 몰고 갔다가 며칠 후에 눈더미 속에서 반쯤 죽은 채 발견되기도 했다. 아버지와 테오 모두 무언가를 밝혀내거나 답을 찾거나 아니면 그저 도피하고 싶은 욕구를 느끼지 않았나 싶다.

"저는 공감각synesthesia이 있어요." 테오가 설명했다. "색깔을 보죠. 요일을 색깔로 인식해요. 요일마다 고유한 색깔이 있거든요." 테오는 빠르게 색깔을 늘어놓았다. "일요일은 흰색, 월요일은 노란색, 화요일은 파란색, 수요일은 보라색, 목요일은 금색, 금요일은 초록색, 토요일은 빨간색이에요. 어렸을 때부터 그랬어요." 그의 경험에는 마치 꿈결 같고 어렴풋하게 매력적인 무언가가 언제나 존재했다. 그가 특별하게도 현실보다 훨씬 더 풍부하고 의미 있는 대체 현실에 다가간 것 같았다. 우리 아버지도 그림 속 색깔에서 환각이 생겨난다고 사회복지사에게 말하곤 했다. 물론 이런 상황은 심각하며 때로는 위험하기까지 하므로 가볍게 여기고 싶지는 않다. 하지만 아버지는 가끔 환각이 즐겁다고 했다. 기분 좋은 환각이 일어나면 그 속에 머물고 싶어 했다.

같은 증상을 겪는 다른 사람들처럼 테오도 남들은 맡지 못하는 냄새를 맡는다. "팬데믹 기간에 사람들이 마스크를 써야 해서 정말 기뻤어요. 중독되는 게 늘 무서웠거든요." 그는 20년 넘게 식당에 가본 적이 없다고 했다. "음식이나 물에 독이 있을까 봐 무서워요. 냄새만 맡아도 위험하다는 걸 알아차려요. 독한 디젤유나 휘발유, 탄 플라스틱 냄새처럼요. 그런 냄새가 나면 죽음이 바싹 다가온 것 같아요. 거기서 벗어나야 하죠.”

테오는 약을 먹는데도 여전히 “한 달에 한두 번” 목소리를 듣는다. 그 목소리는 명령과 같다. “그러면 더 어두운 면으로 빠져드는 거죠. 뭔가 하라고 지시받으면 기분이 좋지 않아요. 한밤중에 속옷만 입고 집을 나서서 명령받은 임무를 하러 가야 해요.” 요즘에 받는 임무는 지나치게 위험한 결과를 낳지는 않는다고 한다. 하지만 그는 오랫동안 사법 체제와 끊임없이 마찰을 빚었다. “자랑할 만한 일은 아니죠. 가끔은 제가 변호사라고 생각하기도 했어요. 머릿속에서 소송을 200건 정도 했던 것 같아요.” 그는 마약 중독, 경찰과 대치, 감옥행, 접근 금지 명령 등을 경험했다.

조현병이 얼마나 파괴적일 수 있는지 보여주는 고통스러운 순간도 있었다. “수동 변속기 자동차를 운전하는 것과 같아요. 자기도 모르는 사이에 다른 기어로 바꾸는 거예요. 그걸 온 세상이 알게 되고요. 그런데 그때는 온 세상이 틀렸고 제가 옳아 보여요. 그 상황에서 벗어나서 제가 틀렸다는 걸 깨달으면 그제야 정말로 괴로워지죠.”

테오는 자기 상태를 아무에게도 말하지 않으려고 오랫동안 애썼다. 사람들 반응이 어떨지 걱정했고, 지금도 마찬가지다. 직장에서 증세가 도지는 바람에 해고당한 후, “사람들이 링크드인LinkedIn(비즈니스와 고용을 중심으로 하는 소셜 미디어 플랫

폼—옮긴이)에서 연락을 끊기 시작"했다고 한다. 그에게는 친구도 없다. 테오는 별문제가 아니라고 넌지시 말했지만, 상처받았다는 게 느껴졌다. "사람들에게 말하면 정말 힘들어져요. 제가 잘 있는지 확인하려고 경찰이 우리 집에 오거든요. 여기는 작은 마을이라서 다들 저를 알아요. 그런데 그럴 때 경찰관을 일곱, 여덟, 열 명씩 보내요. 저는 위험하지 않다고요! 전혀요! 유머를 활용하려고 노력하는데, 그게 도움이 되는 것 같아요."

내가 이야기를 나눠본 다른 사람들처럼 테오도 오진을 겪었고 맞는 약을 찾기 어려웠다고 했다. "정신과 의사를 50명 넘게 만나봤어요. 진짜 운동을 하는 것 같죠. 이 의사한테 가서 진단받고, 다시 저 의사한테 가서 진단받고요." 한번은 주의력결핍 과잉행동장애attention deficit hyperactivity disorder(이하 ADHD)를 진단받고 애더럴Adderall을 처방받았다.

내가 이 책을 쓰려고 만난 사람들 거의 모두 오진을 언급했다. 아울러 테오 역시 가족 내 정신질환 병력과 다음 세대에서도 반복되는 양상을 지적했다. 테오의 두 아들 중 둘째도 조현병을 진단받았다. "둘째는 스물넷이지만 지적 능력이 아홉 살 아이 수준이에요. 그 애가 무슨 일을 겪고 있는지 누가 알겠어요? 친구도 없어요. 저처럼요. 자립하지도 못하고요. 한 달에 두세 번씩 가출도 해요. 아내는 노상 '당신이랑 똑같아!'라고 말하죠. 그 애는 경찰서로 달려가는 걸 좋아해요."

테오는 어머니가 한 번도 인정하지 않았지만, 어머니 역시 정신병원에서 1년을 보냈다고 밝혔다. 더불어 테오가 증상을 경험하기 시작하자, 어머니는 전문 치료를 알아보는 대신 최면을 받게 했다. 가족 내 수치심이 커다란 힘을 발휘했다. "우리 가족한테는 정신적 문제가 있다고 인정하는 게 최악의 행동이에요. 외부의 인정은 바라지 않더라도 아빠한테서는 인정받고 싶죠. 엄마한테서도요." 하지만 테오는 과거의 실수를 반복하지 않으려는 마음이 간절하고, 어려서 받지 못했던 도움을 아들에게 베풀고 싶어 한다. 유전적 소인에 관해서 더 자세히 알아보면 도움이 될까?

"누가 그냥 DSM을 가리키기만 하는 것보다 훨씬 나을 거예요." 테오는 긍정적이었다. "도움이 되겠죠. 저한테 그런 유전자가 있다는 걸 알아요. 하지만 그걸 뒷받침할 수 있는 확실한 과학적 근거를 안다면 정말 좋겠죠. 제 몸속에서 특정한 유전자를 집어낸다면 '딱 걸렸네!'라고 할 수 있을 텐데요."

아버지의 의료 기록에는 아버지가 의미를 찾아 헤맨다는 언급이 거듭거듭 보인다. 아버지는 병을 이해하려고 힘썼다. 아버지는 답을 원했다. 테오의 목소리에서도 비슷한 열망이 느껴졌다. 자기가 왜 이런 모습인지 알고 싶어 하는 사람들. 테오는 조현병 환자가 위험하다는 오해가 가장 흔하다고 말했다. "우리는 대체로 온순해요. 당신네 세상에서는 학대받고 소외당하니까 우리만의 세상에서 사는 걸 선호하죠. 사람들은 우리가 폭력적이라고 생각해요. 겁을 집어먹죠. 사람들이 나를 무서워하는 게 얼마나 끔찍한지 알아요?" 솔직히 말해서, 테오가 묘사*했던* 내용 중 일부는 위험하게 들렸다. 적어도 종잡을 수 없게 느껴졌다. 하지만 테오의 이야기를 들어보면, 조현병 환자도 조현병을 앓지 않는 사람만큼이나 풍요롭게 살아간다. 조현병을 단 하나의 형용사로만—그저 *위험하다*거나 *예측 불가능하다*거나 *소통할 수 없다* 등—이해하지 않는다면 조현병 환자의 복잡한 면모를 바라볼 수 있고, 바라건대 연민과 이해심도 더 많이 지닐 수 있을 것이다.

테오와 미셸, 로즈메리, 우리 아버지 모두 조현병을 진단받았지만, 이들의 경험은 아주 다르다. 바로 이 때문에 많은 사람이 조현병이라는 용어에 이의를 제기한다. 솔켈드 박사도 같은 질문을 던졌다. 굳이 이름표를 붙여야 할 필요가 있을까? 하지만 테오와 미셸은 조현병을 진단받고 관리법을 터득한 일이 자기 삶을 이해하는 데 도움이 되었다고 분명히 밝혔다.

여러분이 이 장을 읽고 조현병은 생각보다 훨씬 더 복잡한 질병이라는 아주 간단한 사실을 깨달았으면 한다. 조현병은 단순히 편집증이나 환각, 영화 속 틀에 박힌—게다가 대개 과장되게 표현되는—증상에 시달리는 질병이 아니다. 물론, 이런 증세가 전부일 수도 있다. 하지만 조현병 환자는 다른 질병을 앓는 사람이 결코 견디지 못할 난관에 부딪히며 살아간다. 오진을 겪고, 가혹한 낙인에 짓눌리고, 때로는 머릿속 생각 때문에 사랑하는 사람과 멀어지기까지 한다. 이 마지막 문제가 가장 파괴적이라고 생각한다. 조현병 환자는 두려움과 편집증 때문에 가족을 적으로 여긴다. 가족은 조현병 환자를 무시하고 싶은 심각한 가능성을 보여주는 걱정스러운 존재라고 생각한다. 이 두 역학 때문에 조현병 환자에게 사랑하는 사람이 가장 필요할 때 서로 거리를 두게 된다.

4. 우울증, 어떤 느낌이지?

> 우울함과 외로움이 얼마나 좋으면서도 나빴는지 절대 잊지 못할 것이다. 지금도 그렇다.
>
> — 헨리 롤린스Henry Rollins, 《포터블 헨리 롤린스*The Portable Henry Rollins*》

나는 업무 일지를 쓴다. 인쇄용지보다 조금 작고, 표지는 가죽으로 장정하고, 파란색 페이지에 금색 테두리를 두른 일기장에 쓴다. 문구류를 살 때면 누구나 비슷할 텐데, 다이어리가 조금 화려하고 고급스러우면 일기를 더 열심히 쓰리라고 생각할 것이다. 음, 어쨌든 나는 거의 날마다 일기를 썼다. 일기를 훑으면서 출장 갔던 일을 떠올리고 때때로 이 직업이 얼마나 터무니없는지 되새겨본다.

몇 해 전, 《내셔널 지오그래픽》 다큐멘터리 〈바이러스 사냥꾼〉 제작에 참여해서 전 세계 여러 지역의 박쥐 동굴을 돌아다녔다. 동행한 전염병학자들은 동굴에서 새로운 바이러스를 수

집하고 기록했다. 학자들은 다음번 팬데믹이 지나치게 퍼지기 전에 먼저 원인을 규명할 수 있기를 희망했다. 정신을 차려보니 나는 튀르키예 남부의 박쥐 동굴 아래로 내려가고 있었다.

여러분은 의료진이 대기하는 가운데 제작진이 등반 전문가에게 도움받아 엄격한 규정에 따라서 탐사하는 모습을 상상할지도 모르겠다. 하지만 불과 몇 년 전만 해도 이런 촬영 현장에서는 그런 광경을 찾아볼 수 없었다. 나는 그냥 티셔츠와 청바지, 마스크, 장갑, 플라스틱 보안경 차림으로 안전 로프가 달린 사다리를 타고 고속도로 옆 어두운 바위 구덩이 속으로 기어 내려갔다. 말도 못하게 더웠다. 줄줄 흐르는 땀에 눈이 따가워질 무렵, 평범해 보였던 구덩이가 사실은 지하의 거대한 동굴이고, 그 안 어딘가에 박쥐 군락이 도사리고 있다는 사실을 깨달았다. 어둠 속에서 동료이자 공동 진행자인 크리스 골든 교수—동물 질병 전문가—가 벽을 만지지 말라고 경고했다.

"구아노 범벅이에요." 골든이 특유의 재치 있는 말투로 말했다. 내가 이해하지 못했다는 걸 눈치채고는 쉬운 말로 바꿔서 알려줬다. "박쥐 똥이요."

작은 날개 달린 쥐 같은 동물이 한쪽 구석에 옹기종기 모인 광경의 희미한 윤곽이 눈에 들어오자, 나는 잠깐 발을 헛디뎠다. 그 소리에 잠들어 있던 박쥐 떼가 깨어났다. 박쥐는 어둠 속에서 꽥꽥거렸고, 나는 축축하게 젖은 콧대 위로 플라스틱 보안경을 밀어 올리려고 애썼다. 하지만 허둥대다가 손이 미끄러져서 구아노가 묻은 손가락으로 눈을 곧장 찌르고 말았다. 코로나바이러스 팬데믹이 한창일 때였다. 그때는 세균 히스테리가 바이러스 자체만큼이나 전염성이 강했다. 나는 정체불명의 박쥐 독 치사량을 혈관에 직접 주입한 것이나 다름없다고 생각했고, 흔들거리는 사다리를 기어 올라가서 30분 동안 차가운 수돗물로 눈을 씻었다. 몇 주가 지나 에볼라 바이러스가 확인된 라이베리아의 동굴에 들어갈 때는 방호복과 방독면을 착용하는 등 예방 조치를 빠뜨리지 않았다. 그리고 헛디디지 않게 발밑도 조심했다.

모험 가득한 직장 생활로 정신없이 지내다 보면 우울증을 막는 데 도움이 된다. 우울증은 오랜 세월 동안 다양한 강도로 나타났다가 사라지곤 했다. 여러분도 살면서 언젠가 우울증을 경험했기 때문에 이 책을 선택하지 않았을까 싶다. 지금도 우울감을 느끼고 있을지도 모른다. 물론 나는 이 책을 쓰면서 아버지가 앓았던 조현병을 가장 먼저 조사했다. 하지만 아버지는 우울증도 겪었다. 어머니도, 나도 마찬가지였다. 나중에 조현병과 우울증이 겹치는 부분을 더 자세히 살펴보겠다.

주요우울증major depression은 미국에서 가장 흔한 정신질환으로 손꼽힌다. 2020년 약물 사용 및 건강에 관한 전국 조사에 따르면, 성인 약 2,000만 명이 적어도 한 번 이상 우울증을 경험했다. 유병률은 여성이 남성보다 높았고—대체로 남성은 우울한 감정에 관해 이야기하기를 꺼리기 때문일 수 있다—18세에서 25세 사이 젊은 성인층에서 유병률이 가장 높았다. 이 결과 역시 젊은 사람들이 우울증에 관해 더 편안하게 이야기하는 경향이 있기 때문일지도 모른다. 영국에서는 2014년에 마지막으로 주요 정신건강 조사를 시행했고, 성인 여섯 명 가운데 한 명이 일반적인 정신질환 진단 기준을 충족한다는 결과가 나왔다. 영국에서 40세 미만 남성의 사망 원인 1위는 자살이다.

나는 20대 초반, 대학교 시절에 처음으로 우울증을 경험했다. 성 정체성 때문에 힘들었고 너무나 외로웠다. 마음속 한구석에서는 과거가 반복되는 게 아닐까 걱정스러웠다. 아버지의 조현병이 두려웠다. 조현병은 보통 10대 후반에서 20대 초반에 발병한다. 증세가 나타날 때 어떤 '느낌'일지 알 수야 없지만, 지금 겪는 상태가 조현병 증상일 가능성이 있다고 생각했다. 결정적인 순간도, 공황 발작도, 감정의 절벽에서 떨어지는 사건도 없었다. 오히려 어둠 속으로 서서히 빠져드는 여정이었고, 반대편으로 빠져나온 후에야 그 어둠을 제대로 볼 수 있었다.

실제로 세상이 어두워져서 시야를 가리는 듯했던 기억이 난다. 빛이 약해지면서 명암 대비가 줄어든 것 같았다. 세상이 어둑해지고, 어딘가 덜 선명하게 느껴졌다. 무엇이 필요한지, 무엇을 *해야 하는지* 알았다. 하지만 그럴 기운이 없었다. 힘이 없어서 파티에 가거나 친구들을 만날 수 없었다. 공부 외에는 다른 일을 할 수가 없었다. 압박감이 점점 쌓였고, 아무것도 하지 못한다는 죄책감이 밀려왔다. 하지만 내가 남다르다는 사실에 일종의 어두운 자부심도 느꼈다. 우월감. 혼자가 더 낫다는 생각. 다른 사람들은 나만큼 깊이 느끼지 못하고 영리하게 생각하지 못한다는 느낌. 그러면서 혐오가 스며들었다. 다른 사람을 향한 혐오, 나 자신을 향한 혐오. 다른 사람을 혐오하는 나 자신을 향한 혐오. 악순환이 계속되었다.

우울감은 말로 표현하기가 몹시 어렵다. 내가 느끼는 감정이 비논리적이며, 절망감과 좌절감은 내가 통제할 수 없는 질병의 증상이라는 사실을 객관적으로 잘 안다. 그렇지만 이 감정이 정신에 영향을 미치므로, 정신을 끊임없이 의심하게 된다. 도로가 깔리자마자 곧장 파헤쳐지는 것 같다. 토네이도에 발밑의 벽돌이 휩쓸려 나간 노란 벽돌길을 걷는 [《오즈의 마법사》의] 도로시가 된 것만 같다.

상태가 괜찮을 때는 나의 '덜 좋은' 마음 때문에 나머지 반쪽이 제대로 작동하지 못한다는 사실을 잘 안다. 우울증이 내 마음속에 집을 짓고 편안하게 지낸다. 그러다가 점점 영토를 넓혀 나간다. 일종의 가벼운 뇌 점령전이다. 악의 군대가 분노나 공격성이 아니라 이성과 자비심으로 무장한 채 내 마음의 나머지 영역으로 진군한다. 적대적인 공격은 아니다. 평화로운 권력 이양이라고 볼 수 있다. 내 마음의 작은 부분이 적극적이지만 크게 지친 대중을 상대로 비폭력 쿠데타를 일으킨다. 결국, 내 모든 생각이 이 음흉한 힘에 지배당한다.

나는 배우 스티븐 프라이가 자기만의 악천후라고 일컬었던 이 감정이 왜 생기는지 알고 싶어서 소셜 미디어를 통해 전문가를 찾았다. 그러다가 지난 10년간 런던에서 활동한 심리학자 마크 래클리Mark Rackley와 연락이 닿았다. 래클리의 팟캐스트 〈나 문제 있어*I Have Issues*〉는 래클리만큼이나 솔직하며, 청소년과 성인에게 심리치료 과정에서 흔히 겪는 문제에 관한 정보를 제공하려고 한다.

마크의 환자들도 나처럼 가족력을 걱정하는지 궁금했다. 내 우울증은 아버지가 느꼈던 우울한 기분—거리감과 고립감—과 비슷해 보였다. 다른 사람들도 이렇게 느낄까? "오, 그럼요." 마크가 대답했다. "환자들이 가장 걱정하는 문제죠. 환자와 상담할 때 가족의 정신 병력에 관해서 질문해요. 꼭 물어봐야 하거든요. 하지만 아주 광범위하게 질문하죠. 환자들이 너무 무서워해서요. '나 큰일 났나? 내가 할 수 있는 건 하나도 없겠지. 나는 위험한 유전자를 물려받은 거야!' 이런 식으로요. 아주 명확하게 설명할게요. 이건 2 더하기 2는 4 같은 수학 등식이 아니에요. 가족 중에 정신건강 문제가 있는 사람이 있다고 해서 나한테도 반드시 그런 문제가 생기는 건 아니에요. 그래도 정말 무섭긴 하죠. 심리학자의 상담실에 앉아 있는데 목소리가 들리거나 자살 충동을 느낀다면 정말 힘들어요."

가족력에 관한 질문조차 환자를 자극할 수 있다. 가족은 안전한 곳이 아니라 트라우마의 원인일 때가 많으며, 환자는 가장 취약한 시기에 가족력에 관해 질문받는다. 마크는 장기적 치료 계획에 따라서 가족력을 질문해야 한다고 강조했다. 만나본 적도 없고 다시 보지도 않을 의사와 간단히 질의응답하면서 말할 내용이 아니다.

내가 겪었던 심리치료는 간단히 말해 좋기도 했고 나쁘기도 했다. 치료 전문가가 좋지 않아서가 아니라 애초에 치료사를 만나기가 매우 어려울 수 있기 때문이다. 마크는 7년 동안 NHS 병원을 이용하다가 민간 보험 병원으로 바꿨다. 그는 영국의 정신건강 의료 서비스를 '회전문'이라고 부른다. 재정 지원이 다른 의료 서비스 부문의 절반 정도이기 때문이다. 공공재정이 엄청난 부담에 짓눌리면서 NHS에서는 심리치료를 필수보다는 사치라고 여긴다고 한다. 심리치료가 치료 프로그램에 *포함되더라도* 의료 서비스를 받을 수 있는 기간은 아주 제한적이다. 환자가 실제로는 훨씬 더 오랫동안 치료받아야 하더라도 상황은 달라지지 않는다. 이 글을 쓰는 시점을 기준으로 영국의 여러 지역에서 NHS 심리치료사를 만나려면 반년 넘게 대기해야 한다.

인간은 글을 쓸 수 있었던 먼 옛날부터 우리 정신 상태를 이해하려고 애썼다. 빅토리아 시대에는 인간 생물학이 점점 더 발전하면서 몸과 마음의 연관성을 이해하려고 노력했다. 지크문트 프로이트는 정신의학이라는 새로운 학문 분야를 개척했고, 무의식을 이해하는 정신분석학에 전념했다. 프로이트는 복잡한 정신건강 문제를 다루는 데 가장 크게 성공한 것으로 보이는 유일한 치료 기법인 대화 요법의 선구자다. 그는 정신 요소가 복잡한 인간 행동을 전부 결정한다고 믿었다. 프로이트의 영향 덕분에 우리는 한때 신경 쇠약nervous breakdown, 신경 소진nervous exhaustion, 광증lunacy, 울병melancholia 등으로 다양하게 묘사되었던 증세를 우리 삶의 현실과 관련 있으면서도 분리된 뇌의 화학반응으로 이해하는 데 이르렀다.

프로이트의 이론에서 발전한 행동주의behaviorism는 1950년대에 주요 학파로 자리 잡았다. 프로이트의 정신분석 접근과 달리 행동주의는 모든 행동을 외부 요인, 현대적 용어로 표현하자면 '환경'으로 설명할 수 있다고 주장했다. 이에 대응해서 등장한 인지심리학cognitive psychology은 인간이 생각하고 기억하고 인식하고 학습하는 방식에 관심을 두었으며, 특히 아동과 성장 경험에 초점을 맞추었다. 인지행동치료cognitive behavioral therapy는 이런 흐름의 산물이며, 오늘날에도 여전히 활용되는 치료법이다. 프로이트의 대화 요법처럼 어린 시절의 트라우마를 풀어내는 대신, 저절로 일어나는 부정적 사고와 그로 인해 유발되는 행동을 교정한다. 오늘날 우리가 아는 현대 심리학은 이런 접근 방식을 모두 아우른다. 이 분야에 대한 우리의 이해는 끊임없이 바뀌고 있으며, 사람마다 의견이 아주 다르다는 사실을 꼭 기억하자.

정신건강에 관심이 있거나 항우울제를 처방받은 적이 있다면 세로토닌serotonin이라는 말을 들어봤을 것이다. 세로토닌은 혈액 속의 신경전달물질로, 뇌와 온몸의 신경세포 사이에서 메시지를 전달한다. 뼈 건강부터 수면의 질까지 다양한 영역에서 도움을 주며, 기분을 안정시켜서 행복감을 주고 불안감을 줄이는 효과도 있다.

세로토닌은 1930년대에 체내에서 자연히 발생하는 물질로 처음 발견되었고, 1950년대 초에 우연히 우울증 치료제로 인정받았다. 병동을 가득 메운 결핵 환자에게 이프로니아지드Iproniazid라는 신약을 투여하자, 환자의 기분이 완전히 달라졌다. 몇 달 동안 긴장증에 시달리며 침울하고 낙담했던 사람들이 갑자기 활기를 되찾았다. 이프로니아지드의 부작용으로 뇌에서 세로토닌 수치가 증가한 현상이 원인이었다. 세로토닌은 뇌의 전기 연결에 활력을 불어넣으며, 세로토닌이 부족하면 우울증이 발생한다는 사실이 밝혀졌다. 이 화학물질의 결핍을 해결하고자 개발된 최초의 SSRIselective serotonin reuptake inhibitors(선택적 세로토닌 재흡수 억제제)인 프로작Prozac은 대번에 시중에서 가장 인기 있는 약물로 거듭났다. 오늘날에도 수백만 명이—나를 포함해서—새로운 세대의 항우울제 가운데 여러 가지 약품을 먹고 있다.

요즘 병원에서는 우울증을 진단할 때 우리의 생리 작용과 물리적 변화를 살펴보지 않는다. 의사는 환자가 이야기하는 감정 상태를 듣고 뇌의 세로토닌 수치가 낮을 것으로 추정되면 우울증 증상이라고 진단한다. 의사들이 우울증을 앓을 가능성이 있는 사람에게 확인하는 주요 증상은 두 가지다. 첫 번째는 무쾌감증anhedonia이다. 무쾌감증은 일반적으로 즐거운 활동에서 즐거움을 느끼지 못하는 증상이다. 두 번째는 기분 저하다. 대체로 무쾌감증과 기분 저하 가운데 하나와 함께 수면 부족, 식욕 변화, 무기력, 성욕 감퇴, 성마름, 죄책감, 자존감 저하 등 2차 증상이 최소 네 가지 나타나야 우울증이라고 본다. 우울증 진단은 점점 더 흔해진다. 예닐곱 명 가운데 한 명이 평생 우울증을 진단받는다. 하지만 구체적인 진단 사례는 엄청나게 광범위하다. 많은 사람이 가족이나 가까운 친구의 죽음, 실직, 정신적 외상을 주는 사건 등 외부 요인으로 우울증을 겪었다가 회복한다. 단기적인 약물 치료 후 다시는 복용이 필요하지 않은 사람도 있다. 심리치료를 받고 나서야 어려움을 극복했다고 느끼는 사람도 있다. 의학계가 더 많은 관심을 쏟고 나 역시 주목하는 문제는 삶에서 무슨 일이 일어나든 상관없이 계속 재발하는 임상적 우울증이다.

나는 변화를 겪는 시기가 아니라 안정적인 시기에 더 커다란 영향을 받으며, 안정된 시기를 정체로 해석할 때가 많다. 대학 시절에 우울증에 빠졌지만 심리치료와 약물 덕분에 극복할 수 있었다. 대학을 졸업한 후에는 시리아로 떠나고 뉴스

업계에서 첫 직장을 얻으면서 마음이 밝아졌고 우울함에서 벗어났다. 그런데 27세가 되자, 직장 생활의 단조로움이 다시 나를 덮쳤다. BBC 방송국에서 프로듀서로 자리 잡았는데, 이미 몇 달째 무기력했다. 안정적인 직업을 실패로 여겼고, 슬프게도 만나는 사람도 없었다. 지금 돌이켜보면 거의 누구나 20대 후반에 겪는 일을 나도 똑같이 겪고 있었다. 요즘은 아주 잘 지낸다. 하지만 우울해지면 논리가 아무런 힘을 발휘하지 못한다. 우울증은 슬픔이 솟아나는 강박적 원천이 되었고, 피할 수 없는 운명이 현실로 나타나는 듯한 근원이 되었다. 아버지에게서 시작해 내 안에서 재현되는 악순환에 다시 갇힌 것 같았다.

어느 날, 사무실 책상에 앉아 있는데 과호흡이 찾아왔다. 그러다 울기 시작했다. 그때는 몰랐던 것 같은데, 공황 발작이었다. 영국의 비응급 전화 상담 서비스에 전화했더니 런던 중심부에 있는 병원 주소를 알려줬다. 걸어서 10분 거리였지만 곧장 달려갔다. 지금 생각해보면, 정말 극적으로 느껴진다. 비가 내리기 시작했고, 심장이 빠르게 고동쳤다. 병원에 가기만 하면 안전할 거로 확신했다. 이전에는 응급 정신건강 치료를 받은 적이 없었고, 정신병원은 그냥 가서 풀썩 쓰러지면 전문가들이 붙잡아주는 곳이라고 상상했다. 사람들이 문 앞에서 나를 기다리고 있으리라고, 심지어 나를 안아주고 편안한 곳에 앉혀 주리라고 생각했다.

"지금은 예약 환자밖에 안 받아요." 유리 스크린 너머에 있던 여자가 화나서 빽 소리 질렀다. "잘못 찾아왔다고요." 그 순간 나는 무너졌다. 이제 그곳은 그냥 평범한 병원이 되었다. 그 여자는 스크린 아래에 카드를 끼우고는 다른 환자에게로 관심을 돌렸다. 정부가 정신건강 의료 서비스의 예산을 삭감한 바람에 이곳에서는 나를 도울 수 없었다. 전화하려고 휴대전화를 꺼내는데 그 여자가 "여기서 전화하면 안 돼요!"라고 고함쳤다. 나는 힘겹게 몸을 끌고 밖으로 나갔다.

전화를 걸어보니 잘못된 번호였다. 수화기 너머 남아프리카공화국 사람의 친절한 목소리는 무슨 영문인지 잘 모르겠지만 병원 직원에게 다시 물어보라고 말했다.

나는 전화를 끊었다. 친구 멜리사 보든에게 전화를 걸어서 음성 메시지를 남겼다. 좀 횡설수설했던 것 같다. 무슨 말을 했는지 잘 기억나지 않는다. 그때는 내게 무슨 일이 벌어지고 있는지 모르겠다는 생각이 계속 들었으니, 아마 그런 말을 되풀이했을 것이다. 그러고 나서 길가에 주저앉아 두 손으로 머리를 감쌌다. 완전한 무력감에 휩싸였다. 호흡은 진정되었지만, 여전히 눈물이 뺨을 타고 흘렀다. 온몸의 에너지가 모조리 소진된 것 같았다. 공황 발작 때문에 솟구쳤던 아드레날린이 순식간에 사라진 듯했다.

그러고 몇 분 동안 차도로 뛰어들지 진지하게 고민했다. 어떤 느낌일지, 얼마나 빠르게 끝날지 궁금했다. 차량이 빠르게 달리는 도로는 어디일지 생각했다. 조용한 거리를 둘러보다가 몇 분만 걸어가면 토트넘코트로드라는 사실을 깨달았다. 그곳에 가면 버스도 다닐 것 같았다. 자리에 앉은 채 일어나서 걸어갈 기력이 남았는지 헤아렸다. 끔찍한 생각이었고, 곧 사라졌다. 나중에 의사가 왜 그때 일어나지 않았냐고 물었고, 나는 귀찮았다고 답했다. 삶을 끝내고 싶은 마음과 기운조차 없었다.

얼마간 그 자리에 그대로 머물렀는데—얼마나 오래 있었는지는 잘 모르겠다—멜리사가 전화하더니 전부 제쳐두고 나를 찾으러 왔다. 멜리사는 수호천사였고, 지금도 그렇다. 나를 병원으로 데려가서 마뜩잖아하는 접수원에게 최대한 빨리 환자를 받으라고 우겼다. 의사는 제때 찾아와서 축하한다는 말로 대화를 시작했다. "도움을 요청한 건 잘한 일이에요." 의사가 안경 너머로 나를 바라보았다. "여기까지 오지 못하는 사람이 많거든요." 나는 속으로 반발했다. '말도 안 돼. 사람들을 돕기 위한 서비스가 죄다 걸림돌이 되는 게 아니라면 그럴 리가 있나.'

그러고 나서 그냥 계속 살아 나갔다. 우울함이 들이닥치는 순간에는 벼랑 끝으로 내몰리는 기분이라서 참 묘하다. 괜찮다가도 대번에 힘겨워진다. 우울감에 사로잡히면 다시 일어나 벼랑에서 벗어나려고 달려 나간다. 어니스트 헤밍웨이가 《태양은 다시 떠오른다》에서 묘사한 파산과 비슷하다. "'어떻게 파산하게 되었습니까?' 빌이 물었다. '두 가지 방식으로요.' 마이크가 대답했다. '점차 조금씩, 그러다가 갑자기.'"

내가 느꼈던 감정 때문에 두려웠던 것 같다. 다시는 그런 감정을 느끼지 않으려고 몸부림쳤다. 약을 더 많이 먹었고, 상담도 더 많이 받았다. 무엇보다도 가까운 친구들에게 내 이야기를 털어놓는 일이 가장 중요했다. 이상하게도, 위기를 겪었다고 밝히면 사실은 게이라고 이야기했을 때처럼 기분 나빠하는 사람들이 있다. "왜 진작 말 안 했어?!" 애정에서 비롯한 불평이지만, 실은 자기중심적인 반응이기도 하다. 다행히 친구들은 내 예상대로 편견 없이 이야기를 들어주고 이해해주었다.

그럴 때면 얼마나 마음이 후련해지는지 놀랍다. 압력 밸브가 풀리면서 압박감이 사라지는 느낌이다. 꼭 마법 같다.

왜 그런지는 모르겠지만, 이 경험에 수치심은 전혀 끼어들지 않았다. 우리 친가는 아버지의 죽음, 아버지의 병, 할아버지의 자살, 가족 전체에 퍼져 있는 정신질환 때문에 수치심에 짓눌려 있었다. 나는 이전에 우울증을 겪어본 적 있어서 정신질환을 비밀로 간직해서는 안 된다는 사실을 무의식적으로 깨달았던 것 같다. 세대 차이도 분명히 영향을 미쳤다. 아버지나 할아버지는 주변 사람들과 정신건강에 관해서 한 번도 대화한 적이 없었을 것이다. 다행스럽게도 나는 인식이 달라진 시대에 태어났다. 나는 우리 가족의 역사를 반복하지 않으려면 수치심이나 당혹감을 모조리 없애야 한다는 사실을 알았다.

이런 일을 겪고 나자, 정신질환의 유전적 특징을 연구하고 아버지가 겪은 일을 조사해야겠다는 자극을 받았다. BBC 방송국에서 기자로 일하니 닫힌 문을 열 수 있겠다고 생각했다. 과학은 하나도 몰랐지만, 생물학에 집중했다. 왜 나한테 이런 일이 일어나는 걸까? 서른도 채 되지 않았는데 왜 이런 일을 두 번이나 겪었을까? 피할 수 없을 것 같다는 느낌은 어디서 왔을까? 아버지한테는 정말로 무슨 일이 있었던 걸까?

양손으로 머리를 감싸고 길가에 앉아 있던 날에서 1년이 지난 후, 정신질환의 유전성에 관한 BBC 단편 다큐멘터리를 촬영했다. 그 무렵 나는 운 좋게도 〈빅토리아 더비셔〉라는 시사 프로그램의 제작진으로 있었는데, 프로그램 편집장 루이자 컴프턴은 내가 만나본 최고의 상사로 손꼽을 만했다. 우리는 각자의 개인적 문제를 공유했다. 내가 아버지의 병에 어떤 식으로든 영향을 받았을지도 모른다고 말하자, 루이자는 그 주제로 훌륭한 프로그램을 만들 수 있겠다고 했다.

나는 뛰어난 프로듀서 세라 해처드와 팀을 이뤄서 답을 알려줄 유전학 전문가를 찾아나섰다. 알고 보니, 유전성 정신질환 연구 분야에서 무척 명망 높은 연구소가 킹스칼리지런던에 있어서 캐스린 루이스Cathryn Lewis 교수와 롤런드 잰Roland Zahn 교수를 만났다. 두 사람과 진행한 인터뷰가 이 책의 기초가 되었다.

프로그램을 만들면서 놀라울 만큼 커다란 카타르시스를 느꼈고 흥미로운 사실도 많이 배웠다. 그 과정에서 아버지를 나와 별개의 사람으로, '제임스의 아버지'가 아니라 '존 롱먼'으로 생각하게 됐다. 아울러 내 병일지도 모른다고 생각했던 질환과 아버지의 질환을 떼어놓고 바라볼 수 있었다. 조현병의 고유한 특성이 무엇인지, 어떻게 조현병이 아버지를 우울증에 빠뜨렸는지, 어떻게 우리 각자의 환경이 유전적 감수성만큼 큰 영향을 미치는지도 이해했다. 그리고 처음으로 어머니와 함께 앉아서 아버지에 관해 이야기할 수 있었다. 나는 어머니에게 아버지와 함께한 삶이 어땠는지 알려 달라고 부탁했다(나중에 여러분도 직접 어머니의 이야기를 읽을 수 있다). 더 나아가 행동하고 답을 찾고 질문하는 일이 유익하다는 사실을 깨달았다. 이 책을 쓰는 일도 도움이 되었다.

이 글을 읽는 여러분이 더 잘 알겠지만, 우울증의 파도를 한 번 넘겼다고 해서 반드시 다음 번 파도에 더 잘 대비하지는 않는다. 이 책을 쓰는 동안 익숙한 감정이 재차 돌아왔다. 2022년 말과 2023년 초, 다시금 뒷걸음질 치는 것 같은 느낌이 들었다.

이번에는 달랐다. 슬픔에 불안감까지 더해졌다. 아주 사소한 불편함에도 분노가 치밀어 올랐다. 누군가 길에서 너무 느리게 걷거나, 운전 중에 신호를 놓칠 때마다 머리끝에서 발끝까지 전기가 요동쳤다. 심장이 쿵쾅거리고 숨이 밭아졌다. 생각을 멈출 수가 없었다. 일, 알렉스와 함께하는 삶, 친구 관계에 관한 생각이 온종일, 매일 같이 머릿속을 맴돌았다.

인생이 완전히 실패작 같았고, 삶을 끝내야겠다는 생각이 다시 찾아왔다. 런던을 걸어 다닐 때 고층 건물을 올려다보면서 저 정도 높이에서 뛰어내리면 될지 생각했다. 어떤 느낌이 들지, 내려오면서 후회할지 궁금해하기도 했다. 한번은 친한 친구가 가까운 사람이 자살했다고 소식을 전하면서 슬픔에 잠긴 눈으로 "그 사람은 대체 무슨 일을 겪었던 걸까?"라고 물었다. 그때 내 반응에 나 스스로도 충격받았다. 나는 그 사람의 생각과 감정을 정확하게 알 것 같았다. 그 사람은 남들이 자기에게서 보는 모습이 가짜라고 생각했을 것이다. 사랑하는 사람들과도 단절된 상황이 너무나 고통스럽고 앞으로도 달라지지 않을 것 같아서 사실상 자살이 유일한 선택지처럼 느껴졌을 것이다. 의사가 그런 생각이 들었는데 왜 행동으로 옮기지 않았냐고 물었을 때, 나는 그저 "알렉스"라고만 대답했다. 알렉스를 너무나 사랑한다는 사실에 눈물이 났지만, 살아갈 이유를 찾을 수 없어서 내가 쓸모없다는 생각만 깊어졌다.

예전에 우울증을 겪으면서 처음에는 아무 소용이 없는 것 같더라도 회복하기 위해 움직여야 한다는 사실을 배웠다. 이 교훈을 깨우치는 데는 시간이 좀 걸렸다. 제대로 행동하고 있을 때조차 잘못된 생각에 빠져 있을 가능성이 있다. 하지만 상관없다. 얼마 안 되는 에너지를 헛되게 쓰는 것 같더라도 계속 나아가야 한다. 운이 좋다면, 곁에 힘을 북돋아줄 사람이 있을 것이다. 내게는 알렉스가 있었다. 그래서 예전처럼 병원 진료와 심리 상담, 약물 복용으로 돌아갔다.

솔직히 말하자면, 이 책 작업을 잠시 중단하고 정신을 차리면서 기운을 회복해야 했다. 하지만 다시 작업으로 돌아와서 회복에 관한 최신 과학을 배우고 새로운 희망을 얻었다. 지난번에 우울증을 겪었을 때와 이번은 고작 몇 년 사이지만, 연구 분야에서 엄청난 발전이 있었다. 약물에만 변화가 있었던 것이 아니다. 인간의 생명 활동을 새롭게 이해하고 생리 작용의 상호 의존적 본질을 깨달은 덕분에 내 마음과 감정을 훨씬 더 수월하게 통제할 수 있었다. 그러면서 커다란 해방감이 찾아왔다.

5. 정신질환의 유전학

> 참 이상해. 우리는 겉모습만 볼 수 있는데, 거의 모든 일이 내면에서 일어나.
>
> — 찰리 맥커시Charlie Mackesy, 《소년과 두더지와 여우와 말*The Boy, The Mole, The Fox and The Horse*》

내가 가장 크게 다친 일은 어려서 다리가 부러졌을 때였다. 여덟 살 적, 집으로 가는 학교 버스가 갑자기 멈춰서 통로로 튕겨 나갔는데 반 친구들이 내 위로 우르르 넘어졌다. 버스 바닥에 너무 심하게 부딪히는 바람에 몸에서 가장 큰 뼈인 넓적다리뼈가 부러졌다. 고개를 들었더니 버스에 뛰어올라 다른 아이들에게 모두 물러서라고 말하는 어머니가 보였다. 어머니는 나를 안아 올려서 무릎에 앉히고는 허옇게 질린 운전사에게 곧장 병원으로 가자고 했다. 그렇게 우리 모두 (과속 방지턱이 솟아난 길을 따라) 응급실로 갔고, 나는 뼈대 당김 수술을 받고 6주 동안 병원 신세를 졌다. 그동안 어머니는 내 침대 옆 바닥에서 잤다.

드디어 침대 밖으로 나갈 수 있게 되자, 휠체어를 빌려서 타고 2주 동안 병동을 돌아다녔다. 그러면서 병원에서 사는 내 또래 아이와 친해졌다. 압사르라는 그 아이는 심각한 신체장애가 있었다. 아마 압사르가 태어난 후에야 부모님이 아들의 상태를 알아차렸을 것이다. 안타깝게도 압사르는 병원에 남겨졌다. 지금은 이런 경우가 드물지도 모르겠지만, 압사르는 그냥 병원에서 살았다. 압사르는 말도 할 수 없었고, 몸을 대부분 움직일 수도 없었다. 한 손으로만 전동 휠체어를 조종했고, 머리를 한쪽으로 기울인 채 입과 눈을 움직여서 의사소통했다. 소아과 병동이 압사르의 집이었다.

압사르는 정말 재미있었다. 병원 직원들에게 장난을 치곤 했고, 나와 함께 휠체어를 타고 병원 곳곳을 돌아다니면서 온갖 말썽을 일으켰다. 과일 요구르트라면 죽고 못 살았는데, 간호사가 요구르트를 가져다주면 고개를 돌리며 먹기 싫은 척했다. 결국 간호사가 다른 데로 관심을 돌리면, 숟가락으로 달려들었고 온 얼굴이 요구르트로 범벅이 되었다. 압사르는 이런 상황이 아주 웃긴다고 생각했다. 나도 마찬가지였다. 어린이 병동에서는 누구나 압사르를 좋아했다. 압사르는 병동의 모두가 입양한 아이였다.

나는 압사르를 자주 생각했고, 퇴원하고 몇 주 후에 압사르를 만나러 갔다. 압사르는 나를 보고 무척 기뻐했다. 압사르가 병원에 남아야 한다는 사실에 가슴이 미어지도록 아팠다. 지금도 그 감정이 기억난다. 얼마 후 다시 면회하러 갔는데, 압사르가 세상을 떴다는 소식을 들었다.

나는 압사르가 어떤 병을 앓았는지, 유전병이었는지 아니면 어머니가 임신했을 때 심각한 문제가 생겼는지 모른다. 요즘도 압사르를 종종 생각한다. 너무나 많은 사람이 운 나쁜 결과에 당첨되는 생물학 복권도 생각한다. 압사르의 가족은 어떤 사람들인지 궁금하다. 압사르에게 어떤 유전자 표지를 물려줬는지, 뭔가 결함이 있는 부호를 전해줬는지 알고 싶다. 우리 가족도 내 정신건강에 똑같은 영향을 미쳤는지 알고 싶다.

내가 우울증을 입에 올리면, 사람들은 정신질환을 앓는 가족이나 친척을 이야기한다. "아, 우리 남동생이 한동안 우울증을 앓았어요." "이모가 양극성장애가 있거든요." "사촌이 항우울제를 먹는 것 같더라고요. 왜 그런지는 모르겠어요." 내 경험상, 이 사람들의 머릿속에 친척의 질병이나 증상이 *자기에게*도 영향을 미칠지도 모른다는 생각이 언뜻 스쳤을 것이다. 자기와 그 친척 사이 중간 지점을 응시하면서 자기 역시 '그것'을 '지니고' 있을지도 모른다고 잠깐 생각했을 테다.

정말 다행스럽게도 내가 일하는 ABC 방송국에서는 정신질환에 관한 이야기가 단순히 용인되는 수준을 넘어서 개인적 문제이자 방송 주제로 널리 권장된다. 우리는 정신질환을 다루는 프로그램을 제작해서 시청자를 최대한 많이 확보하겠다는 목표도 세운다. 의사이자 ABC 방송국의 전 의학 편집장인 제니퍼 애슈턴 박사는 자기가 겪은 자살 경험을 아주 솔직하게 이야기한다. 2017년에 전남편이 스스로 목숨을 끊은 후로 제니퍼는 자살 예방 활동가가 되었다. 몇 해 전 나는 제니퍼의 베스트셀러 책 제목에서 이름을 따온 팟캐스트 〈자살 이후의 삶〉에 출연했다. 그 뒤로 나와 비슷한 일을 겪은 사람들이 연락해왔다. 가족과 함께 네덜란드에서 지내고 있는 37세의 디자이너 겸 아트 디렉터 킴도 마찬가지였다. 킴은 어머니가 자살했고, 20년 전에 할아버지도 자살했다고 했다.

"그 일은 제 인생에서 정말 커다란 부분을 차지했어요. 열다섯 살 때부터 어머니의 상담사가 되었죠. 어머니가 자살하려는 걸 발견하기도 했고요. 어머니는 항상 그 일을 이야기해요. 그리고 할아버지는 우리한테 전화를 걸어서 작별 인사를 한 후에 차고에서 목을 맸죠." 킴의 어머니도 같은 방식으로 목숨을 끊었다.

"이런 정신건강 문제가 항상 우리 가족 주변을 맴돌고 있다고 생각했어요. 저는 우리 어머니나 할아버지처럼 되지 않으려고 애썼죠. 긍정적으로 생각해요. 저한테는 대처 수단이 전부 있으니까요. 그래도 제 안에서 나쁜 일이 반복되는 걸 느껴요. 저도 어떻게든 어머니나 할아버지처럼 될 것 같아서 너무 무서워요."

"팟캐스트에서 했던 말을 듣고 정말 행복했어요. '세상에, 나 같은 사람이 또 있네!' 이런 기분이었죠." 우리는 킴이 때때로 느끼는 우울감과 이런 감정이 유전되었다는 생각에 관해서도 이야기했다. 킴이 나와 닮아 보였다. 우리 둘 다 과거를 잘 알며, 더 알고 싶어 한다. "이 감정이 어머니한테서 왔다는 걸 확실히 알아요. 어머니한테서 봤던 걸 저한테서도 느낄 수 있죠."

킴과 대화하면서 *우울*이라는 단어가 너무나 큰 의미를 지니며, 내가 가끔 느끼는 추상적이고 객관적인 슬픔과 다르다는 사실에 깜짝 놀랐다. 우리 아버지의 슬픔, 아버지가 느꼈으리라고 내가 상상하는 슬픔과 다르다고 해야 더 정확할 테다. 아버지의 조현병은 울적한 기분과 혼자 있고 싶은 강렬한 욕구가 특징이었다. 고립되고 싶은 아버지의 욕망이 내 안에도 깃들어 있는 것 같다. 꼭 내가 우울증을 앓는 게 아니라 *아버지의* 우울증을 앓는 것 같다.

다들 짐작하겠지만, 9년이라는 시간은 한 사람에 관한 기억을 충분히 모을 만큼 길지 않다. 더욱이 나는 그 9년 중 대부분이 기억조차 나지 않는다. 게다가 물리적으로나 감정적으로나 아버지의 극히 일부만 보았다. 어렸던 나는 아버지의 병에서 최대한 보호받았다. 그래서 나는 다른 사람들, 특히 아버지의 외가 식구한테서 답을 구했다.

우리 할머니에게는 로즈메리라는 여동생이 있다. 할머니는 잉글랜드 남자와 결혼해서 남쪽으로 이주했지만, 이모할머니는 스코틀랜드인과 결혼했고 스코틀랜드 씨족의 대모가 되었다. 로지 할머니—나는 이렇게 불렀다—는 우리 할머니와 행동거지가 똑같았다. 똑같은 미소, 똑같은 손짓, 똑같이 희미한 스코틀랜드식 억양 "오, 그래"와 "오, 아니다." 똑같이 풍성하고 하얀 머리카락. 하지만 할머니는 더 내성적이고 더 호리호리했고, 로지 할머니는 더 통통하고 더 잘 웃고 더 쾌활했다. 할머니에게는 손주가 단 한 명(나)이지만, 로지 할머니와 샌디 할아버지는 자녀를 셋 두었고 그 자녀들이 다시 세 명씩 아이를 낳았고 또 그 아이들이 자라서 자식을 많이 낳은 덕분에 로지 할머니에게는 증손주가 많다.

나는 종종 가족이 없는 외톨이라고 느끼곤 했다. 텔레비전 속 북적북적한 가족처럼 내가 꿈꾸던 모습대로 사는 스코틀랜드 친척이 부러웠다. 아침 식탁에 푸짐하게 차린 식사, 정신없이 바쁜 등하교 시간, 시끌벅적한 생일과 기념일과 크리스마스 파티. 로지 할머니의 딸이자 우리 아빠의 사촌인 캐런 아주머니는 일찌감치 내 마음을 눈치챘고, 오랜 세월 동안 나를 최대한 많이 챙겨주려고 애썼다. 내가 스코틀랜드에 갈 때마다 항상 앨범을 꺼내와서 가족 휴가 때 찍은 아버지의 사진을 보여줬고, 아버지의 어린 시절과 젊은 시절을 들려주곤 했다. 이제는 기억이 많이 흐릿해졌지만, 아버지의 어린 시절을 엿볼 수 있는 유일한 단서가 캐런 아주머니의 사진과 이야기였다.

아버지와 내가 아기일 때 찍은 사진을 비교해보면, 우리는 똑 닮았다.

캐런 아주머니를 비롯해서 아버지를 잘 알았던 사람들은 아버지를 놀라울 정도로 비슷하게 기억했다. 재치와 유머로 분위기를 밝히던 사람. 신뢰하는 사람들 앞에서는 바보처럼 굴기를 즐겼던 사람. 세상을 피해 숨고 싶어 하는 극도로 내성적인 사람. 나는 내 안에서 아버지의 밝은 면을 보고 싶지만, 어두운 면에 제멋대로 휘둘리는 것 같아 두렵다. 아버지의 의료 기록에서 의료진은 아버지가 세상에서 얼마나 멀리 떨어지고 싶어 했는지 거듭 언급했다. 아버지는 상태가 괜찮아지면 다시 관계를 회복하고 싶다고, 사람들과 어울리면 증상이 완화되리라고 말했다. 하지만 상태가 나빠지면 고립만이 유일한 답이라고 확신했다.

누구나 자기 안에 깃든 부모님의 모습을 보며 위안을 얻는다. 자식에게 깃든 나 자신의 모습을 볼 때는 커다란 자부심을 느낄 것이다. 이런 위안과 자부심은 우리가 세상 속 우리 자리를 이해하고 삶의 목적을 찾도록 돕는다. 우리는 나 자신보다 더 큰 무언가, 우리만의 고유한 시간 여행 속 일부가 되었다고 느낀다. 나는 우울증을 겪으며 고립감을 느꼈고, 직계 가족이 거의 없다는 현실 때문에 사무치게 외로워졌다. 그래서 내가 깊이 사랑하는 사람들에 관한 추억에 매달리고 조부모님의 삶에 늘 커다란 매력을 느끼는 게 아닌가 싶다. 외할머니와 외할아버지의 발자취를 따라가다가 중동에서 일자리를 얻은 일도 그런 마음에서 비롯했을 테다. BBC의 베이루트 특파원으로 일할 때 역사가 원점으로 돌아왔다는 사실에 종종 감탄하곤 했다. 레바논을 떠난 외할머니가 자주 듣던 라디오에서는 유창한 영국 남자의 목소리가 조국을 갈기갈기 찢어놓은 전쟁을 이야기했을 것이다. 약 40년이 지난 후, 외할머니에게 커다란 찬사를 보내는 손자가 똑같이 전쟁을 보도하는 사람이 되었다.

가족의 역사와 의미는 개인 정체성을 형성하는 데 영향을 미친다. 정신질환이라는 유령도 오랫동안 힘을 발휘했다. 재닛 오펜하임Janet Oppenheim은 《산산이 부서진 신경: 빅토리아 시대 영국의 의사와 환자와 우울증*"Shattered Nerves": Doctors, Patients, and Depression in Victorian England*》에서 어떻게 정신건강을 향한 태도가 19세기 내내 변화하여 오늘날과 같이 발전했는지 설명한다. 빅토리아 시대 과학계는 가족에 집착했다. 영국의 계급 제도는 가족과 신분 중심으로 돌아가며, 아무리 돈을 많이 쓰더라도 다른 계층으로 옮겨갈 수 없다. 이런 관점으로 세상을 바라보던 과학자 세대가 가족 건강에 초점을 맞추는 것은 어찌 보면 당연했을지도 모른다. 유전적 결함이 공개되면 가족의 미래가 완전히 무너지는 사회였으니, 어떻게 수치심이 정신질환과 그토록 밀접하게 뒤얽혔는지—그리고 어떻게 이 연관성이 오늘날까지 이어지는지—쉽게 알 수 있다. 유럽 왕실 이야기에서도 유전과 건강을 둘러싼 문제가 몹시 두드러지게 드러난다. 가장 악명 높은 사례는 엘리자베스 2세의 사촌 두 명이다. 너리사와 캐서린 보우스라이언은 엘리자베스 여왕 삼촌의 자녀로, 둘 다 선천적인 학습장애를 앓았다. 두 사람이 각각 1940년과 1961년에 사망했다는 보도 외에는 이 자매에 관해 알려진 바가 거의 없었다. 그런데 1987년, 두 자매가 아직 살아 있지만, 여전히 영구 정신과 치료를 받고 있다는 사실이 밝혀지면서 논란이 터졌다. 너리사가 사망했을 때 장례식에 병원 직원만 참석했다고 한다.

"퇴보의 단위는 가족이다." 잉글랜드 턴브리지웰스의 의사 P. C. 스미스가 1900년대에 이렇게 말했다. "퇴보한 가족이란 불완전한 유전 형질을 지닌 가족이다." 나는 정신질환이 '퇴보'라고 생각하지 않는다. 과학계도 이처럼 부정적인 용어에서 분명히 벗어났다. 하지만 여러 세대에 걸쳐 관찰되는 가족의 행동 양식은 여전히 호기심을 자극한다.

20세기 후반, 독일 심리치료사 베르트 헬링거Bert Hellinger는 가족 세우기Family Constellations라는 치료법을 개척했다. 이 치료법을 받는 환자는 가족의 역사가 시간이 지나면서 어떻게 반복되는지 이해하려고 시도한다. 헬링거는 살인이나 죽음, 자살, 전쟁 등 심각한 트라우마를 일으키는 주요 사건이 여러 세대를 거쳐서 반향을 일으킬 수 있으며, 우리가 얽매여 있는 트라우마를 풀어야 그 트라우마에서 자유롭게 벗어날 수 있다는 이론을 세웠다. 헬링거의 연구는 전 세계에서 대체 요법과 치유 운동을 촉발했는데, 일부에서는 돌팔이 짓이라며 무시하고 일부에서는 영적 깨달음이라며 추앙한다. 가족 세우기 치료법은 오늘날에도 여전히 쓰이며, 배우가 가족 구성원 역할을 맡고 치료사가 환자의 반응을 관찰하는 방식이다. 헬링거의 이론은 본질상 영적인 성격을 띠며, 생물학적 설명보다는 학습된 행동에 대한 정신분석학 관점에 더 초점을 맞춘다. 하지만 헬링거의 연구 이후로 우울증이나 다른 정신건강 문제의 유전적 취약성을 추적하는 작업이 자연스럽게 뒤따랐다.

유전성 정신질환에 관한 기초 과학은 대체로 관찰할 수 있는 패턴을 기반으로 한다. 학계는 오래전에 이른바 2-4-8 법칙을 정립했다. 부모 중 한 명이 우울증을 앓으면 자녀 역시 우울증에 걸릴 확률이 두 배, 부모가 양극성장애를 앓으면 자녀가 같은 진단을 받을 확률이 네 배, 부모 중 한 명이 조현병 환자일 경우 자녀도 조현병을 앓을 확률이 여덟 배다. (실제로 조현병 발병을 예측할 때 가장 신뢰할 만한 지표는 부모 중 한 명이 조현병을 앓는 경우다. 우울증이나 양극성장애는 그렇지 않다.)

유전 연구는 대체로 쌍둥이를 대상으로 삼는다. 생물학적으로 동일하며 같은 환경에서 자랐을 가능성이 큰 두 명을 연구하면, 한 사람에게는 변화나 결함을 일으키는데 다른 사람에게는 일으키지 않는 작용을 파악할 수 있다. 그러면 특정 형질이나 질병의 유전적 요인과 환경적 요인의 영향을 밝히는 데 도움이 된다. 일란성 쌍둥이와 이란성 쌍둥이 모두 연구 대상이 될 수 있다. 일란성 쌍둥이는 유전자를 100% 공유하고 이란성 쌍둥이는 유전자를 50% 공유하지만, 두 경우 모두 쌍둥이가 동일한 환경에 노출되었으리라는 기본 가정을 적용한다. 이런 연구를 통해 표현형phenotype(생물이 유전적으로 보이는 형태적, 생리적 성질—옮긴이)이라고 부르는 형질이나 특성—심각한 정신질환 증상도 포함된다—을 찾아낼 수 있다. 만약 유전적 요인이 표현형에 정말로 중요하다면, 일란성 쌍둥이는 이란성 쌍둥이보다 서로 더 닮아야 한다.

나는 조사 도중 *유전 가능성*heritability이라는 단어를 계속 맞닥뜨렸다. 이 단어는 부모에게서 파란 눈을 직접 *물려받는* 상황을 가리키지 않는다. 유전 가능성은 통계적 확률에 관한 개념으로 더 넓은 인구 집단에 걸쳐 더 광범위한 추세를 고려한다. *유전*heredity은 부모가 자녀에게 형질을 물려주는 능력을 가리키지만, *유전 가능성*은 유전적 영향, 다시 말해 형질이나 특성의 변이가 유전적 특질에서 비롯한 정도를 나타내는 척도다. 예를 들어 2017년에 덴마크에서 진행한 조현병 쌍둥이 연구는 유전 가능성을 약 80%로 추정했다. 그렇다고 조현병을 앓는 부모의 자녀 가운데 80%가 조현병에 걸린다는 뜻은 아니다. *사실* 조현병은 유전적 요인 때문일 확률이 80%라는 의미다. 한편, 같은 연구에서 우울증의 유전 가능성 추정치는 약 38%였다. 덴마크 연구는 우울증의 변이 절반 이상을 유전적 요인으로 설명할 수 없으므로 우울증은 유전보다 환경이 더 커다란 영향을 미친다는 사실을 밝혀냈다.

(쌍둥이 연구는 유전적 요인 아니면 환경적 요인이라는 식으로 생각하고 둘을 더하므로 유전자의 중요성을 과대평가할 가능성이 있다는 사실을 유념해야 한다. 쌍둥이 연구는 유전자와 환경이 어떻게 *상호작용*하는지 설명하지 못한다. 환경이 어떻게 유전적 요인을 활성화하는지는 흥미로운 새 연구 분야로, 나중에 더 자세히 알아보겠다.)

덴마크 연구에서 제시한 수치가 높아 보이겠지만, 발병 확률은 애초에 매우 낮다. 조현병이 발병할 우려가 있는 사람은 인구의 1%다. 내가 조현병에 걸릴 확률은 8%다. 하지만 토니 삼촌도 정신과 병원을 드나들었고, 할아버지도 스스로 생을 마감했고, *게다가* 어머니도 정신건강 문제로 어려움을 겪었다는 사실을 생각하면 사방에서 나를 공격한다는 느낌을 지울 수가 없다.

이런 과학 지식 때문에 머리가 아플지도 모르겠다. 내가 조사 결과를 글로 옮길 때는 확실히 머리가 지끈거렸다! 다행히도 유전적 감수성을 쉽게 설명하는 과학자를 만났다. 브리티시컬럼비아대학교의 의학유전학 교수 제하닌 오스틴Jehannine Austin은 이 문제를 이해하는 데 도움이 되는 모델을 개발했다. 바로 잼 병이다. 먼저 잼 병에 돌멩이를 몇 개 넣는다. 이 돌멩이는 정신질환 발병 확률을 높이는 유전자를 나타낸다. 돌멩이 개수는 태어날 때 정해져 있다. 돌멩이가 너무 많아서 병을 가득 채울 정도인 사람도 있고, 별로 없는 사람도 있다.

여기에 환경, 다시 말해 죽음과 커다란 이별, 실직 등 인생에서 정신적 충격을 주는 사건을 추가한다. 오스틴 박사의 비유를 빌리자면, 이런 사건은 유전자 위로 붓는 물과 같다. 돌멩이와 물을 더하면 우리 각자의 회복탄력성, 즉 우울증을 막아주는 힘이 얼마나 되는지 알 수 있다. 잼 병이 넘치면 한계를 넘어섰다는 뜻으로, 이때 우울증을 진단받는다. 병에 돌멩이가 적을수록 물을 더 많이 부을 수 있다. 하지만 병이 이미 돌멩이로 가득 차 있다면, 다른 것을 넣을 공간이 거의 없다.

이렇게 잼 병 비유를 들어서 생각하면 우리가 살면서 맞닥뜨리는 상황에 대처하는 능력이 서로 다른 이유를 이해할 수 있다. 나는 BBC 다큐멘터리 〈우울증과 나*Depression and Me*〉에서 이 비유를 처음 접했다. 영국 총리 관저의 홍보 책임자였던 앨러스터 캠벨이 다큐멘터리 진행을 맡아서 우울증 경험을 아주 솔직하게 이야기했다. 그는 잼 병 윗부분에 고리를 끼워서 물을 더 많이 담아도 넘치지 않게 한다고 말했다. 고리는 운동이든 친구들과 함께하는 시간이든 개와 즐기는 산책이든 행복한 활동을 가리킨다. 다시 말해, 캠벨은 병이 넘치지 않도록 막는 메커니즘을 만들었다. 분명히 가치 있는 전략이다. 하지만 나는 잼 병 바닥에 깔린 돌멩이에 관심이 갔다. 애초에 왜 돌멩이가 병 안에 있는 걸까? 이미 돌멩이가 병 바닥에 깔렸는데 어떻게 물이 넘치지 않게 할 수 있을까?

네이선 파일러는 제2형 당뇨로 유용한 비유를 만들었다. 제1형 당뇨는 인슐린 생성에 근본적 문제가 있어서 반드시 평생 인슐린을 공급받아야 생명을 유지할 수 있다. 반대로 파일러가 "더 가변적인 생물학적 상태"라고 묘사하는 제2형 당뇨는 단 한 가지 원인 때문에 발병하지 않는다. 신체가 인슐린에 제대로 반응하지 않아서 병이 생길 수도 있지만, 다른 호르몬 불균형도 영향을 미친다. 다시 말해 이런 문제의 *모음*이 우리를 위험에 빠뜨린다. 식습관이 나쁘거나 운동을 하지 않으면 위험 수준이 높아지고 심각한 당뇨병에 걸릴 수도 있다. 하지만 제1형 당뇨와는 달리 환경을 바꾸면 제2형 당뇨를—어쩌면 완전히—극복할 수 있다.

환경을 바꾸면 정신질환에 걸릴 가능성도 줄일 수 있다. 결국, 환경이 우리 DNA와 상호작용하는 방식이 중요하다. 자, 더 깊이 들어가기 전에 기본으로 돌아가자. 유전자란 무엇일까? 유전자는 어떻게 작동할까?

DNAdeoxyribonucleic acid(디옥시리보핵산)는 지구상 모든 생명체의 기본 암호로, 우리 몸의 발달과 기능에 필요한 유전 정보를 담고 있다. DNA 염기 서열은 특정 단백질을 생성하는 신호로 변환되며, 이 단백질은 우리 몸에서 기능 대다수를 수행하는 세포를 형성한다. 단백질을 만드는 지시 사항을 담은 각 DNA 서열을 유전자라고 한다. 지금 여러분 머릿속에 떠오르는 이미지—각 DNA 조각을 나타내는 공 한 쌍이 층층이 쌓인 이중 나선—는 DNA 지시 사항이 전부 모인 유전체다.

이 염기쌍의 정확한 서열은 21세기로 넘어올 무렵에야 처음으로 밝혀졌다. 즉시 낙관론이 폭발하며 엄청나게 많은 비밀이 풀리리라는 기대가 넘쳤다. 학계는 역사상 처음으로 인간 유전체의 각 부분을 분류할 수 있었다. 즉 처음으로 부호화coding와 조절regulation을, 특징을 유발하는 유전자와 기능의 정도를 조절하는 유전자를 구분할 수 있었다. 더 나아가 건강한 DNA와 각종 신체 질환을 앓는 환자의 DNA를 비교할 수 있으므로 질병 치료와 예방에도 새로운 가능성이 열렸다. 예를 들어서 암 연구는 최근 몇 년 동안 비약적인 발전을 이루었다. 이제는 돌연변이를 식별하고, 특정한 유전 과정이 어떻게 활성화하는지 이해하고, 이를 표적으로 삼는 약물을 개발할 수 있다.

하지만 유전체 발견이 만병통치약은 아니라는 사실이 곧 분명해졌다. 우리 유전자가 실제로 어떻게 기능하는지 알려면 훨씬 더 많은 연구가 필요하다. 단백질 생성을 위한 정보를 부호화한 DNA는 고작 2%밖에 안 된다. 과학계는 나머지 98%가 무슨 일을 하는지 전혀 몰랐다. 심지어 한동안은 이 98%를 정크 DNAjunk DNA라고 부르기까지 했다.

내가 지금 수많은 과학 지식을 마구 쏟아내고 있다는 사실을 잘 안다. 그래도 다들 잘 따라오기를 바란다. 학창 시절 나는 과학에 아무런 흥미가 없었다. 솔직히 내가 유전자에 관한 장을 절반쯤 썼다는 게 믿기지 않는다. 친구한테 과학 지식이 잔뜩 들어간 책을 쓰고 있다고 했더니 웃음을 터뜨렸다. 차라리 호메로스 전집을 번역하고 있다고 말할 걸 그랬다. 학교에 다닐 때 화학은 숫자가 너무 많이 나와서 고대 마야 문명의 학문이나 다름없었지만, 생물학은 확실히 재미있었다. 선생님의 역할도 중요하다. 패건 선생님은 내가 여덟 살일 때부터 열두 살 무렵까지 과학을 가르쳤다. 산타클로스를 닮기는 했는데 키는 150cm 정도에 수염과 머리카락은 녹슨 철처럼 불그스름했고 그다지 쾌활하지도 않았다. 아마 산타클로스의 사악한 쌍둥이 형제였을 테다. 선생님은 숙제를 채점하고 나면 연습장을 교실 건너편으로 던지는 습관이 있었다. 연습장은 정말 컸다. 일주일에 두 번씩 날아오는 전화번호부를 받는 기분이었다.

하지만 무뚝뚝한 겉모습 뒤에는 자상한 마음이 숨어 있었다. 아버지가 돌아가신 지 얼마 되지 않았을 때 패건 선생님의 사고력 수업 중에 일어난 일이다. 내가 다니던 가톨릭 학교에서 이 수업은 사실상 '어린이를 위한 철학 수업'이었고, 가끔은 성교육도 함께 진행했다. 당시 아홉 살이었던 나는 교실 뒤쪽에 조용히 앉아서 책상만 내려다보고 있었다. 수업 시작 무렵의 시끌벅적한 소란은 가라앉았고, 다른 아이들은 의자를 요란스럽게 당겨 앉아서 연습장에 집중했다. 그때 선생님이 내게로 걸어왔다. 선생님은 아이들의 주의를 끌지 않으려고 그저 손만 내 책상 위로 뻗어서 자기 존재를 알렸다. 고개를 들었더니 선생님의 숱 많은 눈썹 아래로 밝은 푸른 눈이 반짝이고 있었다. 선생님은 소리 없이 입 모양으로 "괜찮아"라고 말한 다음, 미소를 지으며 고개를 끄덕이고는 조용히 되돌아갔다. 괜찮냐는 질문은 분명히 아니었다. 어쩌면 질문이었을지도 모르겠다. 선생님은 자기가 곁에 있다고 알려주었을 뿐이다. 그렇게 은근하게 나를 알아주고 안심시켜주는 말이 필요했다. 과학 수업 내용은 별로 기억나지 않지만, 이 일만은 확실하게 기억한다. 오랜 세월이 흐른 지금, 선생님이 이 책을 어떻게 생각할지 궁금하다. (아마 책의 절반에 빨간 펜으로 줄을 죽죽 그어 지우고 다시 집어던지실 것이다.)

그러니까 나는 지금 과학 내용을 설명하려고 최선을 다하고 있다. 다행히도 내가 배우고 싶은 만큼 열정적으로 연구 결과를 공유하려는 뛰어난 과학자가 많다. 킹스칼리지런던의 유전학자 캐스린 루이스 교수는 정신질환과 관련된 유전자를 연구한다. 루이스는 내가 BBC 프로그램을 촬영하고 이 주제를 조사하기 시작하면서 처음 만난 과학자였다. 루이스의 연구팀은 쌍둥이 연구를 통해 우울증과 다른 정신질환의 '유전 가능성'을 파고들었다.

"우울증이 유전될 가능성은 약 40%예요." 루이스가 앞서 말한 덴마크 쌍둥이 연구를 언급하며 설명했다. "양극성장애와 조현병은 그 수치가 훨씬 더 높아요. 약 70~80%죠."

쌍둥이 연구는 정신질환의 유전적 특징이 얼마나 중요한지 강조하는 데 중추적 역할을 했지만, 정신질환과 잠재적으로 관련 있을 유전자나 유전 변이에 관해서는 아무런 정보도 내놓지 않았다. 지난 10년 동안 DNA 기술이 발전하면서 학계는 질병 발생 위험을 높이는 잠재적인 유전적 변이를 식별할 수 있었다. 현재 널리 쓰이는 GWASGenome-wide association studies(전장 유전체 연관 분석) 방법은 형질과 질병에 영향을 미치는 유전적 변이를 식별하는 데 중요하다.

루이스는 의료계가 지난 20~30년 동안 우울증에 유전적 소인이 있다는 사실을 알았지만, 불과 4~5년 전에야 정신질환 환자에게 어떤 유전적 변이가—즉 어떤 '조각'이—흔한지 파악했다고 말했다. "아주 커다란 영향을 미치는 단일 변이는 확실히 없어요. 학교에서 헌팅턴병Huntington's disease이나 낭포성 섬유증cystic fibrosis 같은 병의 유전적 특징을 배우죠. 이런 경우에는 단 하나의 유전자가 중요하거든요. 우울증에는 그런 게 없어요. 어떤 사람에게 우울증 유전자가 있다고 말할 수는 없어요."

루이스는 우울증을 다유전자성polygenic 질환, 다시 말해 여러 유전자가 관여하는 질환이라고 설명했다. 연구진은 아마도 수만 개의 유전적 변이가 결합해서 개인의 우울증 발병 위험도를 결정하리라고 추정한다. (여기서는 확실한 예측 변수가 아니라 위험 인자를 말한다는 사실을 꼭 기억하자.) 우울증의 경우,

현재 확인된 변이의 수는 178개다. GWAS는 연구 대상자가 수천 명이나 되며, 이 숫자가 증가할수록 확인되는 변이의 수도 증가한다. 예를 들어서, 2019년에 결과를 발표한 연구는 변이를 102개 발견했으며 연구 대상자가 807,553명이었다(환자 246,363명과 대조군 561,190명). 2021년에 결과를 발표한 연구는 변이를 178개 발견했고, 연구 대상자가 약 120만 명이었다(환자 약 365,000명).

발견된 변이 중 상당수가 여기서 논의하는 주요 정신질환 세 가지, 우울증과 양극성장애, 조현병과 모두 관련 있다고 한다. 나에게는 이 사실이 핵심이다. 아버지의 조현병을 유발했던 변이 중 일부가 나의 우울증을 유발했을 가능성이 있다는 뜻이기 때문이다. (나의 우울증이 아버지의 조현병이 '약해진 버전'이라는 의미는 아니다. 이런 질환들이 정도만 다를 뿐 같은 병이라고 생각해서는 안 된다. 아버지가 느꼈던 우울한 기분은 조현병의 증상이었을 수도 있고, 조현병을 앓는다는 사실에 대한 반응이었을 수도 있다. 아버지의 몸과 마음에 무슨 일이 일어났든 간에 여러 유전적 변이의 결합이 만들어낸 반응이었을 것이다. 그리고 그 변이 중 일부는 내게 다른 결과를 가져왔을지도 모른다.)

5년 전에는 이런 내용이 전혀 알려지지 않았다.

유전학으로는 개인의 정신질환을 예측할 수 없다. 하지만 루이스 박사는 이 연구가 앞으로 정신질환 진단을 개선하는데 도움이 되기를 바란다. 사람들이 살아가는 내내 서로 다른 정신질환을 얼마나 많이 진단받는지 알면 놀랍다. 우리 아버지는 조현성인격장애schizoid personality disorder와 반사회적인격장애sociopathic personality disorder, 조현병을 앓는다고 여러 차례 진단받았다. 뉴욕의 조현병 활동가 미셸은 양극성장애를 진단받고 오히려 증상을 악화하는 약을 처방받았다. 의사가 정말로 무슨 일이 일어나고 있는지 명확하게 파악하기는 정말로 어렵다. 환자는 특히나 더 어렵다.

중요한 예시가 우울증으로 인한 우울 삽화와 예전에 조울증manic depression이라고 불렸던 양극성장애로 인한 우울 삽화의 차이다. 우울증은 주로 우울한 기분과 관련 있지만, 양극성장애는 환자가 통제할 수 없는 우울한 기분과 고양된 기분 사이의 전환과 관련 있다. 그런데 우울한 기분이 먼저 시작되는 경향이 있는 탓에 양극성장애가 아닌 우울증으로 잘못 진단받고 항우울제로 '치료'받는 경우가 생긴다. 양극성장애 환자에게는 잘못된 치료법이다. 물론, 이런 용어는 지나치게 고정적이며 인간 경험은 아주 다양하다고 생각하는 사람이 많다. 그러나 행동을 혼동하기 쉽고 그래서 진단도 혼동하기 쉽지만, 유전자는 해석하기가 더 수월하다.

루이스는 정신질환과 관련된 유전학 연구가 아직 초기 단계라고 거듭 강조했지만, 이제는 우울증과 양극성장애의 유전적 소인을 더 확실하게 구별할 수 있다.

연구진은 정신질환의 유전적 특징을 더 명확하게 이해해서 치료법을 개선하고자 한다. 조현병과 우울증 환자의 약 33%는 치료 저항성을 보인다. 즉 1차 치료를 받은 후에도 증상이 호전되지 않는다. 학계는 유전적 특성을 기반으로 치료 저항성을 예측할 수 있는지 알아보고 있다. 다른 신체 질환에서는 이미 성공 사례가 있다. C형 간염은 대체로 두 가지 약물로 치료하는데, 이 약이 모든 환자에게 잘 듣지는 않는다. 그런데 특정 약물에 잘 반응하는지 예측할 수 있는 유전적 변이가 발견되었다. 이런 연구가 정신질환 분야에 미칠 영향은 엄청나게 크다. 장래에는 의사가 특정 환자에게 가장 효과적인 항우울제를 결정할 수 있을 것이다.

이 책을 처음 계획할 때나 캐스린 루이스 교수와 처음 대화를 나눴을 때만 해도 우울증 유전자를 공개적으로 검사할 수 있다는 생각은 공상과학 소설 속 이야기로 들렸다. 하지만 회사 몇 군데에서 바로 그런 서비스를 제공하기 시작했다. 23앤드미23andMe는 유전자 구성을 알려주고 오랫동안 연이 끊겼던 친척과 연락할 수 있도록 돕는 DNA 매핑 서비스로 잘 알려져 있다. 지금은 특정 질병의 혈액 표지blood marker부터 우울증과 불안증의 유전적 소인까지 각종 질병에 관한 유전자 검사도 제공한다. 논란의 여지가 있는 서비스다. 내가 23앤드미로 우울증을 확인해보겠다고 친구들에게 말하자, 다들 정말로 회의적인 반응을 보였다. "거기서 네 데이터를 어떻게 사용할지 전혀 모르잖아!" 대체로 이렇게 대꾸했다.

바로 지금 중국 실험실에서 내 클론이 배양되고 있을까 봐 조금 걱정스럽기는 하지만, 그래도 시도해볼 만하다고 생각했다. 그래서 타액 샘플을 보냈다. 몇 주가 지나고 (우울증 검사를 위해서는 필수라는 프리미엄 서비스까지 *눈알을 굴리며* 구독하고 나서) 우울증에 걸릴 "일반적인 가능성"이 있다는 결과를 받았다. "당신과 같은 유전적 특징을 지닌 사람 100명 가운데 25명은 20대에 우울증을 진단받습니다." 앱에 이런 문구가 떴다. 작은 사람 모양 100개 중 25개가 회색으로 표시된 깔끔한 그래픽도 보였다. 설명이 지나치게 단순하게 느껴졌다. 내 정보뿐만 아니라 더 광범위한 통계 자료를 바탕으로 이런 평가를 내린 것 같은데, 결과에 구체적인 내용이 별로 없어 보였다. 정확하거나 내게 딱 맞춘 결과는 아닌 듯했다. 하지만 이런 서비스가 존재한다는 사실 자체가 중요한 첫걸음이며, 모든 건강 문제에 대한 진단 서비스의 미래로 이어질 것이다.

지금까지 반복해서 말했듯이, 정신질환과 관련된 유전학 연구에서 논란의 여지 없이 확실한 사실이란 없다. 캐스린 루이스처럼 정신질환의 유전 가능성을 강조하는 입장에 정면으로 반박하는 과학자도 많다. 가장 두드러지는 인물이 영국의 임상 심리학자 존 리드John Read 박사다. 리드 박사는 학계에 완전히 몸을 담기 전 20년 넘게 영국과 미국에서 정신건강 의료 분야에서 일했다. 그는 유전학 연구 결과가 "터무니없다"라며, 어린 시절의 트라우마가 주요 정신질환의 원인이라고 강조한다. 그리고 정신분석이 약물보다 더 나은 치료법이라고 믿는다. 하지만 캐스린 루이스와 존 리드는 서로 다른 관점에서 이 문제에 접근하면서도 비슷한 생각을 공유한다. 루이스 같은 연구자들은 유전적 특징과 환경이 상호작용하는 방식에도 관심을 보이며, 사실 이 둘이 단순한 덧셈이나 뺄셈 등식 속의 별개 요소가 아니라고 인정한다.

영국에서는 이미 유전학이 질병 진단 과정에서 중요한 부분을 차지했다. 2014년에 시작된 10만 유전체 프로젝트는 희귀 질환이나 암을 앓는 NHS 이용 환자 약 85,000명의 DNA를 수집했다. 그리고 전장 유전체 분석whole genome sequencing 기술(환자와 건강한 대조군의 유전체를 비교해서 특정 형질이나 질병과 관련된 유전 변이를 찾는 GWAS와 달리 개인의 DNA 염기 서열 전체를 분석하는 기술—옮긴이)을 사용해서 흔한 암부터 가장 희귀한 자가면역질환에 이르기까지 다양한 질환의 유전적 원인을 새롭게 확인했다. 이제 특정 환자가 병원을 찾아서 해당 연구의 증상과 일치하는 증상을 호소하면 유전자 검사를 시행한다. 이 프로젝트의 영향은 삶을 바꿀 정도다. 2021년에 10만 유전체 프로젝트를 분석하면서 프로젝트 초기에 참여했던 2,000여 가구의 4,000여 명을 연구했다. 전장 유전체 분석을 통해 참여자 25%가 새로운 질환을 진단받았고, 이 중 14%는 다른 방법으로는 놓쳤을 유전체 영역의 변이를 발견했다. 이 놀라운 결과를 고려할 때, 정신질환의 유전학 연구가 가치

없다는 주장은 받아들이기 어렵다.

나는 이 연구의 최전선에 있는 사람, 새로운 기술을 활용해서 사람들의 삶을 실제로 바꾸고 있는 사람과 이야기하고 싶었다. 마크 필립은 앞서 말한 검사를 진행하는 런던의 세인트 조지 병원에서 신경유전학 임상 간호사로 근무한다. 그는 희귀 질환 증상을 보여서 유전자 검사 혜택을 받을 수 있는 환자를 담당한다. "우리는 유전체 의학을 진단 치료의 주류로 끌어올리고 있어요." 마크가 설명했다. "대체로 자신의 유전적 취약성을 이해할 수 있어서 기뻐하죠. 하지만 환자의 기대치를 낮춰야 할 때가 많아요. 다들 *바로 그* 유전자를 발견하리라고 생각하지만, 대부분 그렇지 않거든요."

국가 유전체 검사 목록National Genomic Test Directory은 증상과 질환, 심지어 특정 유전자까지 검색할 수 있는 공개 자료다. 패널이라고 불리는 유전자 그룹이 여러 범주로 분류되는데, 현재 정신질환에 해당하는 개별 패널은 없다. "특정 유전자를 특정 정신질환에 연결하는 과학은 아직이지만, 기존 질환과 많이 겹쳐요." 마크가 알려줬다. "예를 들어서 어느 유전자 범주는 성인형 신경 퇴행성 질환으로 분류되죠. 알츠하이머병이나 파킨슨병Parkinson's disease 같은 질환이요." 이런 질환은 어느 유전자 단 하나 때문에 발병하지 않는다. 조현병처럼 다유전자성 질환이어서 여러 유전 변이가 있어야 한다. "이 목록은 날마다 늘어나고 있어요." 마크가 말했다. 23앤드미와 마찬가지로 10만 유전체 프로젝트 같은 사업을 통해 수집한 데이터가 많을수록 더 나은 결과를 얻을 수 있고, 정신질환의 유전적 변이를 찾는 능력을 향상하는 데 도움이 된다.

존 리드 박사 같은 회의론자는 우리 아버지와 삼촌이 유전적 요인이 아니라 환경 때문에 조현병을 진단받았다고 말할 것이다. 이런 주장도 수긍할 만하다. 나는 조현병을 앓지 않았고, 일반적으로 조현병과 연관되는 증상을 전혀 경험하지 않았기 때문이다.

하지만 캐스린 루이스 교수의 말이 자꾸 신경 쓰인다. 루이스는 자기가 발견한 여러 유전적 변이가 세 가지 주요 정신질환 모두에서 공통으로 *존재*한다고 말한다. 다시 말해 조현병과 우울증은 동일한 유전적 변이를 많이 공유한다. 내가 아버지에게서 이런 변이 일부를 물려받았을지도 모른다. 말하자면 내 잼 병은 이미 돌멩이로 가득 차 있을지도 모른다. 그래서 병에 물이 차오르면—생활 스트레스와 힘겨운 직장 생활, 인간관계의 어려움이 쌓이면—병이 넘칠 것이다. 언젠가는 23앤드미 같은 서비스를 통해 부모님의 DNA를 분석해서 어느 변이가 아버지와 어머니 중 어느 쪽에서 유전되었는지 확인할 수 있을 것이다. 아직은 이렇게 상세한 법의학 분석이 불가능하다. 하지만 머지않아 가능할지도 모른다.

유전적 감수성은 우울증에 걸릴 위험에서 40%를 차지한다. 그러면 나머지 60%인 환경은 내 삶에서 어떤 힘을 발휘했을

지 궁금하다. 나의 양육 환경과 아버지의 죽음이 내 삶에 어떤 영향을 미쳤을까? 우리는 일반적으로 우울증의 원인을 유전적 요인과 환경적 요인 두 가지로 나눠서 생각한다. 하지만 환경이 단순히 감정에만 영향을 미치지는 않는다는 사실을 뒷받침하는 증거가 늘고 있다. 환경은 유전적 차원에도 영향력을 행사할 수 있다. 다시 말해 환경적 트라우마의 영향도 유전될 수 있다.

6. 가정생활과 조숙한 성장

생물학은 진정으로 무한한 가능성의 땅이다. 우리는 생물학이 가장 놀라운 정보를 주리라고 기대하고, 수십 년 후에 생물학이 어떤 답을 줄지 짐작할 수조차 없다. … 우리의 인위적 가설 구조 전체를 날려버릴 만한 답일지도 모른다.

— 지크문트 프로이트, 《쾌락 원칙을 넘어서*Beyond The Pleasure Principle*》

가족? 얘, 가족이라는 게 뭐니? 우리는 빌어먹을 월턴 가문이 아니라고!

— 에디나 몬순Edina Monsoon, 〈앱솔루틀리 패뷸러스*Absolutely Fabulous*〉

여러분이 "일본에서는 대인기big in Japan"라는 표현을 들어봤는지 모르겠다(북미나 유럽의 밴드가 오직 일본에서만 크게 인기를 끄는 현상을 가리키는 표현—옮긴이). 음, 나는 태국에서는 대인기를 누렸다. 태국 사람들은 나를 '미스터 파인애플'이라고 불렀다. 2018년 여름에 태국 북부 동굴에 갇힌 와일드 보어스 축구팀을 취재하러 갔을 때의 일이다. ABC 방송팀은 동굴 현장을 찾아간 최초의 해외 취재팀이었고, 우리는 비에 흠뻑 젖은 밀림에서 몇 주 동안 전 세계의 이목을 사로잡은 구조 활동을 촬영했다. 우리가 아주 신속하게 대응하자, 태국 언론이 우리 보도에 관심을 보였다. 곧 우리 팀의 〈굿모닝 아메리카〉와 〈월드 뉴스 투나잇〉 보도는 태국의 지역 방송국에서 방송되었고, 소셜 미디어 채널에도 공유되었다. 동굴은 온갖 과일 농장이 빽빽하게 들어찬 벽지에 있었고, 우리는 파인애플밭 한가운데서 라이브 영상을 촬영했다. 그때 내가 파인애플을 들고 있는 모습을 프로듀서 앵거스 하인스가 사진을 찍었고, 내가 그 사진을 트위터에 올렸다. 얼마 지나지 않아서 어느 태국 청소년이 그 사진을 만화로 그렸다. 그러자 수많은 인터넷 콘텐츠의 불가해한 특성을 그대로 보여주듯이 그 만화가 순식간에 온라인 세계로 퍼져 나갔다.

그 순간부터 내가 어디를 가든 사람들이 미스터 파인애플이라고 불렀다. 길거리든 식당이든 가게든 카페든 어디서나 마찬가지였다. 동굴이 있던 그 외딴 마을에서만 그런 게 아니었다. 전국 뉴스에서도 그 표현이 쓰이기 시작했다. 내가 비행기에서 내리자마자 타이 항공 직원들이 파인애플을 한 쟁반 가득 채워서 들고 나를 맞이했다. 방콕의 식당에서는 내 음식에 파인애플 조각을 뜬금없이 넣어주곤 했고, 어느 카페에서는 커피에다 동그란 파인애플 슬라이스 하나를 통째로 넣어서 내오기도 했다. ("파인애플 커피!" 바리스타가 흥분해서 자꾸 외쳤다.) 과일 주스 제조업체에서 파인애플주스 상품에 내 이름과 얼굴을 넣게 허락해 달라고 요청했을 때 상황이 걷잡을 수 없이 커졌다는 걸 알아차렸다. 내가 파인애플 도매가 상승에 한몫한 것 같았다. 시골 지역을 대표하는 태국 의원이 그런 내용을 연설했다는 말도 들었다. 4년도 더 지난 후 알렉스와 함께 태국에서 휴가를 즐기다가 파인애플의 마법이 여전히 살아 있다는 사실을 깨달았다. 여행을 끝내고 공항으로 가는 택시에 짐을 싣는데 호텔 직원이 침묵을 깨고 조용히 말했다. "여기서는 언제나 미스터 파인애플이세요."

나는 이 사건이 태국 국민을 향한 우리의 존경과 찬사와 관련 있다고 생각한다. 소년 12명과 코치가 실종되었을 때 태국 사람들이 대처한 모습은 무척 감명 깊었다. 세상이 최악의 상황을 예상했을 때, 태국에서는 누구도 믿음을 저버리지 않았다. 축구팀을 발견했지만 구조가 불가능해 보였을 때도 태국 사람들은 할 수 있다고 단호하게 말했다. 그들이 옳았다. 축구팀 구조는 근본적으로 희망과 용기에 관한 이야기였다. 아마도 그래서 수많은 사람의 마음을 사로잡았을 것이다.

이 사건은 상상도 할 수 없는 일을 견뎌낸 아이들의 이야기이기도 하다. 그런데 당시 많은 사람이 느꼈던 기쁨과 안도감을 모두가 오래도록 누리지는 못했다. 몹시 슬프게도 그 동굴에 있었던 소년 가운데 한 명이 스스로 목숨을 끊었다. 두앙펫 프롬텝—일명 돔—은 축구팀 주장이었고, 영국에서 유학 중이던 2023년 2월에 의식을 잃은 채 발견되었다. 그때 겨우 열입곱이었다. 사인 규명 심리에서는 자살로 판결했다. 돔이 왜 그렇게 행동했는지 알 수 없지만, 어린 시절에 겪은 트라우마는 실제로 우리를 평생 따라다니기도 한다. 어린 시절의 부정적 경험은 성인기의 정신질환과도 자주 관련된다.

어린 시절의 트라우마 하면, 누구나 의식하든 아니든 지크문트 프로이트의 연구를 떠올릴 것이다. 프로이트는 어려서 겪은 일이 삶의 나머지 시간에도 영향을 미친다는 개념을 널리 알렸다. 프로이트의 연구는 유사 유전 질환에, 즉 정신질환이 DNA가 아니라 가족을 통해 유전된다는 생각에 초점을 맞췄다. 그는 생애 초기 트라우마가 미치는 영향을 관찰했고, 신경증이나 히스테리hysteria라고 불렀던 질병의 순환이 어떻게 다음 세대로 이어지는지 보여주려고 했다. 가장 유명한 사례가 '꼬마 한스' 사례다. 한스는 집 근처에서 말이 쓰러져 죽는 광경을 보고 말 공포증에 시달렸다. 한스의 아버지는 프로이트에게 치료를 부탁했다. 프로이트가 내린 결론은 그에게 명성을 안겨준 정신분석의 전형을 보여준다. 그는 눈가리개를 쓰고 입가가 거뭇한 말이 안경을 쓰고 콧수염을 기른 아버지를 연상시킨다고 분석했다. 아울러 여동생이 태어나면서 한스가 어머니의 애정을 놓고 아버지와 무의식적으로 경쟁한다고 보았다. 그는 그 유명한 오이디푸스 콤플렉스Oedipus complex—아버지를 죽이고 어머니와 결혼하는 그리스 비극 주인공에게서 이름을 따왔다—를 어린 한스에게 적용했다.

프로이트 이래로 심리학계는 행동 관찰을 바탕으로 생물학적 설명을 모색했다. 그리고 정신질환을 이해할 뿐만 아니라 뇌를 깊숙이 파고들어 세부적 수준에서 무슨 일이 일어나고 있는지 밝히고자 했다. 베셀 반 데어 콜크Bessel van der Kolk는 아동기 트라우마와 이 트라우마가 뇌에 미치는 영향에 관한 연구를 선도한다. 《몸은 기억한다*The Body Keeps the Score*》에서 반 데어 콜크는 트라우마가 보편적이라고 주장한다. 어린 시절의 신체적, 정신적 학대나 성폭행, 죽을 뻔한 경험 등과 같은 극심한 트라우마는 놀라울 정도로 흔하다. 미국 질병통제예방센터Centers for Disease Control and Prevention는 아동 학대가 근절된다면 미국의 전체 우울증 발병률이 절반으로 줄어들 것이라고 추산했다. 그러나 아동기에는 이처럼 뚜렷하지 않은 학대도 경험할 수 있다. 반 데어 콜크는 이런 학대도 극단적인 경우만큼이나 심각한 피해를 주기도 한다고 말한다.

정신질환과 관련된 뇌 지도 작성은 뇌섬엽insula과 편도체 두 영역에 초점을 맞춘다. 뇌섬엽은 우리가 눈과 귀, 입, 코, 피부로 받아들이는 감각 정보를 해석한다. 이 영역은 뇌의 *감정* 부분이라고도 불린다. 트라우마를 겪은 사람일 경우, 뇌섬엽은 외부 사건에 자극받았을 때만 활성화하지 않고 항상 활성화한다. 그러면 파멸이 코앞에 닥쳤다는 느낌이나 곧 무언가 잘못될 것 같다는 느낌이 끝없이 계속된다. 편도체는 주로 기억과 투쟁 도피 반응fight-or-flight response과 관련 있다. 편도체가 트라우마 때문에 받는 영향은 잘 알려지지 않았지만, 일부 연구는 편도체 과활성화를 지적했다. 나쁜 기억이 더 선명하게 기억될 가능성이 있다는 의미다. 반 데어 콜크는 아동기 트라우마가 결국 어려서부터 뇌가 이런 식으로 반응하도록 재구성하며, 이 영향이 평생 이어진다고 설명한다.

내 이야기에는 단지 유전적 소인만 얽혀 있지 않다. 내 이야기는 어린 시절의 트라우마에 관한 이야기이기도 하다. 이 부분을 이해하려면 우리 어머니를 이해해야 한다.

앤 클래리지는 이집트 카이로에서 태어났다. 앞서 이야기했던 매력적인 레바논 여성 가브리엘과 멋진 남편 해럴드 사이에서 태어난 앤은 레바논에서 10대 시절을 보냈다. 즐거움과 웃음으로 가득한 시절이었을 것이다. 어머니는 부모님이 있는 베이루트를 떠나 영국에서 유학했다. 고향으로 돌아가서 가족과 함께 찍은 사진을 보면 햇살이 내리쬐는 레바논의 해변과 눈 덮인 산이 눈부시게 아름답다. '카지노 드 베이루트'에서 찍은 사진도 있다. 1960년대 스타일 단발머리를 한 어머니는 짧은 시프트 드레스를 입고 샴페인 잔을 든 채 테이블 가장자리에 기대어서 카메라 밖 누군가를 보며 웃고 있다. 어머니의 젊은 시절에는 제임스 본드 시리즈 분위기 이상의 무언가가 있다.

하지만 30대가 되어서 부모님이 전쟁으로 피폐해진 중동에서 탈출하도록 도와야 했던 현실은 분명히 커다란 타격을 주었을 것이다. 레바논 내전이 터졌고, 우리 외할머니와 외할아버지는 모든 것을 잃었다. 외할아버지가 뉴질랜드인이어서 영국행 표를 구할 수 있었고, 두 사람은 영국에 정착했다. 어머니는 1970년대에 다소 황량하고 잿빛이었던 런던에서 아버지를 만났다. 어머니의 이국적 배경은 아버지의 삶에 극명하면서도 매력적인 변화를 가져다주었을 것이다. 어머니는 기업의 고위 임원이자 성공적인 통역사였다. 아버지는 예술가로 활동하면서 당시 유럽 전역에서 급성장하던 초월명상을 실험했다.

어머니는 41세에 나를 임신했다. 10년 동안 아버지와 꽤 파란만장한 관계를 유지하고 난 후였다. 아버지는 이미 약혼을 한 번 깨뜨렸고 갖가지 정신 문제를 겪었다. 그럴 때마다 어머니가 구해줬다고 했다. 어머니는 가정을 꾸리고 싶어 했지만, 아버지는 정신질환 때문에 세상에서 등을 돌렸다.

기숙학교에 관한 첫 기억은 1995년 여름에 처음 방문했을 때다. "아, 전 세계가 다 뒤섞여 있죠." 우리 가족이 어디 출신이냐는 기숙사 보건 선생님의 질문에 어머니가 이렇게 대답했다. 보건 선생님은 어머니의 말을 전혀 이해하지 못했는지 멍한 표정을 지었다. 우리 가족이 겉보기와 다르다는 사실을 깨달은 사람들이 으레 짓는 표정이었다. 나는 내 손을 잡고 있던 아버지를 올려다보았다. 마음이 통한 우리는 미소를 주고받았다.

"가서 오워스 선생님을 찾아볼까요?" 보건 선생님이 말했다. 파란 카디건을 입은 선생님은 곱슬곱슬한 갈색 머리를 단정하게 다듬었고, 새파란 눈으로 사람을 꿰뚫어 볼 듯했으며, 쾌활한 아일랜드 억양으로 말했다. 전형적인 영국 기숙학교 여사감의 모습이었다. 그때까지 크루즈선을 한 번도 타보지 않았지만, 기숙사 건물을 보니 크루즈선이 떠올랐다. 나무와 금속이 어우러진 계단, 타일 바닥, 머리 위의 중이층, 이유는 알 수 없지만 난간에 붙어 있는 배의 타륜. 우리는 나무와 유리로 만든 커다란 문을 여러 차례 통과해서 쪽모이 세공을 한 낡은 마룻바닥이 깔리고 칙칙한 흰색으로 벽을 칠한 복도를 걸어갔다.

워스 스쿨Worth school의 학비는 어머니가 감당할 만한 수준이 아니었다. 하지만 아버지의 병으로부터 나를 보호하고 싶었던 어머니는 기숙학교를 고집했다. 친할머니가 학비를 지원하기로 했다. 나의 어린 시절은 에벌린 워Evelyn Waugh의 소설과 어딘가 닮았다. 몰락하고 퇴색한 가문에서 태어난 아이. 아들에게 지난 시절의 영광을 선물하고 싶지만 그럴 수 없었던 어머니. 아들을 지키는 데 필사적인 어머니의 손에 이끌려 아이가 들어간 상류 사회. 우리 할머니는 가족을 지키는 빅토리아 시대 여가장이자 어린 손주를 돌보는 후원자에 제격이었고, 아버지는 집을 떠난 탕아에 꼭 들어맞았다.

"얘, 넌 반드시 가톨릭 환경에 있어야 해. *우리 같은 사람*들한테 둘러싸여야 한다고." 어머니는 보건 선생님을 뒤따라 복도를 걸어가면서 말했다. 선생님이 들을 수 있도록 *가톨릭*이라는 단어에 조금 더 힘을 실었다. 그리고 *우리 같은 사람*들이라고 할 때는 낮게 말했다. 나로서는 우리가 이 학교 사람들과 너무나 다르다는 생각밖에 들지 않았다.

내 어린 시절을 대표하는 냄새가 있다면, 바로 샤넬 No. 5 향기다. 어머니는 그 향수를 정말 좋아해서 티슈와 동전이 굴러다니는 핸드백에 작은 견본품을 흩뿌려 놓았다가 손목에 향수를 뿌려서 문지르곤 했다. 그날도 나는 어머니 손목에서 찰랑거리는 익숙한 은색 팔찌와 샤넬 향수 냄새를 따라 걸어갔다. 그날처럼 차려입은 어머니가 나는 늘 자랑스럽다. 언제나 기차나 택시 안에서 서둘러 바르는 짙은 빨간 립스틱, 뒤로 넘겨서 고정한 머리, 멋스러운 블레이저 재킷. 어머니는 언어와 문화를 자유자재로 넘나든다. 다른 사람들에게는 언제나 영국적인 면을 내보였다. 하지만 내게는 거의 항상 프랑스어로 말을 걸었다. 그날도 함께 걸어가면서 프랑스어로 짤막하게 훈계했다. "Comporte-toi bien." *얌전하게 굴어.* "Parle comme il faut." *말도 똑바로 하고.* 이렇게 사소한 말 한마디에 사람들은 매번 우리가 어디 출신인지 묻고, 어머니는 히아신스 버킷

(BBC 시트콤 〈키핑 업 어피어런스〉의 등장인물로, 높은 지위를 과시하기 좋아한다—옮긴이)처럼 위풍당당하게 대답한다.

8월이었다. 창문을 지나칠 때마다 큼지막한 마로니에 열매가 보이고, 자그마한 흰 꽃이 바람에 흩날리며, 밝은 햇살 아래서 반투명한 초록색 나뭇잎이 춤췄다. 우리는 밖으로 나가 언덕을 따라 내려가서 본관에 도착했다. 첨탑과 높은 굴뚝, 정면 곳곳에 기묘한 조각상이 솟아 있는 엄숙한 고딕 건물이었다. 테니스장과 학교 소유의 드넓은 숲이 내려다보이는 본관은 분명히 아름다웠다. 하지만 교정의 나머지 부분은 교외에 있는 병원과 비슷했다. 흉측하고 서로 어울리지 않는 건물이 이곳저곳에 흩어져 있는 광경. 벽난로마다 새겨져 있는 교훈("힘을 다하여야 할지어다"). 외풍이 심한 너른 복도. 가을에 학기가 시작되면 아이들이 다시 와서 사용하기를 기다리며 벽에 끝없이 늘어서 있는 후크. 학교는 영화 〈샤이닝〉 속 호텔처럼 유령이 튀어나올 듯한 분위기가 감돌았다(그래도 살인은 일어나지 않을 성싶었다).

오워스 선생님은 사무실에 있었다. 아버지 뒤에 살짝 웅크리고 있던 나를 바라보던 선생님의 따스한 눈빛이 기억난다. "괜찮아, 얘야." 선생님이 말을 걸었다. "부모님과 이야기를 나눠야 하니 여기에 앉아서 문제 몇 개만 풀어볼래?" 선생님의 책상은 책과 서류로 엉망진창이었다. 선생님은 허겁지겁 연필과 종이를 찾아서 몇 가지를 적더니 내 앞 테이블에 올려

놓았다. “자, 여기 있다.” 나는 편안한 베이지색 코듀로이 소파에 몸을 파묻고 시험지를 봤다. 셰익스피어에 관한 문제, 역사 문제, 방정식 문제가 하나씩 있었다. 10분 후, 오워스 선생님이 부모님과 함께 돌아왔다. 내 어깨 너머로 답을 보고는 말했다. “음, 세 문제 중에서 두 개를 맞혔으니 나쁘지 않구나.” 그게 입학시험인 모양이었다. 나는 합격했다. 그 뒤로도 내 수학 실력은 제자리걸음이었다.

학교는 안식처가 되었다. 나는 몇 년 동안 선생님들과 깊은 유대감을 쌓았다. 어머니의 바람대로 선생님들은 부모를 대신하는 존재가 되어주었다. 내가 입학시험을 치르는 동안 밖에 나가 있었던 오워스 선생님과 부모님이 진지한 대화를 나눴다는 사실은 첫날부터 알았다. 어머니는 울었던 것 같았다. 흔한 일이었다. 하지만 어른들이 뭔가 중요한 일을 결정한 듯한 느낌이었다. 기숙학교 입학은 아버지로부터 나를 ‘구하려는’ 어머니의 계획 첫 단계였다는 사실을 이제는 이해한다. 당시에도 나는 집안 사정이 썩 좋지 않다는 사실을 알았다. 아버지는 진짜 아버지라기보다는 어른인 친구에 가까웠다. 아버지는 나와 함께 놀거나 산책하거나 며칠 나들이를 갈 뿐, 일상의 필요를 책임지지 않았다. 아버지와 같이 슈퍼마켓에 가거나 심부름을 해본 기억이 없다. 내가 학교에 들어가던 날 아버지도 곁에 있었지만, 믿음직한 보호자가 아니라 친근한 참관인이었다.

어머니는 복잡하면서도 매력적인 사람이다. 무척 총명하

며 세 개 국어를 유창하게 구사한다. 내가 중동과 여행에 관심을 가진 것도 어머니 덕분이다. 어머니는 유쾌하고 유머 감각도 뛰어나서 거의 누구나 어머니를 만나면 푹 빠진다. 다들 어머니를 보면 에디나 몬순—〈앱솔루틀리 패뷸러스〉에서 제니퍼 손더스가 연기한 화려하고 재미있고 모든 면에서 과한 인물—을 떠올린다. 어느 장면에서 에디나는 오랫동안 고통받아온 딸 새피에게 계단 위에서 소리치다가 딸의 생일을 깜빡했다는 사실을 깨닫는다. "얘, 오늘은 네 생일이 아니라 내 생일이야. 내가 널 낳았잖아! 네가 아이를 낳으면 그날이 네 생일이 될 거라고!" 우리 어머니도 해마다 똑같이 말했다. 하지만 어머니는 내 생일을 절대로 잊지 않았다. 포스터만큼 커다랗고 펼치면 노래가 흘러나오는 생일 카드를 보내곤 했다. 학교 식당에서 울려 퍼지던 노래가 기억난다. 친구들은 어리둥절한 얼굴로 나를 바라보았다. (참고로 나는 어린 시절 내내 〈앱솔루틀리 패뷸러스〉를 보고 또 봤다. 그런데도 어머니가 내 성 정체성을 눈치채지 못했다는 게 여전히 수수께끼다.)

우리 어머니도 모험이라면 사족을 못 썼다. 2011년 아랍의 봄이 벌어졌을 때, 이집트에 살고 있던 어머니는 카이로의 타흐리르 광장에서 최루탄을 맞으며 자유를 요구하던 수천 명과 함께 시위했다. 혼돈이 소용돌이치는 가운데서 손가락으로 평화를 의미하는 V자를 그리며 새로 사귄 친구들과 함께 사진도 찍었다. 이런 면에서 어머니는 예측할 수 없는 사람이었다.

한번은 주말 동안 어머니를 꽤 괜찮은 시골 호텔로 모셔 갔고, 특별히 대접하고 싶어서 미용실에도 보내 드렸다. 내가 미용실로 돌아왔을 때 미용사는 민망하다는 표정으로 내 반응을 살폈다. 미용사가 살짝 미소를 지으며 가리킨 곳을 보니 어머니가 의자를 반 바퀴 빙 돌려서 새로운 콘로우 스타일(옥수수 알갱이를 꿴 것처럼 머리카락을 여러 가닥으로 가늘게 딴 모양—옮긴이)을 자랑했다. 그때 어머니는 70대였다. 당연히 미용실에 있던 모두가 어머니에게 푹 빠졌다. 어머니는 내 교육비에 가진 돈을 거의 다 썼고, 심지어 집까지 팔아서 학자금을 댔다. 나를 위해서라면 지나칠 정도로 아낌이 없는 어머니는 내 행복을 위해 어머니만의 방식으로 헌신했다.

어머니가 억울해하는 데에도 다 이유가 있다는 사실을 잘 안다. 남편 알렉스의 정신건강이 완전히 무너지고 나 혼자서 알렉스의 목숨을 구하려고 애써야 한다면 어떨지 상상조차 할 수 없다. 그런 경험의 트라우마는 어머니의 삶 곳곳에 깊이 스며들어 있는 것 같다. 나는 어머니가 느끼는 분노와 슬픔의 중심이었다. 텔레비전에서 굶주리는 아프리카 사람들을 위한 모금 광고를 함께 본 일이 떠오른다. 3분짜리 광고 영상에서 영양실조에 걸린 아기를 안은 어머니들이 카메라를 올려다보았다. 슬픈 음악이 사라지고 기부를 위한 전화번호가 뜨면 어머니는 한숨을 내쉬고는 나를 보며 말하곤 했다. "뭐, 그래도 저 사람들한테는 서로가 있잖아. 나는 버림받았어." 대학에 다닐 때 며칠 동안 어머니의 전화를 받지 않았더니, 어머니가 경찰에 내가 죽었다고 신고하는 바람에 경찰이 아파트 문을 부수고 들어온 적도 있다. 어머니는 너무나도 외로워했다. 10대 시절, 집에 돌아오면 우리 집에 노숙자들이 있을 때가 많았다. 어느 노숙자는 우리 고양이를 훔쳐 갔다.

이런 이야기는 끝도 없다. 우리 둘의 삶은 서로 깊이 얽혀 있으면서도 완전히 떨어져 있었다. 어머니가 내 삶으로 돌아오려고 발버둥 치면서 우리는 몇 년 동안 쫓고 쫓기는 고양이와 쥐처럼 지냈다. 어머니는 자기 사랑만으로 관계를 유지할 수 있으며 그 외에는 아무것도 중요하지 않다고 믿었다. "나는 네 엄마잖아. 내가 무슨 잘못이든 할 리가 있니." 이것이 어머니의 사고방식이자 끝없이 되뇌는 주문이었다. 어머니는 아들과 안정감, 질서, 평온함이 필요했다. 예나 지금이나 어머니는 나를 향한 사랑과 자부심으로 가득하다. 지금 어머니의 집은 내 사진과 기사로 도배되어 있다. 하지만 우리 관계는 상처투성이다.

"애, 너는 아빠처럼 되면 안 돼." 어머니는 기회가 될 때마다 이 말을 반복했다. 심지어 아버지 앞에서도 그랬다. 어머니가 시킨 대로 쓰레기를 내다 버리지 않거나 차 한 잔 가져다주지 않으면 어김없이 그 말이 나왔다. "애, 너는 정말 아빠처럼 되면 안 돼. 그러면 난 감당 못 할 거야." 늘 분노나 악의에서 터져 나온 말은 아니었지만, 자주 냉정한 태도로 말했다. 어머니는 내가 아버지를 닮지 않게 막는 데, 친가에서 스며 나오는 피치 못할 어둠에서 벗어나게 하는 데 집착했다. "얘, 널 진심으로 사랑할 수 있는 사람은 나뿐이야." 어머니가 내게 시키는 일은 무엇이든—아무리 평범한 일이라도—내가 얼마나 어머니나 아버지를 닮았는지 보여주는 지표였다.

비 내리는 오후에 손이 떨어져 나갈 것 같이 무거운 쇼핑백을 들고 어머니와 함께 노팅힐 아파트의 꼭대기 층까지 터덜터덜 걸어가던 일이 떠오른다. 몇 차례나 계단을 올라야 했다. 휴 그랜트와 줄리아 로버츠의 영화가 나오고 최신 유행 주스바와 관광객이 생기기 전인 1990년대 런던 서부였다. 그때는 요가의 다운독 자세나 아사이볼(아사이로 만든 스무디에 그래놀라나 과일을 얹어서 먹는 음식으로, 슈퍼푸드 다이어트 식단으로 유명하다—옮긴이)을 들어본 사람이 아무도 없었다. 노팅힐은 꽤 삭막한 동네였고, 런던이 지금처럼 화려하지 않았던 시절이었다. 우리 아파트는 웨스트본 그로브에 있는 텍사코 주유소 맞은편이었는데, 어머니가 종종 아래층으로 내려가 주유소 밖에서서 자꾸 자기 개를 발로 차는 마약상과 말다툼하곤 했다.

이 아파트는 아버지가 어머니를 만났을 때 살던 집이었고, 어머니가 결혼 후 들어왔다. 아버지는 다락방을 허물어서 침실과 작은 옥상 테라스를 마련했다. 아파트에는 동양풍 양탄자와 화분, 물려받은 가구가 뒤죽박죽 섞여 있었다. 부모님 둘 다 담배를 피웠고, 반쯤 빈 찻잔이 식탁 위에 끝없이 놓여 있거나 책더미 위에서 위태롭게 균형을 잡고 있었다. 아버지의 실험 작품이 어머니의 다채로운 중동풍 담요와 쿠션과 함께 여기저기에 놓여 있었다. 어머니가 목욕할 때면 복도 끝 욕실에서 BBC 라디오4의 라디오 드라마 〈아처스〉 주제곡이 흘러나오곤 했다. 아래층 침실에는 각양각색 하숙인이 묵었다. 대부분 영어를 거의 못하는 외국인 학생이었다. 누가 어떤 언어를 쓰든 싸움이 터지면 눈치챌 수 있었다. 하숙인끼리 싸울 때마다 나는 예의 바르게 침실로 물러나곤 했던 기억이 난다.

다들 오해는 하지 마시길. 나는 험악한 동네에서 자라지 않았다. 하지만 노팅힐 생활은 때때로 혼란스러웠고 한 치 앞을 알 수 없었다. 부모님의 히피 같은 삶에는 각양각색 인물이 드나들었다. 투츠라는 이웃이 떠오른다. 투츠는 그 당시 나와 키가 비슷해서 150센티미터 정도밖에 되지 않았고, 은회색 머리카락을 짧게 쳤다. 담배를 하도 피운 탓에 원래 하얬을 피부가 훨씬 더 어두운 회색으로 변한 게 아닌가 싶었다. 눈 주변으로는 다크서클도 짙었다. 검은색 옷만 입어서 꼭 오소리처럼 보였다. 흡연 때문에 콜록대는 오소리. 토니—어머니는 뚱뚱한 토니라고 불렀다—도 이웃에 살았다. 토니는 우리 부모님이 갈라서고 나서 아버지 집 건너편으로 이사 왔다. 토니가 나를 안은 채 아주 긴 나무 계단을 타고 우리 집 침실에서 내려가다가 넘어지는 바람에 나까지 나뒹굴었던 일이 토니에 관한 유일한 기억이다.

몇 년 동안은 어머니가 내 세상의 전부인 것 같았다. 아버지와 특이한 동네 사람들은 어머니와 나 둘만의 세상 둘레를 도는 위성이었다. 어머니가 내 행복을 위해서 전적으로 헌신한다는 사실을 잘 알았지만, 그 헌신에는 극도로 의식할 수밖에 없는 신경증적 집착이 깃들어 있었다. 어머니의 별난 행동은 분명히 매력적이었다. 한번은 내가 다니던 초등학교에서 학교 뮤지컬 〈요크 대공〉 공연 때 입을 버킹엄 궁전 근위병 의상을 준비해 달라고 부모님에게 알림장을 보냈다. 공연 의상을 살 여유가 없었던 어머니는 직접 입던 짧은 빨간색 블레이저 재킷과 커다란 검은색 바지, 중고품 가게에서 찾은 나폴레옹 스타일의 거대한 배 모양 군모를 내게 입혔다. "학교에서 말한 옷이 아닌 것 같아요." 내가 당황해서 어머니를 설득하려고 애썼다. "아, 바보 같은 소리하지 마. 너는 최고로 멋질 거야." 할아버지의 전쟁 훈장까지 옷깃에 꽂은 채 무대로 올라가자, 보조 선생님이 깜짝 놀랐다. 하지만 결국 선생님은 빨간색과 검은색 군복을 완벽하게 다림질해서 입은 아이들 가운데로 나를 보냈다. 막이 올랐고, 우연히 요크 대공으로 변한 내가 무대 한가운데에 섰다. 어머니는 객석에서 활짝 웃고 있었다. 다른 아이들과 부모님도 웃음을 감추지 못했지만, 분명히 적잖게 질투하는 사람도 있었을 것이다. 몇 년 후, 내가 학교 크리스마스 연극에서 금을 선물하는 왕(아기 예수에게 황금을 선물한 동방 박사 멜키오르—옮긴이) 역할을 맡았을 때 어머니는 금색 스팽글 장식이 달린 미니드레스를 입혔다. 어머니가 입던 옷이라 옷자락이 바닥에 닿을 정도로 길었다. 디스코 드레스를 입고 아기 예수에게 금을 가져다준 왕은 아마 오늘날까지도 내가 유일할 것이다.

어머니는 나를 보호하는 사자 같았다—지금도 마찬가지다. 하지만 아버지가 돌아가신 후 어머니의 별난 행동은 몹시 불안정한 태도로 바뀌었고, 슬픔은 갈수록 심각해지는 음주로 이어졌다. 주말에는 기숙사에서 집으로 돌아갈 수 있어서 나는 토요일 오후마다 런던행 기차를 타러 갔다. 하지만 기차에 타기 전에 반드시 플랫폼에 있는 공중전화로 집에 전화를 걸었다. 수화기 너머로 혀 꼬부라진 소리가 들려오면, 전화를 끊고 택시 승차장으로 가서 다시 학교로 날 데려다줄 차를 찾았다. 아홉 살이나 열 살부터 이 습관을 들였고 스스로 계획을 세울 만큼 자랄 때까지 이렇게 지냈다. 기숙사 보건 선생님에게 돌아가서 오늘 밤은 사실 기숙사에 머무른다고 말하면, 선생님은 따뜻한 미소를 지으며 양철 비스킷 통을 열고 차를 끓여왔다. 어느새 나는 대가족과 복작복작하게 지내는 친구들에게 끌렸다. 친척 수백 명이 나타나서 온 집이 아수라장으로 변하는 크리스마스 영화에서 볼 법한 가족. 음식과 기쁨, 행복으로 넘쳐흐르는 커다란 집의 포근한 빛을 원했다. 하지만 우리 집에 가면 격렬한 싸움이 자주 벌어졌다.

부엌 싱크대 밑이나 소파 쿠션 뒤에 숨어 있는 와인이나 보드카를 발견하면 화가 치밀었다. 나는 술을 찾아내는 재주를 타고났다. 사냥감을 뒤쫓는 사냥개나 다름없어서 술 냄새가 아무리 희미하더라도 맡을 수 있었다. 어머니는 음주 습관을 숨기려고 갖은 방법을 다 썼지만, 나는 대번에 알아챘다. 어머니 얼굴에 활짝 핀 미소나 평소보다 0.5초 정도 느리게 깜박이는 눈을 보면 알 수 있었다. 내가 10대로 접어들자, 어머니가 술에 취해서 학교에 나타나기 시작했다. 한번은 어머니가 차에서 굴러떨어지더니 기숙사 앞 잔디밭에 쓰러졌다. 열세 살이었던 내가 사감 선생님과 함께 어머니를 건물 안으로 옮겨야 했다. 선생님은 다리를, 나는 팔을 붙잡았다.

에벌린 워의 소설 같은 생활은 끝나지 않았다. 내가 열네 살이 되자 어머니는 좋아하는 프랑스 남부의 문화와 기후에서 새로운 삶을 시작하고 싶다며 니스로 이사했다. "얘, 영국 사람들은 우리를 이해 못 하잖니!" 어머니가 소리쳤다. 하지만 음주는 그 후로도 계속되었고, 내가 명절에만 어머니 집을 방문하면서 우리는 더욱 소원해졌다. 10대 후반, 가족 문제에서 비롯한 온갖 불안과 내가 게이일지도 모른다는 생각 때문에 나는 어머니와 거리를 두기 시작했다. 더 나이가 들어서는 싸움이 시작되면 그냥 집을 나와 친구네로 갔다. 어머니 역시 내가 점점 멀어진다고 느꼈다. 말다툼은 내 열쇠를 놓고 벌이는 몸싸움으로 자주 번졌다. 어머니는 내가 떠나지 못하게 열쇠를 감추곤 했다. 내가 19살일 무렵에 어머니는 영국으로 돌아왔지만, 오갈 데가 없었고 지방 당국에서 마련해준 작은 아파트나 방을 전전했다. 어머니의 거처는 늘 가구와 사진, 자질구레한 물건, 매혹적이었던 삶의 추억으로 가득 차 있었다. 하지만 그 무엇도 점점 멀어져 가는 내 빈자리를 메울 수는 없었다. 이 글을 쓰는 지금, 어머니가 너무나 안쓰럽고 우리가 허비한 시간이 너무나 안타깝다. 어머니는 남편을 잃었고, 아들마저 잃은 느낌이었을 것이다. 어렸던 나는 어머니가 겪은 일을 감당할 수도 없었고 진심으로 이해할 수도 없었다. 내가 아는 것이라고는 아버지가 우리를 떠났고, 이제 어머니는 내게 필요했던 믿음직한 사람이 아니라는 사실뿐이었다.

당시 나는 불확실한 성 정체성 문제와도 씨름하고 있었다. 더 정확히 말하자면, 내가 게이일지도 모르며 이 사실을 숨겨야 한다고 느꼈다. 내 커밍아웃 이야기도 다른 사람들과 크게 다르지 않을 테다. 열여섯 살에 친구 스테퍼니에게 털어놓았다. 우리는 사춘기 이전 아이들처럼 손을 잡거나 하는 식으로 잠시 '데이트'했다. 나는 여드름투성이에 여전히 통통하고 키 작은 애송이였고, 안타깝게도 군복 무늬 플리스 재킷에 집착했다. 그 끔찍한 재킷을 입고 스테퍼니네 집 부엌에 앉아서 흐느끼며 내가 게이인 것 같다고 말했다. 그러면서도 옆방에 있는 스테퍼니 부모님이 듣지 못하게 하려고 애썼다. *게이*라는 말은 쓰지 않았던 것 같다. 너무 위험한 말처럼 느껴졌다. 속마음을 털어놓자니 꼭 범죄를 인정하는 느낌이었다. 스테퍼니는 나와 다르게 나를 함부로 판단하고 비난하지 않기를 바랐다. 그 후로는 다른 사람에게 말을 꺼내기가 너무 힘들었고, 몇 년 동안 성 정체성을 억누르며 애써 무시했다. (참고로 스테퍼니는 나를 함부로 판단하지 않았고 아주 가까운 친구로 남았다. 세월이 흐르고 나는 스테퍼니의 결혼식에서 성경을 낭독했다.)

마침내 성 정체성을 받아들이기까지는 몇 단계를 거쳐야 했다. 처음에는 그저 이성애자인 척하면서 결혼하고 아이를 낳고 전부 잊고 살아가면 된다고 생각했다. 시간이 지나면서 그럴 수는 없다는 사실을 깨달았고, 독신으로 살면서 누구도 만나지 않으면 된다고 믿었다. 침묵 속에서 고통스럽게 살아가리라고 생각했다. 대학교에 들어가서 첫 주가 지날 무렵에도 나는 여전히 비밀을 지켰다. 하지만 '여자 친구'에게는 어쩔 수 없이 고백해야만 했다. 개학 첫 주 어느 날 저녁에 여자 친구가 정말로 내 침대에 누워 있었기 때문이다. 에밀리라는 그 애는 내가 고등학교를 졸업하고 대학교에 들어가기 전 1년 동안 중국에서 지낼 때 만났다. 쓰촨성에서 영어를 가르쳤던 그 해는 황홀했다. 학생 때 '데이트'했던 모든 여자 친구처럼 에밀리도 눈부시게 예뻤다. 나는 사람들이 내 성 정체성을 아직 모르더라도 내가 데이트하려고 했던 여자애들을 보기만 하면 바로 눈치챌 수 있다고 생각했다. 나는 언제나 가장 매력적인 여자애들과 데이트하려고 했다. 게다가 에밀리는 똑똑하고 재능도 넘쳤다. 하지만 그날 저녁, 나는 어둠 속의 싱글 침대에 에밀리와 나란히 누워서 겁에 질린 채 천장만 바라봤다. 땀을 뻘뻘 흘리며 잡담을 최대한 오랫동안 이어가려고 애썼던 기억이 난다. 피할 수 없는 일을 내내 미루고 있던 것 같은 기분이었다. 여러분이 무슨 생각을 하는지 안다—*에밀리는 참 운도 좋지!*.

결국 벌떡 일어나서 방구석에 있는 세면대로 가 얼굴을 씻었다. 헛소리도 계속 늘어놓았다. 무슨 말을 했는지는 기억나지 않는다. 세면대에 머리를 파묻고 횡설수설 지껄이다가 끝내 사실을 털어놓았다. "… 그때 내가 게이란 걸 깨달았어." 방에 내려앉은 침묵이 너무 무거워서 귀가 먹먹해지는 느낌이었다.

"뭐?" 에밀리가 반신반의하며 대답했다. 내 말을 듣지 못했거나, 들었어도 한 번 더 들어야겠다고 생각했을 것이다. 저지르고 났더니 두 번째는 더 수월했다. 마치 그 단어가 공중에 떠 있어서 에밀리 쪽으로 밀어서 보내기만 하면 될 것 같았다. "나 게이인가 봐." 내가 다시 말했다. 너무 어두워서 에밀리의 반응을 볼 수 없었지만, 확실히 충격에 빠진 듯했다. 지금 돌이켜보면, 당황스럽고 멍했을 것이다. 잘 모르겠다. 지금도 여전히 미안하다. 고맙게도 에밀리는 화내거나 속상해하지 않았다. 우리는 잠들 때까지 계속 이야기를 나누었던 것 같다. 몇 년 후에 에밀리를 한 번 더 보았지만, 결국에는 연락이 끊겼다. 에밀리, 지금 어디에 있는지 모르겠지만 친절하게 대해줘서 고마워.

대학교 1학년 때 세이라는 친구에게도 어렵사리 털어놓았다. 변함없이 다정한 세이는 그때 내게 필요한 친구였다. 나는 세이가 눈치챘다는 사실을 알았다. 하지만 세이는 내가 곤란해할까 봐 직접 물어보지 않았다. 그 대신 나를 좋아하는 여자애들 이야기를 거푸 꺼내며 어떻게 할 생각인지 물었다. 성가시지만 정 많은 누나처럼 내가 고백할 때까지 쿡쿡 찔렀다. 세이에게 털어놓고 나서 커다란 안도감을 느꼈고, 사실을 아는 대학 친구가 적어도 한 명은 된다는 것만으로도 몇 년을 버틸 수 있었다. 세이는 나를 있는 그대로 받아들였고, 지금까지도 소중한 친구다. 방금도 세이는 유로비전 송 콘테스트에 데려가 달라는 메시지를 보냈다. 거절도, 그 어떤 변명도 받아들이지 않겠다는 말도 덧붙였다.

결국 스물네 살이 되어서야 어머니에게 진실을 알리는 이메일을 썼다. 뭐라고 썼는지 궁금해서 이메일을 찾아봤지만, 도무지 찾을 수 없었다. 직접 찾아가거나 전화를 걸기보다는 글로 전부 설명하고 싶었다. 무엇보다도 싸움이나 눈물, 멜로드라마 같은 호들갑은 피하고 싶었다. 게다가 여전히 부끄러웠고, 이메일을 쓰면 틀림없이 실망감으로 가득할 어머니의 얼굴을 보지 않을 수 있다고 생각했다. 또 단어를 잘 골라서 쓰면 어머니가 내 이야기를 온전히 이해하리라고 믿었다. "얘, 아마 양성애자겠지." 어머니는 이렇게 반응했다. "잠깐 그러다 말겠지! 다 괜찮아질 거야." 레즈비언과 결혼하라고 제안한 적도 있었던 것 같다. 어머니가 곧바로 이해해줄지도 모른다고 희망을 품었지만, 그렇지는 않았다. 하지만 어머니의 반응 때문에 속상했던 기억은 없다. 사실, 이미 예상했던 것 같다. 다행히도 어머니는 내 성 정체성을 받아들였고, 나는 알렉스와 결혼할 때 어머니와 팔짱을 끼고 당당하게 식장에 들어섰다.

살면서 중요한 순간마다—고등학교를 졸업할 때, 대학 입학 전 중국에서 생활할 때, 대학교에 들어갈 때—더 많은 사람에게 사실을 이야기하겠다고 다짐했지만, 차마 그럴 수 없었다. 결국 사람들과 나누는 대화가 전부 거짓말처럼 느껴졌다. 연애에 관해서 이야기할 때든 내가 게이가 아니라고 확실하게 부인할 때든, 우유를 사거나 날씨에 관한 잡담을 주고받는 등 단순한 일을 할 때든, 나 자신이 아닌 것 같았고 세상에 진정한 내 모습을 보여주지 못하는 것 같았다. 내가 진짜 사람이 아닌 기분이었다. 다른 사람들보다 '못하다'라는 느낌, 사실상 무가치하다는 느낌은 당연히 정신건강 위기로 가는 지름길이다.

LGBTQ+ 공동체의 구성원은 정신질환을 경험할 가능성이 더 높다. 스톤월Stonewall(영국의 성 소수자 권리 자선 단체—옮긴이)의 2018년 연구에 따르면, LGBTQ+ 응답자의 절반 이상이 전년도에 우울증을 경험했다고 응답했다. 18세에서 24세 사이의 여덟 명 가운데 한 명은 자살을 생각해본 적이 있고, 일곱 명 중 한 명은 차별을 걱정해서 도움을 받지 않았다. 더욱이 얼마 전까지만 해도《정신질환 진단 및 통계 편람》은 동성애를 장애로 분류했다. 영국은 1967년에 동성애가 범죄가 아니라고 규정했고 2013년에 동성 간 결혼을 허용하는 혼인법이 통과되어서—적어도 정치적으로는—동성애를 흔쾌히 받아들이는 곳으로 바뀐 듯하다. 하지만 미국에서는 동성애자 권리가 여성의 생식 건강이나 회복할 가망이 없는 환자의 죽을 권리와 마찬가지로 논쟁을 불러일으키는 사회 문제다. 게이나 레즈비언, 성전환자 등 이상적인 이성애 규범에서 벗어나는 정체성을 지니는 것이 어렵거나 불법인 곳도 많다.

법적 환경이 어떻든, 친구와 가족이 얼마나 너그럽게 받아들이든, 동성애자는 이성애자를 위해 만들어진 세상에서 자기만의 자리를 만들어내야 한다. 영화부터 광고, 공공장소까지, 성장하면서 보고 듣고 읽는 전부가 우리를 배제한다. 가족과 관계가 어떻든 간에 가족에게 자신의 성적 지향을 숨기면 혼자서 벽장에 갇혀 비밀을 감추는 느낌이 든다. 친구들과 '선택한 가족'에게 솔직하게 터놓고 행복하게 산다고 해도 마찬가지다.

나는 언론인이자 외신 기자라는 내 직업이 힘겨운 가정생활과 게이라는 사실에서 벗어나려고 노력하다가 만든 습관의 산물이라고 생각한다. 나는 남달리 이른 나이에 독립했고, 내 스스로 문제를 해결하는 능력을 키웠다. 언론인이든 아니든,

다른 게이들도 대체로 마찬가지일 것이다. 몇 년 전, 브루노 베텔하임Bruno Bettelheim의 《옛이야기의 매력*The Uses of Enchantment*》을 읽었다. 이 책은 유명한 옛이야기의 의미를 분석하고, 특정 동화가 어린이에게 어떤 의미인지 설명한다. 어머니에게 그 책을 드렸더니 용어집을 휙휙 넘기면서 라푼젤 항목을 찾던 모습이 기억난다. 라푼젤은 탑 꼭대기에 갇혀 살다가 사랑하는 사람에게 긴 머리카락을 밧줄처럼 내려주어서 구조된다. 나는 어렸을 때 라푼젤 이야기를 가장 좋아했다. "탈출하고 싶은 강렬한 욕망." 어머니가 책 내용을 잠시 훑어보고 말했다. "매력적이야." 그러고는 내게 다시 책을 건넸다. 정말이었다. 나는 탈출하고 싶었고, 그 욕망은 대개 성 정체성과 관련 있었다.

탈출하고 싶다는 욕망이 나를 알렉스에게 이끌었다. 어릴 적에는 가족이 거의 없다고 느꼈지만, 알렉스와 함께 새로운 가족을 꾸릴 수 있어서 정말로 행복하다. 우리는 2016년 말에 틴더Tinder 앱으로 만났다. 그때 나는 서른, 게이에게는 은퇴 연령이나 다름없는 나이였고 데이트 앱이라는 앱은 휴대 전화에 모조리 깔아놓았다. *정말로* 연애가 간절했다. 알렉스와 몇 주 동안 온라인 채팅을 주고받다가 마침내 직접 만났다. 내가 다니는 헬스장 옆 카페에서 만나자고 하고 운동복 차림으로 나갔다. 데이트 때문에 운동을 빼먹을 생각은 없었다! 다행히 알렉스는 크게 개의치 않았다. 내가 ABC에서 일을 시작할 무렵이었는데, 우리 둘 다 이 연애가 어떤 의미인지 금방 깨달았다. 우리 연애는 끝없는 타협이었고, 나보다 알렉스가 더 많이 양보해야 했다. 직장에서 전화가 오고, 데이트 직전에 급하게 공항으로 달려가는 바람에 계획을 망치면 짜증스럽다. 하지만 더 괴로운 쪽은 상대방이다. 생활이 완전히 뒤바뀌었는데, 아무런 보상도, 신나는 출장도, 만족스러운 경력도 없다. 하지만 알렉스는 그저 전화 옆에 앉아서 나를 기다리지 않았다. 자기만의 커리어를 쌓으며 충만하고 신나는 삶을 살았다. 이는—바라건대—우리가 대등한 동반자이고 서로를 존중한다는 의미다.

아주 간단히 말해서 알렉스는 내 인생에서 가장 좋은 사람이다. 나는 나와 비슷한 사람을 만난다고 해서 건강한 관계가 되지 않는다는 사실을 배웠다. 많은 사람이 이런 함정에 빠지는 것 같다. 자기방어 때문인지 자기와 꼭 닮은 사람을 찾는다. 나도 한동안 그랬다. 하지만 알렉스는 내게 없는 것을 전부 가지고 있다. 꼼꼼한 완벽주의자이고, 가족과 의무에 온전히 헌신한다. 절대로 양심을 속이지 않으며, 옳고 그름을 분명하게 구분할 줄도 안다. 알렉스보다 더 나은 사람이 있을까. 팀을 이루고 함께한다는 것이 어떤 의미인지 잘 알고, 내게 매번 외동아이처럼 굴지 말라고 일깨워준다(내가 그 말을 항상 기억하지는 않지만). 알렉스는 나보다 인내심이 훨씬 더 강하다. 우리 어머니와 관련된 일이라면 특히나 그랬다. 몇 년 전, 어머니에게 전화해서 알렉스에게 청혼을 받았다고 알렸다. "이미 몇 년 전부터 내 꿈이 무너질 줄 알았어." 어머니가 날카롭게 대답했다. 나는 알렉스에게 전화를 건넸다. 알렉스는 다정한 마음과 따뜻한 말로 어머니의 마음을 녹였다.

내 삶에서 전부 잘못되어 가고 있다고 느꼈을 때 알렉스는 선한 힘을 발휘했다. 알렉스의 건강한 정신과 균형감, 침착함은 히스테리 가득한 어린 시절을 보낸 내게 필요한 활력소였다. 내 성장 환경은 이 책을 쓰고 싶었던 커다란 이유다. 오래전부터 내가 아버지 쪽에서 '저주'를 물려받았는지, 아울러 어머니 쪽에서도 진단받지 않은 정신건강 문제가 유전되었는지 궁금했다. 게다가 어린 시절의 경험이 지속적인 영향을 미치면서 두 유전이 더욱 심화했을지도 알고 싶었다. 베셀 반 데어 콜크는 생애 초기 스트레스Early Life Stress(이하 ELS)를 연구한다. 이 용어는 아동기와 청소년기에 학대나 부모의 이혼, 방치 등으로 경험하는 다양한 트라우마를 포괄한다. 1990년대 후반에는 18세 미만 아동이 겪으면 트라우마를 얻을 가능성이 있는 사건을 정의하고자 아동기 부정적 경험Adverse Childhood Experiences(이하 ACE)이라는 용어가 만들어졌다. 여기에는 부모의 약물 사용과 가족 구성원의 수감, 부모의 자살, 가정 폭력, 정신질환을 앓는 부모 등이 포함된다.

ACE를 경험한 사람은 신체적, 정신적 건강 문제에 더 취약해진다. ACE를 네 항목 이상 경험한 사람은 ACE를 전혀 경험하지 않은 사람에 비해 알코올과 약물 모두를 포함하는 물질사용장애substance use disorder와 우울증, 자살 시도를 겪고 자기 건강 상태를 낮게 평가할 위험이 더 크다. 2010년에 발표된 미국의 국가 동반질병 조사National Comorbidity Survey(동반질병은 서로 관계없는 질환이 동시에 수반되는 증상을 가리킨다—옮긴이)에 따르면, 어린 시절의 부정적인 경험은 정신질환의 최대 1/3과 관련 있으며, 아동기에 발병하는 질환일 경우 그 비율이 훨씬 더 높다(44.6%). 더 구체적으로 살펴보면, ELS가 성인기 우울증의 명확한 예측 인자라고 확실하게 알려주는 증거가 있다. ELS 경험이 있는 성인은 없는 성인에 비해 더 심각한 우울증 경과와 더 길고 빈번한 우울 삽화, 조기 발병, 정신증 증상, 자살 시도의 위험이 더 크다.

과학계는 이런 경향을 관찰하는 것을 넘어서 우리가 트라우마를 경험할 때 뇌의 생명 작용에 무슨 일이 *발생하는지* 이해하려고 한다. 노벨 의학·생리학상을 받은 에릭 캔들Eric Kandel은 어린 시절 트라우마의 영향이 기억과 밀접하게 연관된다는 사실을 증명했다. "기억의 구속력이 없다면 경험은 삶의 순간만큼이나 많은 조각으로 쪼개질 것이다. 기억을 통한 정신적 시간 여행이 없다면 우리 자신의 개인적 역사를 인식할 수 없을 것이고, 우리 삶의 찬란한 이정표가 되는 기쁨을 기억할 방법도 없을 것이다. 우리가 배우고 기억하는 것이 우리를 만든다."

캔들의 연구를 뒷받침한 H. M. 환자의 사례는 신경과학 역사상 가장 유명한 사례로 꼽힌다. 수십 년 동안 머리글자로만 알려졌던 환자의 본명은 헨리 몰래슨Henry Molaison이다. 일곱 살 때 자전거에 치여서 쓰러진 몰래슨은 열 살 때부터 발작을 일으켰다. 병세가 너무 심각해지자, 27세에 뇌의 해마 부위 일부를 제거했다—1950년대에는 간질을 이렇게 치료했다. 그 결과 몰래슨은 기억을 잃었다. 정확히 말하자면, 단기 기억 형성 능력을 잃었다.

몰래슨은 수십 년 동안 신경과학자 브렌다 밀너Brenda Milner의 연구 대상으로 지냈다. 밀너는 몰래슨이 전날 자기를 만났다는 사실은 기억하지 못하지만, 시간이 지나면서 특정 기술을 습득할 수 있다는 사실을 발견했다. 예를 들어서 방금 만난 사람의 이름은 기억하지 못하지만, 별을 그리는 실력은 늘어나는 식이었다. 밀너의 연구는 기억이 다른 인지 및 운동 능력과는 별개의 대뇌 기능이며, 몰래슨이 제거했던 측두엽이 기억에 특히나 중요하다는 사실을 확인했다. 결정적으로 몰래슨 사례는 뇌의 각 부위가 서로 다른 유형의 기억, 즉 단기 기억과 장기 기억뿐만 아니라 서술 기억declarative memory과 비서술 기억nondeclarative memory에 중요하다는 사실을 보여줬다. 서술 기억은 사람과 사건에 관한 명시적 기억이고, 비서술 기억은 기술을 배우고 습관을 들이는 일을 포괄적으로 가리킨다.

밀너와 캔들을 비롯한 학자가 발견한 뇌 부위는 기분 변화와 우울증에 관한 심도 있는 연구의 대상이 되었다. 캔들의 연구는 기억과 학습에서 시냅스synapse가 맡은 핵심 역할에 초점을 맞추었다. 시냅스는 신경세포neuron 사이의 틈으로, 뇌에서 중추신경계를 통해 신체의 다른 부분으로 전달하는 정보를 저장한다. 캔들은 바다달팽이를 연구해서, 바다달팽이가 학습할 때 화학 신호가 세포 사이 시냅스의 구조를 바꾼다는 사실을 밝혀냈다. 반복적인 자극은 신경세포 사이 연결을 강화했다. 신경세포는 반응을 수정하는 법을 학습했고, 결국 움직임은 반사 작용이 되었다. 여러 세대를 거치는 동안 연구진은 이 근본적인 원리를 적용해서 우울증과 다른 정신질환에 대한 더 깊은 통찰력을 얻었다. 현대 뇌 지도 작성 기술 덕분에 정신건강 문제를 겪는 사람은 뇌세포 간 연결성에 변화가 있다는 사실을 확인했다. 따라서 이 연결을 조절하면 증상을 완화하는 데 도움이 될 수 있다. 우울증이 기억에 관한 뇌 부위의 작용을 과도하게 자극해서 기억 기능에 영향을 미칠 가능성이 있다는 증거도 점점 쌓이고 있다. 우리는 기억과 감정을 아주 가까운 곳에 저장한다. 기억과 감정의 관계를 이해하는 일이 정신건강의 핵심이다.

전 BBC 특파원 알렉스 부실은 그가 태어나기 전에 어머니가 조현병을 진단받았다. 알렉스는 사랑이 가득하지만 때때로 혼란스러웠던 가정에서 자랐다. 그와 나 모두 어려서 가정 환경에 영향을 받았다고 할 수 있지만, 알렉스는 지난 경험 덕분에 더 강해졌다고 느낀다. 내가 이 책을 쓰느라 인터뷰했던 다른 사람들과 달리 그의 어머니 모니카는 약을 먹지 않으며 자식들의 세심한 보살핌 속에서 독립적으로 생활한다.

"심각한 정신질환을 잘 아는 사람에게는 제 이야기가 매우 긍정적이죠." 알렉스가 설명했다. "잘 모르는 많은 사람에게는 충격적이거나 당황스럽고요. 사실 엄마는 놀라울 만큼 스스로 잘 대처하고 진정한 지원 네트워크에 도움을 받은 예외 사례예요." 알렉스가 어머니를 얼마나 사랑하는지 분명히 알 수 있었다. 줌Zoom으로 알렉스와 이야기를 나누는 동안, 그는 감정이 북받쳐서 여러 차례 카메라를 끄기도 했다. 어머니를 향한 자부심에 감동한 것 같았다. "우리 엄마를 깊이 사랑하고 존경해요. 엄마는 제 인생에서 가장 강력하고 역동적인 힘일 거예요. 하지만 엄마의 병 때문에 저는 진짜 회복탄력성resilience을 길러야 했어요."

알렉스는 부유한 영국 가정에서 태어나 잉글랜드 남부의 대저택에서 자랐다. 놀랍게도 알렉스의 집은 조지 왕조 시대 정신병원의 일부였다. 알렉스는 어머니가 가족에게 "힘의 원천"이라고 했다. 그의 형과 누나는 10년 먼저 태어나서 전혀 다른 가족처럼 자랐다. "하지만 엄마는 자식을 더 많이 원했어요. 아이들과 병은 살아갈 이유였거든요. 엄마는 오직 두 가지, 사랑하는 자식들과 세상에 관한 음모론에서 살아갈 힘을 얻었어요."

알렉스는 어려서부터 어머니가 남다르다는 사실을 알았다. "우리 가족은 비밀스러운 편이 아니에요. 제가 태어나기 전에 아빠는 형과 누나와 함께 이미 이 일을 겪었죠. 아빠는 1960년대 스키 여행에서 엄마와 사랑에 빠졌대요. 두 사람이 만난 지 얼마 안 되어서 엄마가 조현병을 진단받았어요. 그 전에 자살도 한 번 시도했었고요. 아빠는 엄마가 특별하다는 걸 알았어요. 제가 태어나기 전에 적어도 한두 번은 격리[정신병원 수용]되었죠."

모니카가 앓은 조현병의 특징은—대체로 영국 기득권층을 향한—극심한 편집증과 음모론이었다. "제가 어렸을 때 편집증의 열기가 정말 대단했어요. 엄마에 관한 가장 어린 시절의 긍정적인 기억은 엄마가 아주 강인한 사람이었다는 거예요. 엄마는 카리스마 넘치고, 재미있고, 아빠를 쥐고 흔들곤 했어요. 흥미롭게도 가족이 아닌 다른 사람과 어울릴 때는 태도가 달라졌어요. 꽤 격식을 차렸고, 긴장했고, 심지어는 예민해지기도 했죠. 하지만 가족 안에서는 훌륭했어요. 아주 특이하기도 했고요. 엄마는 덴마크 출신이거든요. 그래서 내가 본 다른 엄마들과는 달랐죠."

하지만 알렉스에게는 전혀 다른 기억도 있었다. "엄마가 매일 저녁 벽에 대고 소리 지르던 모습도 기억나요. 엄마는 자기가 끊임없이 감시당하고 있다고 굳게 믿었어요. 국가 안보에 위협이 된다며 MI5가 감시한다고 했죠. 말도 안 되는 소리죠. 하지만 네댓 살에는 그런 걸 몰라요."

"엄마는 살해당할 것 같으니까 뭔가 조치를 해 달라고 하원 의원들에게 편지를 쓰곤 했어요. 자동차 번호판도 감시했어요. 번호판에서 정보를 읽어냈고요. 그래서 엄마가 운전 중에 의심스러운 번호판을 보면 문제가 터지곤 했어요. 식사 시간은 항상 힘들었죠. 특히 외식할 때요. 엄마는 공공장소에서 가만히 앉아 있지 못하거든요. 게다가 음식이 신경을 건드려요. 엄마는 음식이 빨리 나오지 않으면 뭔가 잘못됐다고 생각해서 몹시 흥분하죠. 가까운 가족에게 '음모'에 가담했다며 자주 비난했어요."

알렉스는 쉽게 친구를 사귀었지만, 더 깊은 관계를 맺기가 힘들었다고 했다. 이런 문제를 털어놓으면서 감정이 울컥했다. "가끔은 우정을 키워 나가는 게 힘겨웠어요. 엄마는 주변 사람들, 특히 가족이 떠나가게 만들거든요." 알렉스는 학교에서 친구를 사귀고 놀이 약속을 잡곤 했다. 그런데 알렉스의 어머니가 아들의 새 친구, 또 그 친구의 가족에게 자기가 아는 사악한 음모나 다른 편집증적 생각에 관한 '진실'을 알려야 한다고 집착했다. 어머니는 카세트테이프에 자기 생각을 녹음한 다음, 차를 몰고 가서 아들의 친구를 데리고 온 부모들에게 들려주곤 했다.

나는 이 모든 일이 어떤 영향을 미친 것 같은지 물었다. 알렉스도 나처럼 다른 아이들은 절대 행동하지 않을 방식으로 어머니를 관리해야 한다는 생각에 일종의 부모 역할을 맡아야 했다. “아빠는 엄마가 남다르니까 도움이 더 많이 필요하다면서 우리를 정말 잘 가르쳐줬어요.” 알렉스는 어려서부터 엄마를 ‘고치려는’ 본능이 있었던 듯하다. “아주 어렸을 때 일인데요. 반짝거리는 표면에 관한 엄마의 편집증에 조심스럽게 반박했어요. 온 집 안을 돌아다니면서 온갖 카세트테이프와 반짝이는 테이프 헤드를 가리켰죠. ‘엄마, 이것 좀 봐요.’ 그러면서요. 다섯 살인가 여섯 살에는 카세트테이프를 뜯어서 보여준 적도 있어요. ‘여기에는 도청 장치가 없어요.’ 소용없었죠. 엄마를 이해시킬 방법이 없다고 처음 직감했어요. 그래도 엄마를 돕고 관리할 방법이 있다는 걸 배웠어요. 또 엄마는 평소와 다르게 변할 때를 정확하게 알아차리는 통찰력도 있었고요.”

“이끼로 덮인 표면은 아직도 골칫거리예요. 엄마는 그게 ‘생각의 먼지’라고 생각하거든요. 지금도 엄마가 집 지붕에 이끼가 낀 것 같다고 하면 우리 남매가 임시로 보호 장비를 만들어 입고 올라가서 구석구석 닦아내야 해요. 그렇게 엄마를 돕기로 우리가 정했어요. 그래야 엄마가 격리[정신병원 수용]당하지 않죠. 우리 가족이 엄마를 도우려고 어떻게 노력하는지 이제는 감이 올 거예요. 엄마한테 권한을 무제한으로 주는 건 아니에요. 엄마를 격리[정신병원 수용]하기 직전까지 간 적도 있고요. 어쨌든 우리가 힘을 모아서 엄마한테 권한을 많이 주는 방식이 특이할지도 모르겠네요."

알렉스와 대화하면서 알렉스네 남매가 어머니를 돌봐야 한다는 도전을 받아들이고 어머니가 가능한 한 충만하고 독립적으로 살 수 있도록 돕는 모습에 감동했다. 자식들이 어머니가 쓰러질 때 필요한 안전그물이 되어주다니, 마음이 뭉클했다. 이들 모두 가정과 직장이 있지만, 사실상 모니카를 치료하는 약이 되었다. 나는 이런 상황이 어머니의 음모론을 부추기거나 증상을 악화할까 봐 걱정스럽지는 않은지 물었다. 알렉스는 어머니가 20년 전에 항정신병 약물을 썼는데 그 경험이 '끔찍했다'라고 말했다. "약이 효과 있다는 건 알아요. 그래도 우리 생각일 뿐이지만, 엄마가 약 때문에 너무 큰 대가를 치러야 하는 것 같아서요."

"엄마 처지에서 생각해봤죠. 엄마는 이런 음모론이 진짜라고 진심으로 믿어요. 그러면서도 두려움과 분노, 그 모든 감정을 그렇게 잘 다스릴 수 있다는 게 정말 놀랍죠. 이건 엄마의 능력을 보여주는 증거예요." 알렉스의 어머니를 주로 돌보던 아버지는 2년 전에 루이소체 치매Lewy body dementia로 돌아가셨다. "아빠는 4년 동안 상태가 악화하더니 망상과 환각 증세를 보이기 시작했어요. 엄마가 '돌봄을 받던' 사람에서 돌보는 사람으로 바뀌던 순간은 감동적이었어요. 우리가 정말 걱정했는데 엄마는 괜찮았어요. 엄마가 스스로 병을 잘 관리해서 진심으로 감사하죠."

모니카에게 자녀가 얼마나 소중한지, 모니카의 정신건강에 자녀가 얼마나 중요한지 새삼 깨닫는다. 조현병이나 다른 심각한 정신질환을 앓는 사람은 가족과 자녀와 떨어져 지내는 경우가 많다. 알렉스네 가족 구성원은 저마다 처한 상황이 다르고 모니카의 질병도 모니카만의 병이지만, 온 가족이 국가나 의료 서비스의 개입 없이 어머니를 부양할 방법을 찾았다. 알렉스와 이야기를 나누다 보니, 만약 아버지가 내 삶에서 더 많은 역할을 맡았더라면, 또 내가 아버지의 삶에서 더 많은 역할을 맡았더라면 아버지의 상태도 더 잘 관리되었을지 궁금해졌다.

알렉스의 어머니는 5년에 한 번꼴로 어떤 식으로든 위기를 겪는다. 하지만 알렉스는 어머니가 본인의 상태를 진정으로 이해한다고 생각한다. 한번은 모니카가 단식을 결심하더니 40일 동안 음식과 물을 전혀 먹지 않겠다고 했다. 알렉스는 상황이 지나치게 나빠지지 않도록 적어도 영양 스무디라도 마셔야 한다고 실랑이를 벌였다. 알렉스가 수화기를 들고 9번을 두 번 누른 후 한 번 더 누르겠다고 하자(999는 영국의 119다), 모니카는 스무디를 마시겠다고 물러섰다. 이 타협으로 단식이 끝났다. 또 한번은 모니카가 일본의 히로히토 일왕에게서 코펜하겐의 아파트를 한 채 받았다는 생각에 사로잡혔다. "유머로 한 방에 해결했죠. '진짜 말도 안 되잖아요. 그렇죠, 엄마?'

이렇게 말했더니 엄마도 웃으면서 인정했어요." 하지만 망상이 다시 나타났고, 알렉스의 누나가 어머니와 코펜하겐으로 가서 아파트를 찾기로 했다. 물론, 선물받은 아파트는 없었다. 하지만 자식들은 순순히 따랐다. "엄마가 실망해서 우리가 아주 다정하게 달랬죠. 함께 돌아와서 엄마한테 정성을 쏟고 배려하며 지냈어요. 당연히 엄마를 놀리지도 않았고요. 그런데 엄마가 '그래, 너희가 옳았어'라고 하더라고요. 그 이후로 엄마가 비슷한 망상을 겪을 때마다 이 이야기를 꺼냈어요. 그러면 엄마는 '아, 알겠어'라고 하고요. 엄마의 세상에는 정말로 합리적인 면이 있어요. 엄마가 세상을 안전하게 탐험하도록 허락한다면요."

알렉스는 어머니의 병을 극복하는 데 가족이 가장 중요하며, 이 생각이 다음 세대에도 이어져야 한다고 생각한다. 그는 두 아이에게 할머니는 "세상을 다르게, 그리고 매우 생생하게 보지만, 그 세상을 몹시 겁낼 수도 있다"라고 설명했다. 모니카는 정말 멋진 할머니라고 한다. "엄마는 손주들에게 깊이 공감하고, 사랑과 배려를 베풀어요. 아이들과 시간을 보내려 하고요. 엄마는 아이들과 함께하는 게 전혀 힘들지 않거든요. 그래서 서로 정말로 강하고 아름다운 유대감을 쌓았어요."

알렉스는 정신질환을 앓는 사람을 알아가는 일이 얼마나 중요한지 열띠게 이야기했다. "조현병은 꼭 중력 같아요. 뭐든 조현병이라고 불리죠. 그런데 엄마는 성격이 좀 세거든요. 누가 짜증을 돋우면 참지 않죠. 사람들은 '아, 그건 그 여자가 미쳐서 그래'라고 말할 거예요. 아뇨! 성격이 원래 그런 거라고요. 우리 엄마와 시간을 좀 보내면, 어디까지가 엄마의 성격이고 어디부터가 병인지 훨씬 더 잘 이해할 수 있을 거예요."

7. 어머니의 이야기

나는 자식을 맞기 전에 단단히 준비했다. 적을 마주하는 병사처럼 칼집을 차고 정신을 바짝 차리고 날아오는 공격에 대비해 칼을 치켜들 듯이 대비했다. 그렇게 준비해도 부족했다.

— 매들린 밀러Madeline Miller, 《키르케*Circe*》

나는 자라면서 가족에 관해 진지하게 생각하기 시작했고, 왜 우리 가족은 이토록 다르고 문제가 많아 보이는지 고민했다. 내 유년기와 청소년기를 규정하는 감정은 두 가지, 부끄러움과 분노였다. 아버지를 잃었고, 유일하게 내 곁에 남은 사람은 그나마 상태가 좋을 때도 종잡을 수 없었다. 나는 학교 친구들, 겉보기에는 더없이 행복하게 살아가는 친구들과 나를 비교했다. 스키 여행과 모험 가득한 가족 여행과 형제의 생일과 결혼 30주년 이야기를 들었다. 나도 그 전부를 원했다.

친구들과 가까워지면서 친구들의 가족 행사에 초대받아 함께 시간을 보냈고, 휴교일에는 집에 가는 대신 친구 가족과 지냈다. 하지만 슬펐다. 강렬한 색깔과 활동으로 가득한 방 안에서 나는 외로운 흑백 초상화처럼 느껴졌다. 나도 끼어들고 싶었고, 그 사람들의 사랑과 따뜻함을 모두 받아들여서 내 것으로 만들고 싶었다.

요즘 내가 세상에서 가장 좋아하는 장소는 잉글랜드 시골에 있는 알렉스 부모님의 집 소파다. 알렉스네 개들을 무릎에 앉히고 소파에서 십자말풀이를 할 때가 제일 좋다—알렉스네 가족 같은 사람들과 함께할 수 있어서 정말 행운이다. 하지만 여전히 색깔이 다 빠져나가고 온전히 몰입하기 어려운 순간이 찾아온다. 서로 사랑하는 사람들에 둘러싸여 즐겁게 지내다가도 어느 순간 조용한 방에 혼자 몇 시간이고 누워 있고 싶다. 누구나 감정에 압도당할 때가 있다. 누구나 가족에게서 잠시 벗어나고 싶을 때가 있다. 이런 마음은 닫혀 있던 틈이 다시 터지는 것과 같다. 지표면 아래 깊은 곳에서 균열이 생기며 다시 지각판이 쪼개지는 것과 같다. 내가 그 어디에도 진정으로 속해본 적 없고, 살면서 쌓아 올린 것 전부—직장과 인간관계 전부—가 이 균열 위에 놓인 흙덩어리일 뿐인 기분이다. 틈이 벌어지는 순간, 전부 불 속으로 떨어지고 나는 망각 속으로 떠내려간다.

내 마음속 깊은 곳에 아버지가 하염없이, 밤낮으로 앉아 있기 때문이다. 나는 아버지의 고독을 늘 지니고 다닌다. 아버지가 내 뼛속에 자리 잡은 느낌이다. 더 정확히 말하자면 아버지의 고독한 본성이 뼛속에 새겨진 느낌이다. '롱먼 집안의 저주'를 향한 어머니의 끝없는 걱정 때문에 이 느낌은 갈수록 강렬해졌다. 살면서 온갖 파란만장한 일을 겪었지만, 나는 어머니를 사랑한다. 그분은 나의 어머니다. 객관적으로는 어머니의 말이 항상 옳거나 진실하지 않다는 사실을 잘 안다. 하지만 느낌은 다르다. 머리로 알더라도 마음으로는 아예 다른 감정을 느낄 수도 있다. 가족을 향한 사랑이 언제나 이성적이지는 않다. 원래 그렇지 않을까. 그래서 좋든 나쁘든 나는 어머니와, 또 나에 관한 어머니의 의견과 떼려야 뗄 수 없게 얽매여 있다.

이 책 첫머리에서 내가 어머니한테 가슴 아픈 메시지를 받는다고 이야기했다. 나는 몇 년 동안 친구나 동료에게 이런 메시지를 받는다고 털어놓았다. 그럴 때마다 어머니 번호를 차단하라는 조언을 들었다. 메시지를 받고 나서 몇 주나 몇 달 동안 어머니에게 연락하지 않기도 했지만, 어머니의 처지 때문에 죄책감이 쌓여서 결국 차단을 해제했다. 오랜 시간이 지나서야 우리 모자 관계가 정상이 아니라는 사실을 깨달았다. 처음 알렉스의 부모님 집에 갔을 때 부모님과 누나들, 개까지 함께 즐거운 하루를 보냈다. 행복했고 환영받는 기분이었다. 그런데 그날 밤, 알렉스가 내게 말했다. "오늘 우리 가족 앞에서 욕을 좀 했잖아. 화난 건 아닌데, 그러지 않았으면 좋겠어."

그 말을 듣자마자 창피해졌다. 나 자신이 부끄러웠고, 알렉스네 가족과 맺어 나갈 관계를 전부 망친 것 같았다. 사실은 그렇지 않았다. 알렉스는 화나지 않았다. 그저 넘지 말아야 할 선을 알려줬을 뿐이었다. 전에는 신경 써본 적이 한 번도 없었던 선이었다. 우리 어머니와 있을 때는 무엇이든 괜찮았다. 가장 절망적인 상황에 몰린 어머니를 보면서 자주 내가 부모 역할을 해야 한다고 느꼈다. 우리 사이에는 어떤 제한도 없었다. 우리 역할은 정해져 있지 않았다.

어머니와 연을 끊을 것도 아닌데 어떻게 이런 글을 쓸 수 있는지 다들 궁금할 테다. 음, 어머니는 내가 무슨 내용을 썼는지 정확히 알며, 출판 전에 전부 다 보았다. 어머니에게 상처를 주려는 의도는 전혀 없고, 어머니도 잘 안다. 이 글은 내가 살아왔고 기억하는 삶일 뿐이다. 하지만 어머니도 함께한다는 마음에서 아버지를 어떻게 기억하는지, 아버지와 함께 사는 일이 어떤 의미였는지 글을 썼다. 내 37년 인생 동안 어머니가 내게 한 번도 이야기하지 않은 내용이다. 적어도 자리에 앉아서 진지하게 생각하고 의미 있게 설명한 적은 한 번도 없다. 앞서 이 책은 아버지를 재발견하는 과정이 될 것이라고 말했다. 이다음에 나오는 내용은 아버지에 관한 어머니의 기억이다. 내가 일부분 간략하게 줄이기는 했지만, 대체로 어머니의 목소리를 그대로 옮겨놓았다.

네 아버지와 나는 1975년, 내 룸메이트 부모님이 열어주신 사우스켄싱턴의 파티에서 만났어. 다소 수줍음을 탔던—그래도 사교적인—31세의 존은 스위스의 산에서 마하리시와 수도 생활을 마치고 막 돌아온 참이었어. 그이는 껍데기를 깨고 나와서 나에게 춤을 청했어. 그게 전부였지. 우리는 그날 저녁 그이가 10년 동안 그토록 철저하게 포기했던 '평범한 삶'으로 돌아가는 일의 이점에 관해 철학적 이야기를 주고받았어.

우리는 6개월 정도 사귀었어. 기적 같은 운명의 장난으로 나는 메이페어에 있는 광산 회사의 본사에서 통역사로 일하고 있었어. 존은—어머니의 권유로—캠버웰 예술학교의 졸업장을 학사 학위로 바꾸었지. 광고업계라는 크고 험난한 세상뿐만 아니라 더 전문적인—하지만 제한적인—순수 미술 세계에서도 그래픽 디자이너 일자리를 찾을 가능성을 최대한 키우기 위해서였어. 그이는 그럭저럭 괜찮은 공유 아파트의 싱글 침대만 한 작은 방에서 빈털터리 예술가로 행복하게 살았단다! 날렵한 덕분에(몸에는 그림을 묶고 직접 만 담배를 입에 문 채 런던의 교통 체증 속에서 곡예를 부리듯 자전거를 타던 모습을 잊을 수 없어!) 잡다한 캔버스와 책 몇 권 사이에 비좁은 이젤을 세워 놓고 작품에 푹 빠질 수 있었던 것 같아.

우리는 이야기를 많이 주고받았어—언제나 다정하게 의견을 나눴지. 우리 둘 다 '우리가 왜 여기에 있는지' 탐구하는 데 빠져 있었거든. 이렇게 속마음을 털어놓다가 존은 '중요한 질문'에 대한 가톨릭식 접근 방식에 매력을 느꼈어. 수도원의 단선율 성가를 좋아했고, 종교 음악과 향냄새에 마음을 빼앗겼지. 에릭 클랩튼의 매혹적인 기타 연주가 돋보이는 록밴드 크림의 음악을 안 좋아했다는 말은 아니야. 특히 도어스를 좋아했어. 클래식 음악 중에서는 쇼팽을 제일 좋아했고.

네 아버지는 스탠호프 게이트에 있는 사무실로 나를 자주 데리러 왔어. 늘 청바지에 꼭 끼는 블레이저 재킷 차림이었지. 이른 나이에 흰머리가 나서 나이를 감추려고(나이 들어 보인다고 생각했거든) 갈색으로 염색했어. 자기 방향을 찾기도 전에 늙어 버릴까 봐 두려운 마음이 그이를 사로잡았을 거야. 핀스트라이프 정장을 입은 동료 사이에서 그이의 외모는 기분 나쁘지만은 않은 호기심을 불러일으켰어. 직장 동료의 복장 규정은 1970년대 런던 임원의 정장에서 조금도 벗어나지 않았거든. 그이만의 분위기에는 어디에서든 절대로 어색해 보이지 않는 뭔가가 있었지. 어느 날, 그이는 퇴근한 나를 평소와 달리 메이페어의 동네 술집으로 데려갔어.

사람이 많지 않았고, 우리는 창가의 작은 테이블에 앉았어. 느닷없이 그이가 특유의 표정으로 씩 웃더니 이러는 거야. "질문 하나 해도 될까? 나랑 결혼해줄래?"

그 뒤로는 우리 각자의 다문화 배경이 일으킨 열광의 도가니에 휩쓸려 들어갔지. 그이의 부모님은 날아갈 듯 행복해했고, 우리 부모님은 온 대륙의 친척과 친구에게 기쁜 소식을 전했어.

다들 황홀감에 도취한 가운데서 청첩장을 보냈어. 우리는 1978년 9월 켄싱턴의 카르멜회 성당에서 결혼식을 올리기로 했단다. 회사에서는 패널로 아름답게 장식하고 화려하게 천장화를 그린 바로크 양식의 이사회실을 피로연 장소로 흔쾌히 빌려줬어. 회사와 거래하던 케이터링 업체도 미식 만찬을 제공하겠다고 줄을 섰지. 8월 말쯤에는 전부 완벽하게 정리되었어. 양가 모두 들뜬 마음으로 흥겨워했어. 존은—겸손한 예술가였으니까—아버지의 정장을 입기로 했지. 스코틀랜드 출신 할머니가 물려주신 약혼반지는 여왕의 보석상, 그것도 리젠트가의 개러즈Garrards에서 딱 맞게 손질해줬다니까! 우리 부모님은 레바논 내전에서 기적처럼 탈출했고, 결혼식을 올리는 날은 정말 특별한 하루가 될 예정이었어.

그런데 말도 안 되는 충격이 덮쳐왔어. 결혼식 날을 한 달 앞두고 평소 자주 가던 싸구려 식당에서 아무 생각 없이 커피를 마시는데 네 아버지 안색이 갑자기 창백해졌어. 온몸에서 피가 빠져나간 것 같았지. 별안간 나는 평행우주에 처박혔어.

"못 하겠어." 그 사람이 그랬어. "뭘 못 해?" 내가 물었지. "결혼식 취소해." 기억나는 거라곤 그이가 서둘러 나가면서 리놀륨 바닥에 의자가 긁히는 소리뿐이야. 그이는 문을 열면서 불안하게 중얼거렸어. "자기, 친구들 좀 만나러 가. 친구들이 필요할 거야."

내가 커피값을 냈는지 모르겠구나. 아마 냈을 거야. 어쨌든 곧장 친구 둘을 만나러 갔어. 둘 다 의사였고 첫 아이를 밴 상태였지. 네 아버지도 잘 알았고. 당연히 제일 먼저 보러 가야 할 친구였어.

존의 아버지는 크게 상심했어. 그리고 아들이 10년 동안 지나치게 명상에 빠져든 탓이라고 했지. 명상이 "마음을 어지럽히고" 가족을 갈라놓았대. 존의 어머니는 무엇보다도 창피해했고, "돌이킬 수는 없다. 확실히 결혼식을 취소해"라고 냉정하게 말하더구나. 물론, 결혼반지는 돌려보냈어. 롱먼 집안의 가보였으니까.

6년이나 지나서 다시 그 반지를 볼 거라고 상상할 수나 있었겠니?

1980년대 중반 어느 화창한 날, 다정한 편지가 우편으로 도착했어. '존'이라고 서명되어 있었지. "알맞은 남편감을 찾았니? 아직이라면, 이 편지에 답장해줄래? 우리가 함께했던 시간을 생각해봐. 답장하지 않는다면 애석할 거야. 다 지나간 일이야…. 난 좀 성숙해졌어…."

단순히 '남성의 성숙기'를 거친 게 아니더구나. 네 아버지는 제 발로 "'쓰레기통'에 들락날락"했어. 정신과 치료를 그렇게 불렀지. 존의 부모님은 아들이 마하리시와 함께 초월명상을 하더니—용납할 수 없는 반항이라고 여겼지—결혼식 취소라는 당혹스러운 사건까지 저지른 이후로 사실상 아들과 의절했어. 나는 그이의 진심을 보고 더욱 사랑하게 됐어. 게다가 자기 마음과 영혼, 더 중요하게는 목적에 관해 유익하고 의미 있는 과학적 탐구를 계속하려는 결의까지 보여줬잖니.

네 할아버지는 말기 전립선암 때문에 견딜 수 없는 고통과 고립을 겪다가 결국 집 정원에서 총으로 직접 목숨을 끊었어. 그분은 외롭고 예민한 영혼이었어. 하지만 아무도 이 성실한 사람에게 관심을 기울이지 않았지.

그 집 자식들이 어린 시절에 감정 박탈을 겪었다는 건 쉽게 감지할 수 있었어. 네 할아버지네와 교류하는 내내 명백한 사례를 많이 봤거든. 물론, 상처를 치료하지 못했으니까 성인이 되어서 책임을 져야 할 때 피를 엄청나게 쏟을 수밖에 없지.

네 삼촌은 먼저 결혼했는데, 조현병으로 엑서터대학교를 중퇴하고 나서 생계를 유지할 수가 없었어. 그런데도 그 부부는 가족의 돈으로 중산층 수준의 사치를 부리며 편안한 히피족처럼 살았지. 토니 롱먼은 서머싯에 있는 집에서 목공 재능을 마음껏 발휘했어. 집에 넓은 작업용 창고와 푸른 정원을 갖췄고 개까지 두 마리나 길렀어. 학자였던 아내는 그 지역에서 여러 교육 직책을 맡았고. 그 부부는 의료진과 가족의 전폭적인 지원을 받으면서 안정적이고 만족스럽게 살았어.

떠돌이 예술가 존은 정반대였어. 30대 중후반에도 나아갈 방향을 찾으려고 치열하게 노력하는 한편, 여전히 어디로 튈지 모르는 사람이었지. 물감, 연습장, 캔버스처럼 예술 활동과 직접 관련 있는 물건이 아니라면 물질적 필요에는 조금도 마음 쓰지 않았어. 존은 미술의 목적이 절대적 필요가 아니라 장식처럼 보인다며 괴로워했어. 생계 유지가 존재의 모든 세포와 떼려야 뗄 수 없는 관계인 업karma에서 본질적인 부분을 구성해야 한다고 생각했지. 단순히 밥벌이를 위한 '일자리'를 원하는 게 아니었어. 이게 존의 철학에서 핵심이었고, 나 역시 공감했단다. 돈 그 자체로는 만족을 줄 수 없어. 안전한 생활을 보장하면서도 만족을 가져다줄 개인적 활동을 이 세상의 사회적 불가피성과 융합할 방법이 있어야만 했어.

네 아버지는 세속적인 일에 무심했어. 그야말로 운명론적인 태도, 직감과 즉흥성에 의존하는 태도였지. 예를 들어서 그이는 길을 건널 때 주변을 살피지도 않았어.

우리가 헤어져 있던 사이에 물질적인 것들은 변해 있었어. 하지만 우리 마음은 성숙해졌지. 우리는 그렇게 생각했어. 어쨌든 우리는 서로에게 가장 친한 친구였어. 존은 그의 생활 방식과 "치유할 수 없는 정서적 장애"에 지친 착한 영국 여자에게 차였어. 나는 폴란드 신사와 만났지만, '딱 맞는 사람'은 아닌 것 같았고.

햇살이 눈 부셨던 날, 네 아버지가 작은 상자를 들고 우리 집 문간에 나타났어. "네 거야." 내 손에 상자를 조심스럽게 쥐여주며 말했지. 반지였어!

이번에는 우리 부모님이 다니던 이스트본의 가톨릭 성당에서 예정대로 결혼식을 올렸어. 남편을 먼저 떠나보낸 존의 어머니는 다소 실망했지만.

1984년 9월부터 1985년 3월까지 존은 안정적이었어. 무엇보다도 일에 집중했지. 매일 같이 펄펄 끓는 욕조에서 몇 시간씩 고통받다가 창작 활동의 굴에 갇히는 생활을 포기하고 그래픽 디자이너 일자리를 구하기로 했거든. 1985년 5월인가 6월부터 광고 대행사에서 그래픽 디자이너로 일할 예정이었어.

신혼여행은 카이로로 가서 우리 가족을 만났는데, 대성공이었어. 친구와 친척이 우리를 환대하겠다고 닥치는 대로 몰려왔어. 존은 크게 감동했지. 사람들은 입을 모아서 존이 '호감 간다'라고 말했어. 존은 그 호의에 보답하려고 카이로에서 살고 싶다고 했어! 그곳의 분위기를 좋아했거든. 때때로 먼지가 자욱하게 피어오르는 공기 속에서 저 멀리 끊임없이 들려오는 소음. 눈 앞에 펼쳐진 비할 데 없이 푸른 하늘. 짐을 잔뜩 실은 당나귀 냄새와 대조되는 자카란다 나무의 아찔한 향기.

우리는 배를 타고 나일강을 올라갔어. 에어컨을 갖춘 화려한 페리가 아니라 소박한 돛단배였지! 쏟아져 내릴 듯한 사막의 별빛만이 비치는 갑판에서 잤단다(열정적인 배낭 여행객 50명과 함께!). 도시 주변 안락한 녹지대나 엄격한 산속 수도원에서 보호받으며 살았던 이 영국 예술가는 카이로에 홀딱 반했어. 노팅힐에서 파라오의 땅으로 이사해야 했던 걸까? 그랬더라면 우리 삶이 어떻게 달라졌을까?

부담스러운 현대 도시 속 냉혹한 일상의 현실로 돌아가는 일이 처음에는 그다지 두렵지 않았어. 네 아버지는 한동안 그래픽 디자인이라는 참신한 작업을 즐겼고, 주변 사람들에게 잊지 못할 신혼여행 소식을 전하기도 했어. 그러다가 광고업계의 허무함이 슬금슬금 기어들었어. 그이는 실망했지. 감당할 수 없는 실망은 정신을 꺾어놓는 법이야. 뜨거운 목욕은 갈수록 길어졌고, 그이는 일을 그만뒀어.

존은 재능 있는 예술가였지만, 자기를 믿지 못했어. 주도적으로 움직이지도 못했고. 파란만장한 가정 환경 때문에 완벽한 가족을 애타게 바랐고, 특히 예술계라는 혼란스러운 세계에서 완벽한 직업을 갈망했어.

네 아버지는 전부 자기 마음대로 할 수 없다는 생각에 깊이 좌절했어. 트롱프뢰유(실물로 착각할 만큼 정밀하고 생생하게 묘사한 그림—옮긴이) 프레스코화 의뢰를 받아들이라고, 사진을 보면서 초상화를 그려주라고 설득하느라 내 신념과 외교술을 모조리 쏟아부어야 했지. 결국 숨도 못 쉴 만큼 답답한 공기와 무거운 침묵이 우리 집에 내려앉았어. 그러던 중 내가 임신했어. 세상 모든 기쁨 가운데 가장 큰 기쁨, 네가 찾아온 거야. 너는 크리스마스에 태어날 예정이었단다.

인생을 바꿔놓을 사건에 네 아버지는 불안해하지 않고 오히려 몹시 기뻐했어. 우리 둘 다 출산 전 수업에 참석한 초보 부부처럼 순수했지. 그런데 존은 황홀할 만큼 기쁘지는 않았나 봐. 빠르게 부풀어 오르는 마흔 먹은 여자의 배를 안쓰러워하지 않았거든. 내가 직장 앞 버스 정류장으로 데리러 나와 달라고 부탁하자, 그이는 퉁명스럽게 대꾸했어. "자기 어른이잖아, 안 그래?" 존은 남녀 할 것 없이 성인이라면 자기가 선택한 대로 자신을 보호할 수 있다고 생각했어. 핵심은 개인의 선택이었지. 이성, 심지어는 순수한 친절조차 여기에 끼어들지 못했어. 그이는 미묘한 차이를 이해하지 못했어.

당시 영국에서 인간 감정에 관한 담론은 요즘 자유롭게 드러내는 심리적 담론 수준과는 거리가 멀었어. 사실 그런 주제는 거의 터부였어. '정신건강'이라는 말은—특히 상류 사회에서—절대로 입에 올릴 수 없었지. 정신과 관련된 문제는 개인의 일반적인 생리적 치료 대상이 아니었어. 사람들은 신경증 환자 아니면 정신증 환자로 나뉘었어. 신경증 환자라면 약을 먹고 '그냥 넘어가라'라는 말을 들었어. 정신증 환자라면 정신병원에서 진정제를 엄청나게 투여받았고. 이게 바로 존이 '쓰레기통'에 자주 드나들었던 이유이자 슬프게도 존의 삶이 분열된 이유야. 네 아버지는 의료진과 전문가, 관련 업계 종사자가 가장 광범위하게 성격을 탐구한 대상이었어. 신체는 건강해서 다들 오해했지. 의사들조차 끝없이 진화하는 전문 분야의 조악한 지침 탓에 인간 행동을 이해하는 데 애를 먹었어.

임신 기간이 어느 정도 지나자, 네 조용한 아버지는 크게 들떠서 새로운 활력으로 가득해졌단다. 긴장했다거나 아버지가 되는 일이 두렵다는 기색은 전혀 보이지 않았어. 무슨 일에든 적극적으로 참여했고, 심지어 빈틈없는 목공 솜씨로 집을 장식하고 왕자님에게 딱 맞는 아기 침대까지 만들었어. 출산 전 수업은 최고로 재미있었고. 40세 '초임녀'(노산이래! 28세를 넘기면 누구든 노산이랬어!)가 정신이 나갈 듯 걱정하니까 안심시키는 말을 마구 쏟아내더라고. 일상적인 집안일은 언제나처럼 내가 도맡았어. 우리는 다툴 일이 하나도 없었어. 그래서 다툰 적이 한 번도 없었어. 존은 어떤 식으로든 충돌하지 않으려고 했어. 기분을 풀어야 하면 혼자서 근처 홀랜드 공원이나 켄싱턴 가든으로 나가 오랫동안 산책했지.

존은 본디 혼자 있기를 좋아하는 성격이었지만, 네가 태어나고 우리를 둘러싼 행복감에 잘 적응했어. 출산이 임박한 줄 착각해서 병원에 좀 일찍 도착했다가 유도 분만에 들어가는 대신 텅 빈 직원 연회장에서 갓 엄마 아빠가 된 부부들과 크리스마스 파티를 열었어. 과로에도 쾌활한 조산사들은 요정처럼 꾸몄고 산부인과 의사들은 산타클로스처럼 차려입었어. 크리스마스 시즌의 축제 분위기가 사방에 어찌나 가득 퍼졌던지, 놀이공원이 아니라 병원에 있다는 게 믿기지 않았어! 그런데 의료진이 최고의 노력을 기울였지만, 나중에 드러날 네 고집이 내 자궁에서 이미 수습 과정을 시작했더구나! 오늘은 저 미친 사람들과 어울리기 싫어. 넌 딱 이렇게 생각했을 거야.

존이 그러는데, 겸자가 움직이고(조선소에서나 쓰는 견인 밧

줄도!) 지진이 일어나더니 덩치가 크고 아름다운 남자 아기와 "나무뿌리만 한" 태반이 튀어나왔대. 나야 몰랐지. 정신을 잃었거든.

그 피투성이 장면에서 내가 기억하는 거라곤 네 아버지가 "제우시, 제우시"라고 읊조리며(네 별명인 아랍어 '야 누시ya noussi'를 영어식으로 발음한 건데, 내가 가장 좋아하는 애칭이란다) 내 품에 널 안겨준 일이야. 네가 태어나고 세 시간쯤 지났을 때였지. 존은 창백했지만, 경이로움에 휩싸여 온화해 보였어. 내게도 신비로운 경험이었던 출산이 그이에게도 마찬가지였나 봐. 무엇보다도 중요한 건, 그이가 기절하지 않았다는 거야!

얼마 지나지 않아 까탈스러운 아기의 요구를 들어주는 일이 불합리한 경쟁의 장에 들어섰어. 존이 아버지가 된다는 설렘을 느끼지 않아서는 아니었어. 우리 생활 방식이 존의 예상보다 훨씬 더 크게 변했기 때문이었지. 끈질긴 악마가 점차 존의 마음을 갉아먹었고, 결국 그이는 야성이 부르는 소리에 더는 저항하지 못했어.

1987년 2월 어느 날 저녁, 네 아버지는 산책하러 나갔다가 돌아오지 않았어. 우리 고양이 모차르트가 침대 발치에서 수염을 90도로 세우고 경계를 섰지. 밤새도록 네게 자주 수유해야 해서 결국 작은 흑백 텔레비전을 켰단다. BBC에서 영국 해협 여객선 참사를 속보로 전하고 있었어. 벨기에 제브뤼헤 항구에서 출발한 헤럴드 오브 프리 엔터프라이즈호가 차량 적재 갑판의 문을 제대로 닫지 않아서 침몰하고 있었어. 이 참사가 그날 밤 으스스한 평행선을 그리며 전개되던 나의 재앙 사이사이로 끼어들었지. 네 아버지는 어디에서도 보이지 않았어. 다행히 충격 때문에 모유가 마르지는 않았어. 그래서 너만의 미슐랭 스타 레스토랑은 영업을 중단하지 않았고, 너는 태연하게 그날을 즐겼단다.

친구, 병원, 경찰 등 평소에 늘 연락하던 곳에 물었지만, 아무 성과도 없었어. 해가 뜰 무렵이 되어서야 전화를 받았지. 웨스트미들랜즈의 외딴 마을에서 전화가 걸려왔어. "롱먼 부인, 저희가 남편분을 데리고 있어요." 모차르트는 호기심 어린 눈으로 쳐다보고는 하품했지만, 너는 너무 바빠서 반응할 겨를이 없었어. 내 소중한 갓난아기가 지금 벌어지고 있는 드라마에 전혀 동요하지 않는 것 같아 안심했지. 존은 살아 있었지만, 저체온증으로 덜덜 떨고 있었대. 선한 사마리아인들은 존이 따뜻한 물로 목욕할 수 있게 해주고, 갈아입을 옷을 내어오고, 차를 무지막지하게 가져다줬어. 기적 같은 구조였지. 그날 저녁 존은 하이드파크로 걸어가는 대신 차에 올라타서 마히리시 요기의 영국 지부 본부로 차를 몰고 싶은 충동에 사로잡혔어. 본부의 정확한 위치나 그곳까지 가는 방법을 몰랐지만, 그건 중요하지 않았어. 본능이 믿음직하게 안내할 테니까. 눈이 펑펑 쏟아진다고 해도 상관없었어. 가벼운 재킷에 검은색 청바지 차림이었지만, 해진 주머니에 담배 마는 종이와 담뱃잎만 들어 있었지만 상관없었지. 계기판에서 불빛이 나올 텐데, 뭐가 더 필요했겠니?!

역설처럼 들리겠지만, 담배가 정말로 네 아버지의 목숨을 구했단다. 극장에서 집으로 돌아가던 어느 커플이 눈 속에 파묻힌 차 같은 더미에서 작고 깜빡이는 불빛을 발견했거든. 두 사람은 걱정스러워서 살펴봤어. 그 안에 존이 있었고. 얼어붙은 입술에 직접 만 담배를 끼운 채 눈 더미에 갇혀 있었어.

우리 결혼 생활은 벼랑 끝으로 치닫는 것 같았어. 네 아버지는 정상 상태와 갈등하다가 자신의 정력적인 계획에—아주 조금이라도—방해가 된다며 공간을 공유하지 않으려고 하는 데까지 이르렀어. 뜨거운 물 목욕은 점점 더 잦아졌지. 동네를 산책하는 시간은 점점 더 길어졌고. 쇼핑은 원래도 드물었지만, 이제는 아예 의미가 없어졌어. 의료진은 여전히 갈피를 못 잡고 있었어. 1987년에는 휴대 전화가 아직 실험 단계에서 벗어나지 못했거든. 그래서 네 기저귀를 갈아주지 않을 때면 집 전화기 중 하나는 반드시 손에 닿을 거리에 있는지 끊임없이 확인해야 했어. 너와 함께 외출할 때는 빨간색 공중전화 부스가 근처에 있는지 줄곧 확인해야 했고. 신선한 공기에서도 긴장감이 손에 잡힐 듯했어. 다행히 널 애지중지하는 외할머니도 자주 들려주던 프랑스어 자장가면 만사형통이었어. 포토벨로가와 켄싱턴 가든으로 즐겁게 나들이 나갈 때도 구경꾼들이 널 보고 감탄하며 재미있게 놀아줬지. 너는 한 번도 울지 않았어.

그러다가 그이가 자살을 시도했어. 우리는 정기 회의에 참석하듯이 응급실로 갔어. 존은 똑바로 서 있었지. 옷도 전부 입고 있었고, 좀 가라앉은 상태이긴 했어도 의식은 또렷했어. 너는 조개처럼 내 몸에 꼭 붙어 있었단다. 구급대원이 병원 의료진에게 상황을 차분히 설명했어. 갑자기 머리가 핑 돌면서 의식이 흐려지는 느낌이 들더구나. "치명적인 파라세타몰 중독"이라는 말을 들었거든. 약물 효과는 시간이 지나면서 서서히 나타난대. 그래서 네 아버지가 겉으로는 멀쩡해 보였던 거야. 사실은 위독했던 거지. "킹스 병원 간 전문 병동에 연락해서 병상을 찾고 있어요. 여기에는 필요한 시설이 없어서…."

그 순간, 의사의 엄숙한 설명이 허공으로 사라졌어. 내 뇌가 머릿속이 아니라 벽에 투사된 공포 영화 속 어딘가로 철퍼덕 튄 것 같았어. 바로 전날까지만 해도 우리는 행복한 가족 그 자체였거든. 네 아버지는 저녁 식사 손님들한테 작업 중인 초상화를 자랑스럽게 보여줬어. 그러면서 새로운 화풍을 소개한 덕분에 대화가 흥미진진해졌지. 다들 음식도 싹싹 비웠고.

"남편분이 최상의 치료를 받을 수 있게 최선을 다하겠습니다. 간호사에게 차 한 잔 가져다 달라고 하세요. 아기가 참 예쁘네요." 존이 칸막이를 친 병상에 눕자, 다시 귀가 멍해졌어. 존의 손에 곧바로 링거 주삿바늘이 꽂혔어. 위세척만 하면 될 거야. 그렇게 생각했어. 독을 삼키면 그렇게 처리하는 거 아니겠어? 다행히도 너는 내내 즐거웠는지 까르륵거렸어….

전날 밤에 파라세타몰을 과다 복용한 탓에 상황이 복잡하게 꼬였어. 약은 이미 존의 체내에 흡수되어서 간을 공격하고 있었지. 네 아버지의 육체적 고통은 물론이고 정신적 고통도 가늠하기 어려웠어. 그이는 너무 무심해 보였어. 겉으로는 아무런 티도 내지 않으니까 말도 못 하게 걱정스러웠어. 존의 마음속으로 파고들어서 행복을 더럽힌 때를 씻어내고 싶었어. 내가 할 수 있는 일이 뭐라도 있을까?! … 너를 꼭 껴안는데 전부 차츰 흐릿해졌어. 이해가 안 됐어. 네 아버지는 심하게 아픈 것 같지 않았거든.

“왜 그랬어?” 내가 물었어. “저쪽이 어떤지 보고 싶었어.” 존은 마치 점심 식사 때 소금을 건네며 중얼거리듯이 담담하게 대답했어. 그 말은 내 심장에 불로 지진 낙인처럼 남아 있어. 심장이 멈추는 날까지 사라지지 않을 거야.

나는 널 데리고 존의 병상 곁에서 2주 동안 밤을 지새웠어. 존의 상태가 천천히 악화하면서 피부가 점점 누렇게 변하더구나. 소변은 짙은 갈색으로 바뀌었고. 그러다가 소변이 조금씩 옅은 노란색으로 돌아왔어. 수호천사들이 초과 근무를 했고. 보류 중이던 킹스 병원 입원 요청을 취소했고, 시간이 더 지나서 아버지를 집으로 데려왔어. 창백하고 의기소침했지만, 살아 있었지!

언제나 모순적이었던 존은 무책임한 자살 실험이 실패로 돌아간 데 안도했어. 존의 엄격한 식이 요법이 칠판에 적히고, 전화선이 길게 연장되고, 나는 네 아버지가 소중히 여기는 자유를 지켜주면서도 행동거지를 더 철저하게 감시했어. 너는 아무것도 몰랐지. 불행이 넘쳐흐르는 분위기에 갇힌 기분은 한 번도 들지 않았어. 모두가—세심한 우리 어머니도—유머 감각을 잃지 않았지. 네가 어려서 아무것도 기억하지 못하는 게 얼마나 다행이었는지 천국의 모든 성인에게 감사드렸어. 하지만 더는 네 아버지와 함께 살 수 없었어.

"엄마, 엄마. 나도 아빠가 있어요?" 네가 아주 어렸을 때 이렇게 물었잖니. 존이 우리 집을 방문하면 "아기를 품에 안고" 쳐다보기는 했지. 그이는 네 말문이 트일 무렵에야 적극적인 관심을 보였단다. 너는 유치원에 다니기 이전이 어땠는지 기억 못 하겠지만, 너한테도 아빠는 있었단다. 존과 따로 살게 된 건 우리 사이가 나빠졌기 때문이 아니라, 존이 자기 자신과 피비린내 나는 전쟁을 벌이고 있었기 때문이야. 그 사람의 해결책은 "성난 군중에게서 멀리 떨어져" 심각한 부상을 치료하는 거였어. 그렇게 살면 내부에서 파멸적으로 붕괴할 수밖에 없어. 실제로 그런 일이 일어났지. 네가 어렸을 때 '아빠'가 보고 싶다고 끊임없이 졸라댔는데, 그러면 나는 너를 안아 올려서 뽀뽀 세례를 퍼붓고 달랬어. "아가, 너한테도 당연히 아빠가 있지. 아빠는 자주 우리를 보러 와. 하지만 아빠는 화가라서 우리 집을 어지럽히지 않으려고 요 앞에 있는 작업실에서 사는 거야."

가지각색 창의적인 사람들과 상인이 뒤섞인 지역에 살다 보니, 유모차를 밀고 화려한 포토벨로 마켓으로 나가서 존을 찾는 일이 일상이 되었어—그이가 새집에서 나가 버리는 일이 잦았거든. 나는 네 아버지를 지켜야 한다는 책임감을 느꼈어. 다들 존을 내버려두고 내 인생을 살아야 한다고 잔소리했지만, 그 사람들은 현실을 몰랐어. 그 현실을 마주한 나의 책임감도 몰랐고. 답을 찾아 헤매는 존의 탐구에서 나 역시 공범이었고, 그이를 실망하게 할 수는 없었어. 나는 복수심에 불타서 아기를 품은 채 억하심정으로 채소 시장의 쓰레기 더미를 헤치고 다니는 아내가 아니었어. 느긋한 존의 진짜 모습이나 버림받은 아내이자 어머니의 진짜 동기를 아는 사람은 아무도 없었어.

존은 원래 있어야 할 집으로 자기를 돌려보내려는 끈질긴 노력에 응하지 않았어. 그이는 집으로 돌아가고 싶다는 자기 속마음을 깨닫지 못했지. 곁에 없는 아버지를 아들에게 소개하고 싶다는 끝없는 욕망은 '위험'할지도 모를 아버지로부터 아이를 보호해야 한다는 생각을 억눌렀어. 아들을 만나는 건 그 사람의 권리였으니까. 그리고 나는 네 아버지의 명백한 자질을 발굴할 수 있다고 마음속 깊이 확신했어. 존은 4년 동안 정신적 곡예와 반성, 외도를 겪으며 성숙해졌거든. 그러려면 무한한 판단력과 끈기—그리고 무엇보다도—한없고 조건 없는 사랑이 필요했어.

나는 '모성 보호 정책'의 첫 단계, 그러니까 존의 상태가 정상인 것 같을 때만 간헐적으로 만나는 데서 더 나아갈 수 있겠다고 생각했어. 당연히 나는 우리가 함께 살든 아니든 계속 그이의 안녕을 계속 걱정했어. 존과 너의 만남을 내가 절대로 거부하지 않을 걸 존도 잘 알았고. 물론 내가 반드시 곁에 있어야 하겠지만. 색이 저마다 다른 공 여러 개를 저글링하는 건 내 운명일 뿐만 아니라 내 본연의 성격이기도 했지. 문제를 해결해야 한다는 강박 관념, 네 아버지를 '고치겠다는' 결연한 의지. 게다가 나는 가톨릭 혼인 서약을 했잖니. 혼인 무효를 허락받지 않는 한 서약을 깨뜨릴 수 없어. 결혼을 무효로 한다면 네 존재 역시 '무효'가 될 테니, 나는 그러지 않겠다고 마음먹었어. 그래서 과부이자 싱글맘이 된 거야.

나는 강박적으로 웃고 대체로 긍정적으로 지내면서 존과 함께 살던 시절 내 생활을 규정한 침묵과 공포를 가렸어. 하지만 가장 소중한 아들에게 다정한 어머니이자 '아버지'가 되어주려고 각 개인의 창의적인 아이디어는 모조리 훔치고 불확실한 내용이라도 무엇이든 배웠어. 한편으로는 '아이를 키우려면 온 마을이 필요하다'라는 말도 믿었지. 네 시야를 넓혀주고 유익한 경험이라면 마음껏 겪게 해주는 게 내가 가장 열망하는 일이었어. 네 아버지에게 해줬던 것처럼 말이야. 그이 역시 내면에만 쏠려 있던 강렬한 마음의 경계 너머를 발견하도록 내가 이끌어주기를 바랐단다.

존의 본성이 위험한 건 아니었어. 예측 불가능한 면 때문에 위험하게 변한 거지. 그이는 바깥세상에 언제나 신사답고 카리스마 넘치는 모습을 보여줬어. 우리 가족은 존을 좋아했어. 헌신적이고 애정 넘치는 우리 어머니를 제외하면, 초록 눈의 괴물이 영혼을 집어삼켰을 때 그이가 얼마나 '은근하게' 잔인해질 수 있는지 아는 사람은 아무도 없었어. 따분한 일상이 이해할 수 없는 생활에 대한 그의 기대와 오해와 충돌할 때도 그이는 잔인하게 변했어. 이 세상의 다른 사람들은 그런 생활을—완전히 즐겁지는 않더라도—정상으로 여겼는데 말이야.

이 책을 쓰기 전까지는 어머니가 여기에 밝힌 내용을 거의 다 몰랐다. 어머니가 아버지를 어떻게 만났는지, 아버지가 어떻게 청혼했는지 몰랐다. 아버지가 그래픽 디자인과 광고업계에서 일했다는 사실도 몰랐다. 어머니가 출산 후 회복하는 동안 내가 생애 첫 3시간을 아버지와 함께 보냈다는 사실도 몰랐다. 아버지가 자살 시도로 입원했을 때 내가 병원에 같이 있었다는 사실도 몰랐다.

어머니의 글을 읽으면서 아버지를 위한 헌신적인 노력에 깊이 감동했다. 내게 어머니와 아버지는 완전히 다른 두 사람, 서로 정반대인 사람이었다. 아버지는 차분하고, 대체로 내성적이고, 유순했다. 어머니는 성격이 불같고, 감정적이고, 때때로 종잡을 수가 없었다. 그런데 어머니의 글을 읽어보니, 두 사람은 비슷한 철학을 공유하며 굳세게 뭉친 팀이었다. 아버지가 건강했을 때 어머니는 아버지에게 영혼의 단짝이었다. 이제까지 어머니는 고통스러웠다는 말만 했을 뿐, 거의 아무것도 알려주지 않았다. 어머니가 얼마나 힘겨웠을지, 아버지를 얼마나 사랑했는지 이제야 처음으로 깊이 이해한다. 아버지가 어머니를 진심으로 사랑하지 않았다면 왜 그토록 오랜 시간이 지난 후에, '쓰레기통'에 들어갔다가 나온 후에 다시 돌아갔을까? 어머니도 아버지와 같은 마음이 아니었다면 왜 아버지를 도우려고 그토록 많은 시간을 쏟았을까?

아버지의 병이 어머니에게 얼마나 커다란 고통을 안겨주었을지 이제는 알 것 같다. *너도 네 아버지처럼 아프잖아*라는 어머니의 메시지는 아버지의 병 자체가 아니라 어머니의 고통을 가리키는 게 아닐까. 지난 경험의 상처가 너무나 깊어서 어머니의 마음은 온갖 속상함과 슬픔과 실망감에 마치 반사작용처럼 그 시절로 떠밀려 가지 않았을까. 잘 모르겠다. 가족을 찾는 내 모습이 어머니와 너무 닮아서 나 역시 놀랄 때가 있다. 어머니는 언제나 내게 안전하고 좋은 집을 마련해주고 싶어 했다. 내가 학창 시절에 찾던 이상적인 가족을 만들어주기를 바랐다. 어머니도 풍성한 크리스마스 저녁 식탁, 활활 타오르는 벽난로, 행복한 가정을 원했다. 하지만 어머니는 그런 것을 얻지 못했다.

어머니는 얼마나 아버지를 '고치고' 싶었는지 아주 분명하게 이야기했다. 아버지가 '정상적인' 가정생활을 원한다고 확신했다. 하지만 아버지의 진료 기록을 보면 그런 삶은 거의 불가능했다. 어머니는 아버지를 고칠 수 없었다. 그럴 힘이 전혀 없었기 때문이다. 하지만 우리는 누군가를 사랑하면 계속 노력해야만 한다고 느끼는 것 같다. 아버지가 약을 끊었다는 사실을 알아차렸을 때 어머니는 격노했을 것이다. 의료 기록만 봐도 어머니가 아버지 담당 의사와 이야기를 나누며 도움을 받으려고 시간과 에너지를 엄청나게 쏟았다는 걸 알 수 있다. 아버지가 도움받지 않겠다고 했을 때 충격적인 거절로 느껴졌을 것이다.

나는 오랫동안 아버지를 더 자세히 알고 싶어서 속을 태웠다. 아버지를 상상 속의 신비로운 영웅이 아니라 진짜 사람으로 그리고 싶다는 희망으로 이 책을 쓰기 시작했다. 그런데 어머니의 이야기를 읽으면서 나는 어머니도 잘 모르고 있었다는 사실을 깨달았다. 적어도 우리 인생에서 가장 중요한 사건과 어머니가 어떻게 관련되어 있는지는 몰랐다. 그동안 나는 아버지가 어떤 사람이었는지 이해하는 데 온 관심을 쏟았다. 이제는 그 시절에 어머니가 어떤 사람이었는지, 지금은 어떤 사람인지 훨씬 더 명확하게 이해한다.

우리 삶에 스며든 수치심 역시 이 책의 주제다. 자살로 어머니를 잃은 킴과 가족의 수치심에 관해서, 또 시간이 흐르며 우리가 수치심과 맺는 관계에 관해서 이야기를 나누었다. "평범한 가정에서 산다고 생각하며 자라다가 어느 정도 나이가 들면 알게 되죠. '내가 그렇게 평범하지는 않은가 보다.'"

이렇게 깨닫는 순간 깊은 수치심이 밀려든다. 킴은 "멀리 떨어져 있어야 어머니를 사랑하는 게 더 쉽다는 걸 깨달았어요"라고 말했다. 나도 우리 어머니에게 똑같은 감정을 느꼈다. 하지만 부모님을 두고 이런 생각이 들면 벗어날 수 없는 죄책감의 소용돌이에 빠지고 만다. 나는 어머니의 처지가 안타깝고, 어머니를 돕고 싶다. 하지만 어머니가 아버지의 병으로부터 나를 보호하려고 온 힘을 다했던 것처럼, 나도 나 자신을 보호하고 싶어서 마음이 아프다. 어머니의 글을 보면 나를 지키려고 얼마나 노력했는지 분명하게 알 수 있다. 하지만 아버지가 돌아가신 후에도 어머니는 '고치려는' 노력을 그만두지 않았다. 어머니가 고쳐야 할 사람은 내가 아니었을까.

가족 내에서 작용하는 갖가지 심리적 역학을 다루어야 한다면, 이 책은 결코 끝나지 않을 것이다. 알렉스 부실은 남매가 함께 어머니를 돌보는 방식을 설명하며 가족이 정신질환의 어려움을 어떻게 극복할 수 있는지 보여주었다. 미국 앨라배마주 몽고메리 출신의 32세 여성 앨레이나의 사연도 들어보자. 앨레이나는 자기가 양극성장애를 앓는다는 사실을 오랫동안 몰랐다. 그런데 어머니까지 같은 질환을 진단받으면서 전에는 이해할 수 없었던 많은 일이 점점 명확해졌다.

앨레이나는 어려서부터 의학과 심리학에 끌렸다고 한다. 야심 차고 의지가 굳은 그녀는 학창 시절 내내 훌륭한 성적을 거뒀고, 마침내 공공정책학 박사학위를 준비하기 시작했다. 그런데 돌연 삶이 통째로 바뀌었다.

"돌이켜보면, 어릴 때도 증상이 있었지만 알아차리지 못했던 것 같아요. 사회공포증과 우울증 때문에 무척 힘들었죠." 2016년 말에 수면 양상이 급격하게 바뀌었다고 한다. "한숨도 못 잤는데 왠지 모르게 활력이 넘쳤어요. 절대로 지치지 않을 것 같았어요. 교회 활동과 학업에 푹 빠져 살았고 사회생활도 활발했는데, 무엇이든 놓치지 않으려고 안간힘을 쓰며 내달렸죠. 그러다 생각도, 말도 빨라졌어요."

그러던 1월, 심각한 정신병 발작이 마치 지진처럼 찾아왔다. "스위치를 켜고 끄는 것 같았어요. 다른 사람들과 함께 이 세상에 있었는데 어느새 다른 데 가 있었죠. 집에 혼자 있다가 차에 올라탔고, 운전 중에 환영을 봤어요." 편집증이 생겼고 시각과 청각적 망상이 동시에 나타났다. "꼭 꿈을 꾸는 것 같았어요. 애틀랜타 시내에 있었거든요. 어두웠어요. 차를 대고 거리를 걸었던 기억이 나요. 어느 순간 도로 한가운데 있더라고요."

다행히 병원에서 멀지 않은 곳이었고, 어느 병원 직원이 길거리에 있는 앨레이나를 보고 무슨 일인지 눈치챘다. "응급실에 갔다가 정신과 병동으로 옮겼어요. 편집증이 너무 심해서 내가 누군지 말하지 않았어요. 그래서 실종자가 된 거죠. 가족은 내가 어디에 있는지 몰랐어요." 며칠 동안 약을 먹고 나서야 비로소 정신을 차렸다고 한다. 정신과 병동에서 일주일 정도 지낸 후 퇴원해도 좋다고 허락받았다.

"정말 힘들었어요. 집을 옮기고 완전히 새로 시작해야 했죠. 그 일이 부끄러웠어요. 몇 년 동안 아무에게도 말할 수 없었어요. 친구들한테도요. 가족한테는 조금 이야기했지만, 혼자서 틀어박히며 심한 우울증을 앓았어요. 앞으로 어떻게 살아야 할지 몰랐으니까요. 성취하고 성공하고 뛰어난 성과를 내는 데 너무 익숙했거든요. 그때는 박사 과정 생각밖에 없었어요. 실패자가 된 기분이었죠. 무슨 일이 있었는지 말하면 사람들이 내가 미쳤다고 생각할 것 같았어요. 내 일부를 드러내면 나를 다르게 대할 것 같았고요."

그때 앨레이나는 오진을 받았다. 의료진은 스트레스로 인한 발작이며 재발할 우려가 적다고 말했다. 여러 정신건강 전문가를 거친 후에야 양극성장애를 진단받고 알맞은 약을 처방받을 수 있었다. "그 사람은 처음으로 저를 앉혀놓고 병력을 물어봤어요. 딱 맞는 곳에 찾아가서 딱 맞는 사람을 만났죠. 솔직히 안도감이 들었어요. 단순한 스트레스 문제가 아니라는 걸 알았어요. 하지만 전 전문가가 아니잖아요. 사람마다 다르게 생각하겠지만, 나는 나한테 라벨을 붙일 수 있어서 마음이 놓였어요. 이 병에 관해 더 많이 배울 수 있었고, 그러면서 나 자신에 관해서도 더 많이 배웠죠."

앨레이나는 정신병동 경험 덕분에 정신질환의 현실에 눈을 떴다고 한다. "다양한 사람이 있다는 게 가장 흥미로웠죠. 모두가 똑같은 이유로 병원에 오지는 않아요. 필요한 것도 다 다르죠. 우리가 저마다 얼마나 다른지 다들 잘 모르는 것 같아요. 정신병동은 구속복과 족쇄가 전부라고 생각하나 봐요. 전혀 그렇지 않거든요."

그런데 앨레이나의 어머니가 본인 역시 전문가의 도움이 필요하다고 생각했다. "내가 그런 일을 모조리 겪고 나니까 엄마도 자기가 비슷한 증상이 있다는 걸 깨달았어요." 그때까지만 해도 앨레이나의 어머니가 정신질환 증세를 보인다고 의심한 사람은 아무도 없었다. 그저 성격 탓이라고만 생각했다. 앨레이나의 어머니는 더 많이 읽고, 배우고, 심리치료를 받기 시작했다. 결국 모녀 모두 양극성장애를 진단받았다.

2022년, 증상이 두 번째로 발현하면서 앨레이나는 패턴을 깨달았다. 출산 직후에 정신증 증세가 나타나서 다시 입원했다고 한다. 임신으로 몸에 무리가 갔고 스트레스를 받았으며 약도 끊은 상태였다. 앨레이나는 심부름하러 갔다가 집에 돌아와서 남편에게 횡설수설 지껄이기 시작했다. "남편은 이런 걸 한 번도 본 적이 없어서 혼란스러워했죠. 저는 망상에 빠져서 내가 신이라고 생각했어요. 다른 사람이 신이라고 생각할 때도 있었고요. 감정이 온통 뒤죽박죽이었어요. 차분하고 침착하다가도 갑자기 눈물이 쏟아지기도 했죠. 뭔가를 듣거나 생각했던 것 같아요. 그다음에 기억나는 건 응급실 들것에서 깨어났다는 거예요."

앨레이나는 어머니와 사이가 어떤지도 이야기했다. "우리는 정말 가까워요. 정신질환 진단 때문에 더 가까워졌다고 할 수는 없지만, 그 덕분에 많은 걸 이해할 수 있었어요. 어린 시절부터 어른이 된 지금까지 전부요. '아, 알겠어, 이제야 이해가 되네.' 이런 느낌이죠." 요즘 앨레이나는 어머니와 함께 양극성장애를 다루는 블로그를 운영하면서 같은 병을 앓는 사람들이 의견을 나눌 공간을 제공한다. "저는 많이 숨겼어요. 그래도 숨기지 않고 알리는 게 회복하는 데 정말로 큰 도움이 됐어요."

앨레이나와 남편은 둘째를 갖고 싶지만, 첫 임신 때 겪은 정신병psychosis 때문에 주저하고 있다. "이번에는 계획을 더 잘 세워야 할 거예요. 곤란한 게, 임신 중에 복용하면 안 되는 약이 있거든요. 그런 약물의 영향에 관한 연구가 부족해요. 그래서 좀 무섭죠. 재발이 잦을수록 회복하기가 더 어렵다고 들었어요. 그러다가 특발성으로 일어나기도 한대요. 그래서 걱정스러워요." 아울러 질병이 딸에게 유전되지는 않을까 싶어 고민이 많다. "딸이 양극성[장애]을 앓더라도 내가 잘 돌볼 수 있을 거예요. 직접 경험해봤으니까요. 무엇을 살펴봐야 하는지, 딸의 감정을 어떻게 조절해야 하는지 알 수 있을 거예요. 어린 나이에 증세가 나타난다면 극복하도록 도울 수 있을 테고요.”

앨레이나와 대화하다 보니, 아버지가 살아 있었다면 내 우울증에 어떻게 대처했을지 궁금해졌다. 아버지도 나처럼 우울증을 겪었다. 물론 상태가 나와는 달랐고 훨씬 더 심각했지만. 어머니와는 힘든 일을 이야기할 수 없어서 이해심 있게 들어줄 사람이 늘 그리웠다. 아버지를 여의고 나서 어머니는 내게 아낌없이 사랑을 베풀었지만, 그래도 나는 그 시간이 너무나 힘들었다. 당시 상황은 몇 년 후에 찾아온 우울증에 적잖은 영향을 미쳤을 것이다. 그 시간은 이미 유전적 감수성이라는 돌멩이가 꽉 차 있던 내 잼 병에 물을 가득 채웠다. 이후 힘겨운 일이 생길 때마다 병은 넘쳐흐르곤 했다. 앨러스터 캠벨처럼 나도 병 위에 고리를 끼운다면 물을 더 많이 담을 수 있을 것이다. 실제로 그렇게 하고 있다. 운동도 하고, 친구들과 대화도 하고, 삶의 목적을 주는 보람찬 경력을 쌓으려고 노력한다. 하지만 병에 고리를 점점 더 많이 끼워야 한다고 생각하면 섬뜩하다. 물이 차오르는 걸 지켜보면서 넘치지 않도록 새롭고 창의적인 방법을 찾아야 한다. 그 대신 어떻게든 돌멩이를 작게 줄이는 방법은 없을까? 돌멩이가 잼 병에서 차지하는 공간을 줄일 수 있다면 어떨까?

8. 후성유전학

역사는 반복되지 않지만, 운율은 있다.

— 마크 트웨인의 말로 추정

자, 이쯤에서 요약해보자. 우리 아버지는 스스로 목숨을 끊었다. 우리 아버지의 아버지도 스스로 목숨을 끊었다. 나는 어머니와 그렇게 좋은 사이가 아니다. 전망이 썩 밝지는 않다. 안 그런가?

몇몇 일화만 보더라도, 로켓 과학자가 아니어도, 누구나 내 삶이 가끔은 힘들다는 사실을 짐작할 수 있을 테다. 단순히 나쁜 유전자 몇 개와 정신 나간 가족 몇 명 때문이라고 치부할 수는 없다. 유전적 감수성에 관해서는 내가 배운 내용을 앞에서 설명했다. 나의 성장 환경도 이야기했다. 그런데 나는 환경이 생물학적 차원에서 우리에게 어떤 영향을 미치는지, 그에 따른 변화가 유전될 수도 있는지에 관심이 갔다.

네사 캐리Nessa Carey는 《유전자는 네가 한 일을 알고 있다*The Epigenetics Revolution*》에서 '유전' 질병에 관한 지식이 얼마나 빠르게 변하는지 보여준다. 전체 DNA 중에서 눈과 머리카락 색깔 같은 신체 특징을 담당하는 DNA는 2%도 되지 않으며, 이를 제외하면 우리가 물려받는 감정과 행동, 성격 특성을 대부분 담당하는 '정크 DNA'만 남는다. 그런데 이 정크 DNA는 과거 우리 생각보다 훨씬 더 중요하다. 지난 10년 동안 98%나 되는 정크 DNA가 실제로 하는 일을 발견했는데, 내용이 믿기지 않을 만큼 흥미롭다. 이런 연구를 바로 *후성유전학*이라고 한다.

후성유전학을 가리키는 영어 단어 'epigenetics' 중 'epi'는 그리스어에서 유래했으며, *위에*나 *위로*라는 뜻이다. 우리 유전체 '위에' 앉아서 유전자 작용을 제어하는 화학물질이 존재한다는 의미로 쓰였다. 유전자가 우리 시스템의 하드웨어라면, 후성유전학은 소프트웨어다. (조지프 벨란티라는 과학자는 "유전자가 총을 장전하고 후성유전학이 방아쇠를 당긴다"라는 잊지 못할 말을 남겼다.) 네사 캐리는 런던 경찰청에서 법의학자로 범죄 사건을 수사했으며, 복잡한 주제를 대중이 이해하기 쉽게 풀어내는 재능이 탁월하다.

"유전적으로 동일한 두 개체가 측정할 수 있는 어떤 면에서 동일하지 않다면, 후성유전학이 작용한 결과다." 캐리가 설명한다. "환경 변화 때문에 생물학적 결과가 생기고, 사건 자체가 아득한 기억 속으로 사라진 후에도 오랫동안 그 결과가 지속된다면, 후성유전학적 효과가 작용한 것이다."

유전자는 고정되어 평생 변하지 않지만, 후성유전학 수준에서 일어나는 일은 시간이 지나면서 변할 수 있다. DNA의 이중 나선 구조를 다시 떠올려보자. 여러 후성유전학 변화가 이 가닥을 따라서 유전자 스위치를 '켜기'도 하고 '끄기'도 한다. 이런 작용 가운데 하나가 DNA 메틸화DNA methylation다. DNA의 특정 부분에 메틸기methyl chemical group가 붙는 바람에 원래라면 해당 부위에 달라붙어 유전 부호를 읽어야 하는 단백질의 기능이 막히는 현상을 가리킨다. 다시 말해서 메틸기는 신체가 유전자를 '읽는' 것을 방해해서 특정 유전자나 그 유전자의 발현을 억제한다. 히스톤 변형histone modification이라는 후성유전학 변화도 있다. 히스톤은 DNA로 둘러싸인 단백질이다. 히스톤이 DNA 가닥 내에 촘촘하게 뭉쳐 있으면, 그 가닥을 쉽게 읽을 수 없다. 반대로 히스톤이 느슨하게 뭉쳐 있으면, DNA 가닥이 더 많이 노출되어서 쉽게 읽을 수 있다. 히스톤 변형은 DNA 가닥을 조이거나 느슨하게 풀어서 유전자 스위치를 '켜기'도 하고 '끄기'도 한다. 쌍둥이를 연구한 결과, 유전적으로 동일한 두 아기가 자라나며 유전자 발현에서 점점 더 커다란 차이가 생기기도 한다. 시간이 마법을 부려서가 아니라 후성유전학 변화를 겪었기 때문이다. 노화는 DNA 가닥이 펼쳐지며 신체가 더 많은 정보를 읽게 하는 주요 요인으로 꼽힌다.

다시 말해서 나는 아버지와 같은 유전적 소인이나 조현병 위험 인자를 지녔을 수도 있지만, 후성유전학 변화가 그 유전자 스위치를 '껐을' 가능성이 있다. 후성유전학은 전등 불빛의 밝기를 조절하는 디머 스위치와 비슷하다. 아빠의 디머 스위치는 빛이 가장 밝은 쪽으로 돌아가 있었고, 내 스위치는 가장 어두운 쪽으로 돌아가 있는 게 아닐까. 네사 캐리는 셰익스피어의 희곡《로미오와 줄리엣》에 빗대서 이 현상을 설명한다. DNA가 셰익스피어의 대본이라면, 후성유전학은 배우의 대본 해석이다. 배우가 실제 대사를 바꿀 수는 없지만, 그 대사를 표현하는 방식은 바꿀 수 있다.

배우가 대본을 뜻대로 해석한 새로운 버전이 복사되어 전해질 가능성도 있다. 캐리는 배즈 루어먼Baz Luhrmann이 각색한 영화 〈로미오와 줄리엣*Romeo + Juliet*〉을 예로 들었다. 루어먼은 자기가 직접 메모를 달아놓은—예를 들어서 어떤 대사는 속삭여야 하고, 다른 대사는 크게 소리쳐야 한다—대본의 사본을 레오나르도 디카프리오에게 건넨다. 디카프리오는 루어먼의 지시를 더 자세하게 발전시켜서 *본인*이 메모를 추가한 사본을 상대 배우 클레어 데인스에게 준다. 이렇게 같은 대본에 서로 다른 메모와 주석을 단 두 가지 버전이 생겨난다. 이 두 사본을 여러 차례 복사해서 제작진 각자에게 나눠줄 수도 있다. 그러면 제작진은 자기가 받은 복사본에 조명 신호 같은 메모를 또 추가한다. 원래 대본은 바뀌지 않았고 대사는 전부 그대로 남아 있지만, 루어먼의 주석과 디카프리오의 메모, 제작진의 조명 신호가 영화를 바꿀 것이다.

우리 아버지(앞서 말한 예시에서 배즈 루어먼)는 바꿀 수 없는 특정 DNA 부호를 지녔다. 그런데 아버지를 둘러싼 환경이 결정적인 시기에 혹은 발달 초기에 그 부호가 발현되는 방식을 바꾸었을지도 모른다. 무엇이 빛을 밝히는 쪽으로 아버지의 디머 스위치를 돌렸을까? 무엇이 내 스위치를 반대 방향으로 돌렸을까? 이런 질문이 핵심이다.

영국의 정신건강 단체 마인드Mind는 평범한 사람들의 경험을 들으며 과학을 이해하려고 애쓰던 내게 가지각색 사람들을 연결해줬다. 잉글랜드 서리에 사는 28세 올리비아도 마인드를 통해서 만났다. 올리비아 가족의 역사는 여러 세대에 걸쳐 반복되었다. 가족 구성원 각각의 경험에는 배즈 루어먼 감독의 각본처럼 주석이 달렸고, 각 주석은 대본 속 지시문의 효과를 약화하기는커녕 오히려 강조하는 듯했다.

부모님과 올리비아, 여동생으로 이루어진 가족은 올리비아가 열여섯 살 때 부모님의 이혼으로 찢어졌다. 올리비아는 10대 시절에 섭식장애와 우울증을 겪고 대학 시절에 여러 차례 자살을 기도한 끝에 우울증과 경계성인격장애borderline personality disorder를 진단받았다. 경계성인격장애는 영국에서 가장 흔하게 알려진 인격장애이며, 정서 불안, 왜곡된 사고 또는 인식 패턴, 충동적인 행동, 강렬하지만 불안정한 관계가 특징이다. 이 책에서 이제까지 다룬 정신질환은 인격장애와 다르다. 인격장애를 앓으면 성격 특성이 변할 수 없게 굳어버릴 가능성이 있다. 반대로 기분장애mood disorder는 감정 성향의 지속적인 변화나 빈번한 변화를 수반한다. 물론, 인격장애와 기분장애는 겹치는 부분이 많다. 게다가 앞서 살펴보았듯이 수많은 장애나 정신질환은 진단하기 어렵다. 마인드에서는 경계성인격장애를 이렇게 설명한다. “경계성인격장애를 앓으면 감정적 화상을 입은 것과 비슷하다. 나에게는 무엇이든 다른 사람보다 더 아프게 느껴지는 것 같다. 있어야 할 ‘두꺼운 피부’가 나한테는 아예 없다.”

올리비아의 어린 시절은 같은 질환을 앓았던 어머니에게서 커다란 영향을 받았다. “제가 열여섯이나 열일곱이 되어서야 엄마가 병을 진단받았죠. 그래서 제가 자라는 내내 해결되지 않은 정신건강 문제가 많았어요. 엄마가 저를 학대했다고까지는 할 수 없어도 자주 손찌검했던 건 맞아요.” 올리비아의 어머니는 비교적 사소하지만 감당하기 어려워 보이는 일에 예민하게 반응했다. 그럴 때면 버럭 화를 터뜨렸고, 올리비아가 그 화를 고스란히 맞아야 했다. “엄마와 제대로 된 관계를 맺어본 적이 없는 것 같아요.”

“행복한 어린 시절은 아니었죠. 어려서부터 보호자 노릇을 하며 엄마의 폭발적인 행동을 관리해야 했어요.” 올리비아는 자신의 자해와 자살 행동이 대체로 학습의 결과라고 생각한다. "어렸을 때 엄마한테 자주 맞았어요. 가장 충격적이었던 사건은 엄마가 제 목을 졸랐던 거예요. 엄마는 도중에 자기가 무슨 짓을 하고 있는지 깨달았죠." 어머니는 딸을 차에 태우고 정신건강 위기 센터로 갔다고 한다. "아이 목을 졸랐어요. 제발 도와주세요." 하지만 어머니는 아무런 도움도 받지 못했다. 분노 조절 문제가 있다는 말만 들었을 뿐이었다.

너무나도 괴로운 성장기를 보낸 올리비아는 겨우 열두 살에 처음으로 자살을 시도했다. "엄마랑 싸우면 엄마는 화를 참지 못하고 결국 저를 때렸어요. 그냥 아무 생각 없이 약상자에 있는 약을 몽땅 삼켜버렸던 기억이 나요." 올리비아는 부모님에게 무슨 짓을 했는지 끝까지 말하지 않았다. "그 후로 며칠 동안 몸이 너무 아팠어요. 부모님은 제가 유행성 병에 걸린 줄로만 알았죠. 나이가 한참 더 들기 전까지는 제가 무슨 일을 저질렀는지 심각성을 깨닫지 못했던 것 같아요."

올리비아 역시 어머니를 향한 분노와 효심 사이에서 갈등했다. "우리 엄마가 아니었다면 인연을 끊었을 거예요. 사실 꽤 최근에 꼬박 1년 동안 연을 끊기는 했어요. 제대로 회복할 수가 없어서 아예 연락을 끊고 살아야 했어요."

이런 이야기로 미루어보건대, 올리비아의 디머 스위치는 아주 어렸을 때부터 빛이 가장 밝은 쪽으로 돌아가 있었던 듯하다. 나는 올리비아에게 인격장애가 어디서 비롯했을 것 같냐고 물었다. 유전이었을까? 아니면 어린 시절이 너무나 혼란스러워서 영향을 받을 수밖에 없었을까? "외할머니와 외증조할머니가 아주 비슷하게 행동했어요." 올리비아의 외할머니는 우울증을 앓았고, 알코올 중독도 겪었다. 상태가 어찌나 심각했던지, 임신한 몸으로 술 한 병을 다 비우고 계단에서 몸을 던지기까지 했다.

"내가 겪은 일이 유전적 소인을 작동시켰을지도 모르죠." 올리비아의 여동생은 괴로운 가정 문제에 덜 노출되었다고 한다. 어머니의 상태가 가장 심각했을 때 여동생은 아직 어렸고, 올리비아가 동생을 지키려고 갖은 애를 썼다. 아울러 여동생은 부모님이 이혼한 후 아버지 쪽으로 갔다. 여동생은 우울증이나 경계성인격장애를 앓지 않는다고 한다. 동생의 유전적 소인이 올리비아와 같든 아니든, 살면서 마주한 사건이 심각한 정신질환을 유발하지는 않았다.

"엄마는 제가 어떤 문제를 겪고 있는지 잘 알고 있어요." 올리비아가 말했다. "죄책감이 든대요. 저한테 뭔가를 '줬다'라는 느낌이 드니까요."

현재 올리비아는 여러 회사에서 정신건강 트레이너로 일하면서 직원에게 정신질환을 관리하는 방법을 가르친다—개인적인 경험을 바탕으로 전문적인 서비스를 제공하는 셈이다. 올리비아는 어머니와 "상당히 피상적인" 관계였다. 하지만 요즘 어머니는 적절한 약을 먹고 더 나은 지원을 받으며 상태가 나아졌다고 한다.

"이제는 저한테 제대로 된 부모가 없다는 걸 알아요. 그런 관계는 불가능하다는 걸 그냥 받아들였어요. 제게 주어진 걸 받아들이고 최대한 활용하려고 하죠. 뭔가 잃어버린 느낌은 들어요. 몇 년 전에 그 사람이 어머니가 아니라는 사실을 인정했거든요. 어머니를 원했지만 가질 수 없어서 슬프죠."

나도 원하던 가족을 가질 수 없어서 똑같은 슬픔을 느꼈다. 하지만 올리비아와 대화하면서, 또 아버지와 함께했던 삶을 설명한 어머니의 편지를 읽으면서 내가 아버지의 병으로부터 얼마나 많이 보호받았는지 깨달았다. 올리비아는 아무런 보호막도 없이 혼자서 어머니의 병을 마주해야 했지만, 나에게는 어머니가 있었다. 물론, 우리 어머니는 완벽하지 않았다. 하지만 내가 아버지의 병에 더 많이 노출되었더라면 더 심각한 상황에 부닥쳤을 수도 있다. 어머니가 나를 안전한 기숙학교에 보내지 않았더라면, 나보다 당신의 안녕을 우선했더라면 어떻게 되었을까? 어머니의 보호 조치가 나의 유전자 디머 스위치를 조정해서 유전자 암호가 읽히지 않게 막았을지도 모른다. 더 많이 배울수록, 어린 시절에—영향력이 가장 파괴적이었을 중요한 시기에—아버지의 병이라는 진실에서 멀리 떨어져 있던 덕분에 조현병을 피할 수 있지 않았나 싶다.

이 책에서는 희망을 말하고 싶기에 대를 이어 같은 질병을 앓으면서도 긍정적인 면을 찾은 가족의 이야기도 소개하겠다. 내가 인터뷰한 여러 사람과 마찬가지로 엘리너 시걸은 터놓고 이야기를 나누는 일이 질병을 극복하는 데 도움이 되었다고 말한다. 엘리너는 정신건강 활동가로서 블로그를 운영하며, 책《나를 빛으로 인도하소서*Bring Me to Light*》를 펴냈다. 책 제목은 엘리너의 삶이 어땠는지 잘 보여준다. 줌으로 만난 엘리너는 무거운 대화 주제에도 가벼운 태도로 키득키득 웃었다. 런던 외곽의 정통 유대교 가정에서 자란 엘리너는 16세에 양극성장애를 진단받았다. 아버지 마이클도 고작 4년 앞서 똑같이 진단받은 터였다. "정말 대단한 일을 하고 있네요." 엘리너가 말했다.

"아빠한테도 이야기했더니 우리 경험을 들려주라고 흔쾌히 말하더라고요." 엘리너가 세 살 무렵에 아버지가 처음으로 양극성장애 증상을 보였지만, 엘리너가 열두 살이 될 때까지 아무런 진단도 받지 못했다. "그 사이에 아빠는 심각한 조증을 세 번이나 겪었죠. 우울해서 침대에 누워만 지냈고 일을 못 했어요. 엄마가 생계를 책임졌고요. 부모님은 저를 보호하려고 노력했지만, 네 살쯤부터 불안해지기 시작했어요. 아빠가 건강이 좋지 않아서 곁에 있어 주지 않았던 탓이겠죠."

엘리너가 열두 살이 되자, 위기가 찾아왔다. "학교 갈 준비를 하고 있는데 엄마가 화장실에서 아스피린을 잔뜩 들고 있는 아빠를 발견했어요. 자살할 생각으로 아스피린을 한 알씩 세고 있었죠. 엄마가 발견해서 정말 다행이었어요. 엄마는 '정말 그러고 싶은 거 아니지?'라고 물었어요. 엄마가 눈을 똑바로 바라보니까, 아빠가 '맞아'라고 대답하며 아스피린을 내려 놓고는 침대로 달려갔어요."

엘리너는 아버지가 거의 10년 동안 조증으로 고생했지만, 병원에서 한 번도 진단하지 못했다고 말했다. 흔히 그렇듯, 아버지의 증상은 성격—타고난 외향적 기질—때문이라고 여겼다.

엘리너에게 아버지의 조증 증세가 어땠는지 물었다. 나처럼 어머니가 전부 막아주었기 때문에 그다지 기억하지 못한다고 했다. "아빠는 놀러 나가서 새벽까지 파티를 즐기면 기분이 정말 좋다고 했어요. 열정이 대단했죠. 정신증 증세는 전혀 없었어요. 그냥 밤새 깨어 있으면서 정말로 빠르게 말했을 뿐이었어요. 그러다가 33살쯤에 이런 증상이 처음 나타났어요."

엘리너의 어머니는 자녀가 아버지의 병세를 보지 못하게 막았지만, 아버지가 어떤 어려움을 겪는지 이야기했다. "부모님은 아빠가 약을 먹어야 하고 도움이 필요하다고 아주 솔직하게 말했어요. 열두 살 때는 양극성[장애]이 뭔지 잘 몰랐죠. 하지만 3년 후에 나도 병에 걸렸어요." 엘리너는 극도로 불안해했고, 갈수록 위축되고 우울해졌다. 6주 동안 학교를 쉬었는데, 내내 집에서 이불을 뒤집어쓰고 울기만 하다가 아동심리학자를 만나러 갔다. 우울증을 진단받고 항우울제를 처방받자, 불안이 사라졌다.

"그러고 3개월 후에 열여섯이 되었는데 처음으로 조증 증세가 나타났어요." 엘리너는 이스라엘에서 휴가를 보내던 중 행동이 변하기 시작했다. "생각이 걷잡을 수 없이 내달렸어요. 에너지를 주체할 수가 없었죠." 성적으로 자유분방해지고 다른 사람들에게 지나치게 예민하게 굴었다고 한다. "마구잡이로 사람들을 껴안고는 했어요. 좀 부적절했죠." 행동이 평소와 딴판으로 달라졌고 투어 담당자들이 뭔가 문제가 있다고 눈치챘지만, 엘리너는 아무 문제가 없다고 여겼다. 아버지가 엘리너를 데리러 이스라엘로 날아왔다. 엘리너는 격분했다. "내가 멀쩡하다고 생각했거든요. 그냥 즐겁게 지내고 있다고 생각했어요."

엘리너의 증상은 6주에서 8주 정도 이어졌다. 그런데 완전히 회복될 때까지도 병원에서는 진단을 내리지 못했다. 초기 검사에서는 아무런 이상도 발견되지 않았고, 나중에야 진단이 나왔다. "그해 말에 혼합 정신병성 우울 삽화mixed psychotic depressive episode로 입원했는데, 너무 무서웠어요. 자발적으로 입원하기는 했지만, 그때 처음으로 양극성[장애]을 진단받았거든요."

기분 안정제를 처방받았지만, 열여섯 살이라서 더 강한 약을 쓸 수 없었다. 엘리너는 그때 강력한 약물이 정말로 필요했다고 여긴다. 이후 여러 해에 걸쳐서 약을 바꿨지만, 증상은 악화할 뿐이었고 24세 때는 최악으로 치달았다. "우울해서 심각한 자살 충동에 시달렸어요. 자해도 했죠. 직접 목숨을 끊고 싶지는 않아서 시도 때도 없이 누구에게나 속마음을 말했어요. 강력한 항우울제를 처방받았는데, 그게 정신증을 유발한 것 같아요. 기분 조절제가 더는 듣지 않더라고요." 엘리너는 항우울제를 먹어서 조증에 걸렸다고 의심했다. "계속 약을 먹으면서도 '왜 이렇게 기분이 안 좋을까?'라고 생각했어요. 이해가 안 갔죠. 겁이 났어요."

여기서 중요한 사실을 짚고 넘어가야겠다. 유전 연구의 주요 목표는 다양한 정신질환을 적절한 약물로 치료하는 것이다. 앞서 살펴봤듯이, 오진은 아주 흔하며 여성일 경우는 특히나 오진이 잦다. 또 양극성장애나 조현병 환자처럼 정신증이 관여하는 경우에도 오진이 빈번하다. 서로 다른 증상이 나타나는 시기가 각각 다른 탓에 의사가 한 가지 양상만 관찰하기 쉽다. 유전학 연구가 발전한다면, 엘리너 같은 환자가 더 나은 진단을 받고 필요에 따라서 잘 맞는 약물을 처방받을 수 있을 것이다.

양극성장애를 앓을 때 다들 그렇듯이 엘리너도 뜬금없이 거창하고 비현실적인 계획을 세웠다. "출근길에 이런 생각이 불쑥 들곤 했어요. '전 세계에 흩어진 친척을 전부 모아야지. 100명을 불러서 모아야겠어.' 그러고는 그날 저녁에 런던 스트랜드가로 가서 노숙인들과 이야기를 나눴어요. 노숙인 쉼터를 열겠다고 마음먹었거든요." 병증이 나타날 때 엘리너는 다른 사람들에게 위험하게 변하지 않았다. 오히려 아주 취약해져서 이용해 먹으려는 이들에게 힘없이 휘둘렸다. "내가 원하지 않는다는 걸 알면서도 전혀 신경 쓰지 않는 누군가"에게 성폭행당했다고도 한다.

엘리너가 묘사한 양극성장애 증상은 앞 장에서 만나본 앨레이나의 설명과 비슷한 면이 있다. 축 가라앉아서 우울한 기분과 취한 듯 황홀한 기분이 모두 나타난다고 한다. "조증에 빠지면 사람이 변해요." 엘리너가 설명했다. "엄청나게 흥분해서 과열되고 과장된 사람이 되죠." 마인드에서는 이런 글이 나온다. "감정 증폭기. 기분이 좋을 때는 그 누구보다도 재치 있고, 재미있고, 영리하고, 활기차다. 기분이 나쁠 때는 온 세상의 고통을 떠안는다."

그 모든 일을 겪는 와중에도 엘리너는 아무 문제가 없다고 생각했다. "너무 아파서 아픈 줄도 몰랐어요." 가족은 엘리너를 입원시키려고 몰래 계획을 세워야 했다. 결국 엘리너의 어머니가 아프니 같이 응급실에 가야 한다고 거짓말했다. 엘리너는 온 가족과 병원에 도착하고서야 의료진이 맞으려는 환자는 어머니가 아니라 자기라는 사실을 깨달았다. "상태가 엄청 심각해서 간호사가 약을 주는데 나를 독살한다고 생각했어요. 아무도 믿지 않았죠. 격리[정신병원 수용]되는 건 끔찍하고 충격적인 경험이에요. 전부 내가 아프다고 하는데, 나는 멀쩡한 것 같거든요. 가족이 나를 해치려고 음모를 꾸몄다고 느꼈어요. 병원 보안 직원들이 나를 어떤 방에 가뒀죠. 정말 무서웠어요."

엘리너는 그때 처음으로 리튬lithium을 투여받았다. 엘리너는 리튬 덕분에 9년 동안 아무런 병증 없이 지낼 수 있었다고 한다. "아빠한테도 나한테도 효과 있었어요." 엘리너의 목소리는 밝았다. 리튬은 기분 안정제로, 양극성장애와 조현병 환자를 치료하는 데 쓰이는 여러 항정신병 약물에 함유된다. 우리 아버지도 리튬을 처방받았지만, 창의력이 둔해진다며 불평했다. 우리 아버지의 병에는 (엘리너 아버지와는 달리) 편집증이 어느 정도 작용했을 것이다. 아버지는 약을 경계했고, 다른 사람들한테 통제당할까 봐 걱정했다. 똑같이 조현병을 앓았던 토니 삼촌도 리튬을 복용했는데, 거의 항상 기력이 없었다. 숙모는 토니 삼촌이 잊지 않고 약을 먹도록 세심하게 챙겼다. 삼촌을 만날 때마다 만약 아버지도 살아 있었다면 똑같이 느릿하고 둔하게 생활했을지 궁금했다.

엘리너에게 혹시 우리 아버지처럼 지금 먹는 약 때문에 정신이 둔해지는 것 같지 않냐고 물었다. "강력한 약이긴 하죠. 내 상태가 어떤지 늘 잘 지켜봐야 해요. 예를 들어 염분 수치 같은 걸 주의해야 하죠." (염분이 리튬의 독성을 분해하기 때문에 리튬 계열 약을 먹으면 나트륨 결핍이 생길 수 있다.) 하지만 엘리너는 새로운 생활에 익숙해졌다. "아빠가 약을 먹고 건강해진 걸 본보기로 삼았거든요. 약이 얼마나 효과적인지 잘 알아요. 복용 전과는 확실히 다른 사람이 됐어요. 멍해진다는 사람도 있지만 저는 전혀 그렇지 않고요. 기분이 안정적으로 유지돼요. 그래도 평생 약을 먹어야 한다니 힘들기는 하죠."

엘리너는 양극성장애가 가족력이라고 확신했다. "아빠만 그런 게 아니에요. 다른 친척도 양극성장애를 진단받았어요. 미국에도 그런 친척이 있고, 할머니의 언니도 리튬을 복용했어요. 1950년대 일이라서 정확히 어떤 병이었는지는 잘 모르겠지만요." 유대인 공동체는 비밀을 엄수하는 경향이 있으며, 정통파 집단은 '오염된' 가족을 특히나 문제 삼는다고 한다. "그 사람들은 '내가 이런 병을 앓는다'라고 밝힐 수 없어요. 결혼하기도 어려워지고 공동체 내 입지도 망가질 수 있거든요. 우리는 그 공동체 소속이 아니지만, 그래도 수치심을 느꼈죠. 10대 시절에는 양극성[장애]을 앓는다는 사실을 아무에게도 알리고 싶지 않았어요. 그때는 아무도 그런 말을 입에 올리지 않았어요. 다른 사람한테 양극성장애라고 말하면 몇 킬로미터는 도망갈걸요."

엘리너는 갖은 우여곡절 끝에 이제는 부모님과 긍정적인 관계를 유지하고 있다. "감사하게도 부모님이 정말 큰 힘이 되어주세요. 아빠의 정신건강 때문에 나한테도 치료와 도움이 필요하다는 걸 이해하니까요. 늘 서로한테 안부를 묻죠. 아빠가 가끔 '아, 오늘은 조증이 좀 과하네'라고 말할 때가 있어요. 오랫동안 숨겨야 했던 진짜 모습을 되찾은 거죠. 그 덕분에 아빠하고 가까워졌어요. 아빠는 전부 이해해요. 내가 우울해할 때도 다 이해해 줘요. 10년 전에 정말 힘들었는데 아빠가 곁에 있어줬어요. 무슨 말을 해야 하는지, 어떻게 행동해야 하는지, 곁에서 어떻게 해야 하는지 다 아니까요. 같은 병을 겪어본 적 없는 사람들은 우리를 어떻게 대해야 할지 정확히 모를 때가 있거든요."

엘리너는 2016년에 남편 롭을 만났고, 서로 한눈에 반했다고 했다. 엘리너가 다른 방에 있던 남편을 부르자, 숱 많은 갈색 머리와 친절한 미소를 자랑하는 남자가 화면에 나타났다. 롭은 내게 손을 흔들었다. "두 번째 데이트에서 정신건강에 관한 말이 나왔어요." 엘리너가 설명했다. "롭의 가족 중에도 그런 문제를 겪는 사람이 있거든요. 속으로 고민했죠. '이 사람한테 말해야 할까? 큰 문제인데.' 그러다가 세 번째 데이트 때 털어놨잖아, 그렇지?" 엘리너가 롭을 돌아봤다. "롭은 배려하면서 힘이 되어주고 사랑해줬어요. 예상과 전혀 달랐죠." 롭의 이해심이 엘리너에게 얼마나 중요한지 알 수 있었다. 롭은 오래 머물지 않고 손을 흔들어 작별 인사를 건넸다. 하지만 두 사람의 관계가 어떤지 확실히 보였다.

엘리너와 롭은 아이를 가질 예정이며, 이미 주산기perinatal(임신 20주부터 분만 후 28일까지의 기간—옮긴이) 정신과 의사를 만나서 논의했다. "아이를 가지면 당연히 몸뿐만 아니라 마음도 힘에 부칠 수 있어요. 임신 중 리튬 복용도 걱정스러워요. 주의해야 할 것들이 몇 가지 있죠." 주산기 정신과 의사와 상담하면 정신질환 약물이 태아에 미치는 영향과 특정 약물 복용량을 줄이는 방법을 파악할 수 있다. 엘리너는 산부인과 병동으로 가면 병원 방문으로 인한 불안감을 해소하는 데 도움이 된다는 조언도 들었다. 정신질환을 앓는 사람들에게 대체로 병원은 정신과 치료를 받으며 트라우마를 경험하는 곳이다. 주산기 정신과 의사는 이런 병원 방문을 출산 계획에 포함하면 출산 전후에 양극성장애가 재발할 위험이 줄어들 것이라고 설명했다.

부모 가운데 한 명이 양극성장애를 앓는 경우 유전 확률은 10%에 지나지 않지만, 엘리너는 어떻게든 병이 유전될까 봐 걱정스럽다고 했다. "아이가 그 병에 걸리지 않았으면 좋겠어요. 그런 일이 반복되는 걸 보고 싶지 않아요. 하지만 혹시나 우리 애도 같은 병을 앓는다면 내가 가장 잘 도울 수 있을 거예요. 우리 아빠도 그럴 테고요."

올리비아와 엘리너 모두 부모 가운데 한 명이 정신질환을 앓았고, 결국 두 사람 다 같은 질환을 얻었다. 두 경우 모두 어려서 겪은 스트레스 요인이 유전적 소인을 자극했을 가능성이 있다. 올리비아는 엘리너보다 훨씬 더 어린 나이에 어머니의 곤경을 가까이서 지켜봤다. 엘리너는 어느 정도 보호받았고, 증상이 나타났을 때는 가족이 함께 헤쳐 나갈 준비가 되어 있었다. 가족의 사랑과 이해심은 엘리너가 살아 나갈 수 있는 이유가 되어주었다. 엘리너 아버지의 질환에 대한 어머니의 반응, 엘리너의 질환에 대한 부모님의 반응은 특히 인상적이었다. 엘리너의 부모님은 되풀이되는 가족사에 집착하지 않았고, 경험을 공유하는 이점에 집중했다. 이런 상황은 올리비아가 경험하지 못했을 방식으로 후성유전학적 영향을 미쳤을지도 모른다—다시 말해 엘리너의 질병에 관한 유전자 부호를 '흐릿하게' 만들었을 것이다. 물론, 내가 인터뷰하는 사람마다 후성유전학 검사를 해보지는 않는다. 하지만 사람들의 이야기를 들어보면 시야가 넓어진다. 유전적 소인이 우리를 정해진 길로 이끌 가능성은 있지만, 그렇다고 해서 우리가 영원히 그 길을 걸어야 할 운명이라는 의미는 아니다.

발생생물학developmental biology은 어린 시절의 스트레스 요인이 어떻게 유전적 소인을 활성화하는지 탐구한다. 세포생물학자이자 강사이자 작가인 브루스 립턴Bruce Lipton은 인간 줄기세포 복제 연구를 개척해서 후성유전학의 토대를 마련했다. 립턴은 배양액이라고 불리는 실험실용 혈액으로 줄기세포 수천 개를 배양했다. 그는 유전적으로 동일한 세포 세 세트를 각기 다른 배양액을 담은, 즉 환경이 서로 다른 페트리 접시에 두었다. 놀랍게도 각 세포는 완전히 다른 세포로 발달했다. 첫 번째 접시의 세포는 근육이, 두 번째 세포는 뼈가, 세 번째 세포는 지방이 되었다. 환경이 세포의 유전적 활동을 결정한다는 발견은 대단히 중요했다. 만약 환경의 화학물질이 유전자의 작용을 바꾼다면, 그 화학물질을 식별하는 일이 관건일 테다.

립턴은 뇌를 우리 몸의 화학자라고 부른다. 뇌는 화학물질을 혈액으로 방출해서 세포의 환경을 바꾼다. 립턴은 이런 화학물질이 뇌에서 어떻게 만들어지고 분비되는지, 그래서 우리의 생명 작용과 심리 작용이 어떻게 상호작용하는지 규명하고자 했다. 립턴은 대체로 임산부가 겪는 스트레스가 태아에 미치는 영향에 초점을 맞추었다. 그는 어머니의 감정—두려움, 분노, 사랑, 희망 등—이 혈액으로 '신호' 분자를 방출해서 아기의 유전적 발현을 생화학적으로 바꿀 수 있다고 결론 내렸다. 특정 분자는 아기의 DNA에 달라붙는데, 유전자 자체는 바꾸지 못하더라도 그 유전자가 발현되는 정도는 바꿀 수 있다. 립턴은 아기의 신경계 발달뿐만 아니라 심혈관과 호흡, 소화 기능에서도 생리적 변화를 발견했다. 간단히 말해, 임산부가 겪는 생활 스트레스 요인은 태아에 '전달'되어서 아기의 신체 건강에 영향을 미칠 수 있다.

립턴의 연구에 영감을 얻은 과학자 세대는 스트레스나 트라우마 유전을 연구하는 데 뛰어들었다. 잊지 말자. DNA 자체는 바뀌지 않는다. 유전자가 어떻게 작동하도록 만들어지는지가 중요하다. 레이철 예후다Rachel Yehuda는 마운트시나이 아이컨 의과대학의 정신의학 및 신경과학 교수다. 예후다의 연구는 후성유전학적 표지epigenetic marker의 원천을 찾고, 이런 표지가 산모의 자궁에서 태아의 DNA에 미치는 영향을 밝히는 데 집중한다. 쉽게 표현하자면 이렇다. 후성유전학 표지는 언제 그리고 어떻게 유전자에 처음으로 달라붙을까? 예후다의 연구는 트라우마가 생물학적 기원을 지니며 인체 *또한* 우리에게 필요할 특별한 방어 수단을 마련한다고 시사한다. 이 내용이야말로 내게 가장 흥미롭다.

예후다는 논문 〈트라우마와 회복탄력성의 세대 간 전달How Trauma and Resilience Cross Generations〉에서 초기 연구 주제였던 특정 집단의 코르티솔cortisol, 즉 스트레스 호르몬 수치를 언급한다. 예후다가 특히 주목한 연구 대상은 외상후스트레스장애post-traumatic stress disorder(이후 PTSD) 증상을 보인 베트남전 참전 용사였다. 우리 직관과는 달리 이들의 코르티솔 수치는 낮은 편이었다. 정신질환이나 우울증 증상이 있는 사람은 대체로 코르티솔 수치가 일반적인 수준보다 높았기 때문에 흥미로운 결과였다. 당시 PTSD 연구는 아직 초기 단계였고, 학계는 일반적으로 PTSD가 다른 정신질환과 양상이 유사하다고 여겼다. 하지만 예후다의 연구는 PTSD가 코르티솔 수치를 높게 유지하지 않고 오히려 코르티솔 생성을 방해한다는 사실을 밝혔다.

예후다는 PTSD의 생물학적 측면을 계속 연구했고, 새로운 연구 프로젝트에서는 고향 클리블랜드에 사는 홀로코스트 희생자에 집중했다. 이번에도 똑같은 결과가 나왔다. 홀로코스트 희생자의 코르티솔 수치가 예상보다 낮았다. 예후다는 연구 대상을 넓혀서 생존자의 자녀까지 조사했고, 이들이 PTSD

를 경험할 가능성은 홀로코스트를 겪지 않은 유대인 부모의 자녀보다 세 배 더 높다는 사실을 발견했다. 생존자 자녀의 코르티솔 수치를 검사했을 때도 호르몬 이상과 코르티솔 생성 감소라는 결과가 똑같이 나왔다. 유전되는 일종의 생물학적 표지가 존재한다는 뜻이다.

예후다는 911 테러 당시 세계무역센터 내부나 주변에 있다가 PTSD를 겪은 임산부를 연구해서 이들의 자녀 역시 코르티솔 수치가 낮다는 사실을 발견했다. 트라우마는 스트레스 반응 체계의 완전한 통제 폐지라는 형태로 어머니에게서 아이에게로 전달되는 것처럼 보였다. 예후다가 발견한 현상은 PTSD 발생에 대한 반응으로 일어나는 후생유전학적 변화를 가리킨다.

예후다는 911 테러 연구 대상자의 유전적 구성을 조사한 결과, 911 테러 이후 PTSD를 겪은 여성과 테러 현장에 있었지만 PTSD를 겪지 않은 여성에게서 발현 양상이 다른 유전자를 16개 발견했다. 즉 DNA 가닥의 16군데에 분자가 달라붙어서—브루스 립턴이 연구한 임산부와 마찬가지로—유전자 발현 방식을 바꾸었다는 의미다. 예후다는 911 테러 생존자 연구와 홀로코스트 생존자 가족 연구의 결과를 교차해서 참조해보고 같은 유전자 부호에서 이런 변화가 뚜렷했다는 사실을 발견했다. 홀로코스트의 참상을 직접 본 적 없는 아이들도 유전적 구성은 홀로코스트의 충격을 그대로 반영했다. 이 사실은 트라우마를 일으키는 사건이 물리적으로 저장되어서 세포 분열과 번식을 겪고도 살아남아 여러 세대에 걸쳐 반향을 일으킬 수 있다고 알려주는 듯하다.

여기서 꼭 짚고 넘어가야 할 내용이 있다. 우리 어머니가 나를 낳기 전에 겪은 일이나 내가 살면서 겪은 일은 예후다나 다른 연구진이 살펴본 사건에 비할 바가 못 된다. 하지만 과학자는 가장 극단적인 사례를 평가해서 더 광범위한 사람들에게 도움이 되는 양상을 발견할 수 있다. 예후다 역시 개인적인 경험을 아주 중요하게 여긴다. PTSD를 앓는 홀로코스트 피해자 중 누구도 *타인*의 일로 악몽을 거듭 꾸거나 갑작스럽게 기억이 생생하게 되살아나지 않았다. 직접 겪은 일이 아닌 그 끔찍한 사건 전체에는 특별한 반응을 보이지도 않았다. 그 사람들의 기억은 오롯이 개인적이었다. 예후다는 우리 경험이 모두 상대적이라고 단언한다. 이를 이해하면 우울증이나 다른 정신건강 문제가 우리 각자에게 다른 방식으로 영향을 미치는 이유를 고찰할 수 있다.

캐스린 루이스 교수가 밝혔듯이 우울증의 유전적 소인은 존재하며, 레이철 예후다 박사가 증명했듯이 부모가 경험한 환경적 영향도 유전될 수 있다. 여기에 나 자신이 겪는 환경—예를 들어서 부모 중 한 명의 자살과 남은 사람이 겪는 곤경—까지 더해지면 정신건강 문제를 겪을 가능성이 커지는 듯하다. 물려받은 트라우마와 어린 시절의 문제가 탈출할 수 없는 유전적 감옥에 우리를 가둔다고 생각하면 너무나 슬프다. 하지만 나는 이 문제를 다른 식으로 생각해보고 싶다. 내 몸이 생물학적 특성 때문에 다르게 반응할 수도 있다는 사실을 깨달으면, 그것이 내 '잘못'이 아니라고 이해할 수 있다.

우리는 더 관대하고 포용적인 사회를 만들고자 노력하다가 정신건강과 정신질환의 경계를 흐릿하게 지운 것 같다. 요즘 인스타그램 게시물은 마음챙김mindfulness부터 콤부차까지 무엇이든 우리를 단박에 더 낫게 만들 수 있다고 말한다. 이런 이야기는 정신질환에 관한 진지한 논쟁에서 과학을 빼버리는 느낌이다. 생물학적 표지가 존재한다고 주장하는 사람들을 비난하는 글도 온라인에서 많이 봤다. 그런 표지가 낙인으로 굳어질까 봐 우려하기 때문이었다. 나는 전혀 동의하지 않는다. 원한다면 명상과 건강한 식단을 실천해도 좋지만, 자신의 생물학적 특성—우리가 공유하는 특성—을 이해한다면 정신건강과 정신질환을 명쾌하게 파악할 수 있을 것이다. 더 나아가 정신질환 가족력으로부터 자기 자신을 보호할 수 있을지도 모른다. 잼 병 비유를 다시 들어보자. 병을 뒤집어서 돌멩이를 꺼내는 일은 아마 불가능할 것이다. 유전자는 어떻게 할 수 없다. 하지만 후성유전학을 이해하면서 그 돌멩이가 차지하는 공간을 줄이는 힘을 얻은 느낌이다. 어쩌면 돌멩이를 작게 줄일 수 있을지도 모른다.

다시 강조하건대 내가 여기서 살펴본 연구는 논란의 여지가 많다. 여러분은 앞서 말한 연구 결과를 반박하는 문헌을 수없이 접할 것이다. 맥길대학교의 마거릿 록Margaret Lock도 후성유전학이 지나치게 환원주의적이라며 회의적으로 바라본다. 록은 후성유전학이 트라우마나 환경을 정량화하려 든다면서 이를 "환경의 분자화"라고 일컬었다. 심혈관 질환이나 암 같은 신체 질환의 경우, 후성유전학 표지와 그로 인한 변화를 추적하기가 쉬운 편이다. 하지만 정신건강이나 트라우마 유전은 예측 불허의 변화를 보이기 때문에 후성유전학 표지를 추적할 수 있을지 의심하는 이들이 많다. 후성유전학이 너무나 새로운 분야이므로 레이철 예후다 같은 학자의 연구는 우리 모두에게 존재하는 양상을 뒷받침하는 확실한 증거로 사용될 수 없다는 의견도 있다. 존 리드 같은 이들은 과학도 그 어떤 업계 못지않게 유행에 취약하며, 유전체 발견 이후 모든 질병의 유전적 원인을 찾는 데 집착한다고 비판한다. 리드는 제약회사가 마케팅하고 판매할 신약이 필요하거나 연구 자금이 유전자 관련 주제에 달려 있기 때문에 유전학자가 유전자에서 답을 찾는다고 말한다. 유전자 연구에서는 고려하지 않지만 분명하게 드러나는 사회경제적 추세와 문화적 현실을 지적하는 학자도 있다. 예를 들어 《사이언스》에 실린 어느 논문에 따르면, "특정 지역에서 소득이 가장 낮은 사람은 부유한 사람보다 우울증이나 불안을 경험할 가능성이 일반적으로 1.5~3배 더 높다."

이 책도 비판하는 사람이 분명히 있을 것이다. 하지만 여러 설명이 전부 타당할 때가 많다. 유전적 설명은 절대 진리를 주장하지 않으며, 우리가 아직 모르는 것이 많다는 사실을 기꺼이 받아들인다. 게다가 과학 연구라면 어디든 출발점을 정하고 시작해야 한다. 예후다의 연구는 트라우마에 세대를 걸쳐 전달되는 요소가 있으며 여기에 유전적 요인이 개입하는 듯하다고 시사한다. 나는 아이들의 환경을 개선하면 삶의 질을 *더 낫게* 바꿀 후성유전학적 표지를 물려줄 수 있다는 사실이 꽤 값지다고 생각한다. 간단히 말해서, 자기 과거를 알고 '가장 나은' 모습이 되려고 최선을 다한다면 자녀가 건강하고 충만하게 살 희망이 있다. 유전자 전달 과정에 어떻게든 디머 스위치를 달 수 있을 것이다.

가족이 심각한 정신질환을 앓는 사람들은 유전 문제를 궁금해한다. 엘리너에게 유전적 연관성을 안다면 도움이 될지, 아니면 낙인이 찍히는 기분이 들지 물었다. "알고 싶어요." 엘리너가 대답했다. "우리 가족한테서 너무나 분명하게 보이거든요. 이 병을 진단받은 친척이 여덟 명 정도 있어요. 그뿐만이 아니에요. 우울증, 불안증, 강박장애도 있죠. 획기적인 발견이 될 거예요. 암이나 심장병 같은 질환은 유전적 연관성이 훨씬 더 많이 알려져 있잖아요. 이런 질환은 훨씬 더 어렵겠지만, 그래도 알면 좋죠." 양극성장애와 우울증을 더 잘 이해할 수 있었다면 엘리너가 항우울제 복용으로 인한 조증을 피할 수 있었을지도 모른다. 나만의 개인적인 생각이 아니다. 유전학 연구는 이런 현실 상황을 해결하려고 한다.

지난 장에서 만나 본 킴은 어머니의 조현병에 관해서 이야기했다. 나는 킴에게도 정신질환의 유전적 특성을 안다면 도움이 될지 물었다. "이런 게 도움이 될까요? 당신의 DNA에 이런 병을 일으키는 게 있다는 사실이 슬픈가요?"

"전 괜찮아요." 킴이 대답했다. "받아들여야죠. 다리 없이 태어난 것과 같잖아요. 그걸 극복해야 해요. 감당해야 할 현실이죠."

나는 자외선 차단제를 바르지 않고 햇볕을 쬐면 단 10분 만에 피부가 새빨갛게 달아오른다. 그런데 우리 남편 알렉스는 피부가 멋진 구릿빛으로 변한다. 이것은 햇빛에 대한 생물학적 반응일 뿐이다. 우리는 이런 반응을 얻으려고 노력하지도 않았고, 반응을 바꿀 수도 없다. 하지만 어떤 반응이 반드시 일어난다는 사실을 안다면 적어도 햇볕에 화상을 입지 않도록 파라솔 아래에 앉을 수 있을 것이다. 우리 몸이 어떻게 작동하는지, 환경에 어떻게 반응하는지 안다고 해서 우리는 위축되지 않는다. 오히려 우리는 더욱 강해진다.

9. 과거의 목소리

데이다메이아는 무슨 생각으로 아가씨들을 불러 내 앞에서 춤추게 했을까? 정말로 내가 그를 알아보지 못할 줄 알았을까? 나는 스치는 감촉만으로도, 냄새만으로도 그를 알아볼 수 있다. 내 눈이 멀더라도 그가 숨을 쉬는 소리와 땅을 밟는 소리로 알아볼 것이다. 죽더라도 세상의 끝에서 그를 알아볼 것이다.

— 매들린 밀러, 《아킬레우스의 노래 *The Song Of Achilles*》

Covid19 팬데믹 동안 전 세계가 거의 다 봉쇄되었지만, 나는 여전히 여행할 수 있는 소수에 속했다. 수수께끼의 질병이 이탈리아의 작은 마을을 강타하던 초기부터 유럽 전역에 걸쳐 대규모 긴급 봉쇄가 시행되고 아마존 열대우림의 원주민 공동체가 갑작스럽게 한꺼번에 사망하던 시기까지, 나는 2년 동안 길 위에서 전 세계가 공유하는 경험을 목격했다.

한편, 봉쇄에 돌입해 정적이 내려앉은 런던에서 아버지의 첫 여자 친구는 아버지를 떠올렸다.

몇 년 전, 리지가 내게 연락해왔다. 내가 BBC 베이루트 지사에 있을 때 리지는 라디오 방송에서 롱먼이라는 이름을 듣고 구글에 검색했고, 내가 누구인지 눈치챘다. 내가 BBC를 떠나기 얼마 전에 리지가 이메일을 보냈다. 연락을 받고 무척 기뻤던 기억이 난다. 하지만 퇴사하기 전에는 답장할 기회가 없었고, 퇴사한 후에는 그 메일 계정을 사용할 수 없었다. 리지는 아버지의 옛 모습을 들려줄 목소리였고 간절하게 다시 연락하고 싶었지만, 어떻게 연락해야 할지 몰랐다.

그런데 그리스가 팬데믹의 첫 고비를 얼마나 잘 관리했는지 보도한 후 독일 프랑크푸르트를 거쳐서 돌아오는 길에 다시 이메일을 받았다.

리지가 말해준 아버지에 관한 추억은 완전히 새로운 세상을 열어주었다. 할머니가 돌아가신 후로는 아버지의 젊은 시절을 알려줄 사람이 없었다. 나는 아버지를 가끔은 괜찮고 가끔은 아픈 40대의 모습으로만 기억한다. 아버지의 은백색 머리카락과 담배 냄새 나는 셔츠만 기억한다. 아버지의 젊은 시절은 전혀 모른다. 아버지가 지금 내 나이였을 때 어땠는지 아무것도 모른다. 아버지의 학창 시절이 어땠는지, 우리 어머니를 만나고 내가 태어나기 전에는 어떤 사람이었는지 아무도 제대로 말해주지 않았다.

리지는 이메일 단 한 통으로 아버지의 세상에서 거대하고 어두운 부분을 밝혀주었다. 편지에서 혁명적이었던 예술학교 시절과 가정사, 병을 막 앓기 시작했던 시기를 묘사했는데, 내가 전혀 알지 못했던 세세한 내용이었다. 그리고 무엇보다도 아버지의 병을 바라보는 새로운 관점을 제시했다. 리지는 아버지가 초월명상 운동에 뛰어들어서 명상에 심취했던 일이 영향을 미쳤으며, 잠재의식에 접근하려다가 조현병의 유전적 소인을 작동시켰을지도 모른다고 했다.

한동안 이 책에서 리지의 설명을 어떻게 풀어야 할지 고민했다. 그러다가 리지의 이메일을 거의 그대로 옮기는 편이 낫겠다 싶었다. 리지의 이야기는 내가 엄두도 못 낼 만큼 세밀하게 아버지를 그려냈다. 아울러 여러분도 리지의 글을 읽으면, 리지 역시 아버지처럼 자기를 낮추고 겸손하다는 사실을 알 수 있을 것이다. 두 사람이 왜 가까웠는지 알 것 같았다.

제임스에게

오늘 아침에 존이 생각났어요. 내가 존과 가깝게 지냈던 시절을 궁금해할 것 같아 메일을 보내요.

우리는 1968년에 캠버웰 예술대학에서 만났어요. 우리 둘 다 미술이 전공이었죠. 존은 법대를 중퇴한 후 길퍼드 예술학교를 나왔고, 나는 슈롭셔 출신이었어요. 우리 아버지는 시골 수의사였고 나는 막 런던으로 이사온 참이었죠. 1960년대 예술학교가 어땠는지 잘 알 거예요. 우리 둘 다 꽤 전통적이고 보수적인 배경에서 자랐지만, 그때쯤 나는 최대한 반항적인 사람이 되려고 애썼어요. 존은 머리를 기르기 시작했고요. 그래도 여전히 트위드 재킷을 입고 다니긴 했죠.

우리는 1968년에 연좌 농성이 일어나고 대학생들이 소르본 대학교 학생과 프랑스 노동자와 연대한 직후에 입학했어요. 우리는 세상 물정 모르는 애송이였어요. 존이나 나처럼 부모님에게 지원받거나 학비 보조금을 받는 특권을 누리면서 혁명이라는 게임에 뛰어들었죠.

나는 세라라는 친구와 같이 살았어요. 세라에게 반한 남자애들이 정말 많았는데, 존도 그랬어요. 하지만 세라는 오래 만난 남자 친구가 있었죠. 결국 존은 차선책으로 나와 사귀었어요.

캠버웰에 다니던 초기에 두 가지 일이 일어났어요. 우선 우리는 기존 방식을 과감히 관뒀어요. 일반적인 라이프 드로잉(인체나 동물 등 살아 있는 대상을 보며 실제 동작과 자세 등을 생동감 있게 그리는 그림—옮긴이)과 회화를 버리고 칸막이를 세웠어요. 이 과정에서 존이 아주 중요한 역할을 맡았던 걸로 기억해요. 우리는 혁신적인 이유를 들어서 작업실을 나눴는데, 존이 커다란 합판을 끌고 다녔죠.

또 우리는 공식적인 가르침을 모두 버리고 느닷없이 우리만의 창의적인 계획을 세워야 한다는 커다란 수렁을 만났어요. 우리가 스스로 짊어진 끔찍한 자유에 반발해서인지 존과 나는 명상을 배우기로 했죠. 강사 제프리는 인도 리시케시에 있는 마하리시 마헤쉬 요기의 아슈람(인도 힌두교 수행자가 거주하고 제자를 가르치는 곳—옮긴이)에서 비틀스와 함께 지냈었어요. 동료 학생 한 명도 초월명상에 참여하고 있었고요. 그 친구는 어머니를 잃은 지 얼마 되지 않았는데 평정심을 유지해서 우리가 깊은 인상을 받았죠. 그래서 우리 둘 다 명상에 입문했어요.

명상은 우리 삶에서 큰 부분을 차지했죠. 이제는 이 결정의 밑바탕에 깔린 이유와 문제점을 더 잘 이해하고 설명할 수 있을 거예요. 이건 나중에 다시 이야기하죠. 어쨌거나 우리는 주말이면 거의 매번 존의 그 유명한 미니를 타고 브라이턴에 놀러 갔어요. 그때 차가 있는 사람은 거의 없었거든요. 제프리는 비틀스와 비치 보이스, 도노반, 위대한 구루 마하리시에 관한 이야기를 즐겁게 풀어놓았죠. 성대모사를 아주 잘해서 우리는 몇 시간이고 넋을 잃은 채 귀를 기울였어요. 브라이턴에 가면 밀리라는 여자의 집에서 머물렀는데, 재스민차와 독특한 채식 음식을 내왔죠.

우리는 갈수록 동양 세계에 정신이 팔렸고, 우리 자신의 현실에는 점점 무관심해졌어요. 내가 덜 순진했다면, 더 예민했다면 나중에 존의 병으로 발전할 징후를 더 일찍 알아차렸을지도 몰라요. 존은 밤새도록 일하면서 잔뜩 흥분한 채 머릿속 아이디어에 사로잡히곤 했죠. 이건 중요한 사실이에요. 그런 아이디어는 존의 존재 전체를 이끄는 원동력이었거든요.

존은 일어나는 걸 싫어해서 온종일 침대에 누워 있었어요. 목욕도 아주 오래 했고요. 우리는 저녁이 되어서 다른 사람들이 다 집으로 돌아갈 때쯤 학교에 도착하곤 했어요. 같이 영화도 많이 봤죠. 혹시 궁금해할까 봐 말하자면, 나는 존을 너무 좋아해서 존이 하는 대로 전부 따라 했어요. 우리는 가상의 인물을 연기하면서 놀았는데, 존은 보통 선반기기 작업자 캐릭터였어요. 내 캐릭터는 뭐였는지 기억이 안 나네요.

우리가 살던 집에는 흑백 텔레비전이 있었고, 몬티 파이선(영국의 코미디 그룹—옮긴이)이 갓 데뷔했죠. 우리는 마르크스 형제(미국의 코미디언 가족—옮긴이)도 좋아했어요. 이건 내가 존한테 영향을 줬을 거예요. 밴드 공연도 많이 봤고, 하이드파크에서 처음으로 축제가 열렸어요. 우리는 켄싱턴 마켓에서 옷을 샀고, 흰 세일러 팬츠를 욕조에 넣고 염색했죠. 또 당연히 자연식 식단을 따랐는데 콘플레이크와 토스트, 존이 가장 좋아하는 음식인 마멀레이드는 포기하지 않았어요.

우리는 런던 남동부에서 쥐가 들끓는 끔찍한 아파트를 전전하다가 마침내 노숙자들이 쓰던 4층짜리 빅토리아풍 빈집을 얻었어요. 화장실도 부엌도 없는 집이었죠. 우리는 직접 집을 고쳤어요. 꽉 찬 쓰레기통을 계단 위로 끌어올리면서 엄청난 힘을 자랑했더니 이웃들이 놀랐죠. 우리는 정신 나간 사람처럼 보였지만, 개처럼 열심히 일했어요. 이웃도 참 좋았는데,

드디어 빈집에 사람이 들어온다며 기뻐했죠. 이웃집 아내는 왕립 예술대학에서 강사로 일했고 남편은 직장을 다녔어요. 그 집 아들들을 우리가 돌봐줬고요.

우리는 유럽 명상 코스를 따라 오스트리아로 가면서 서인도제도에서 온 지 얼마 안 된 또 다른 존에게 우리 없는 동안 욕실과 부엌을 수리해 달라고 맡겼어요. 존은 방 두어 개짜리 집에서 아내와 아이 여섯 명을 키웠는데, 우리가 맡긴 일에 만족했어요. 아마 제법 싼 값에 일했을 거예요. 그런데 우리가 유럽의 산과 제라늄, 2,000명이나 되는 히피의 모임에서—여기서 마하리시를 처음 만났죠—돌아왔더니, 존이 아름다운 주철 벽난로와 몰딩 등 집의 특징적 요소가 구닥다리로 보인다며 죄다 뜯어버렸더라고요. 넝마장수[고물상]가 가져갔으니 그걸로 끝이었죠. 그래도 존이 아주 기본적인 화장실과 주방은 만들어놨어요. 제대로 설비를 갖추지는 못했지만, 아래층에는 레인지와 싱크대가, 위층에는 욕조와 화장실이 생겼어요.

이사한 새집에 우리가 살던 집 거실 그림을 걸어놨죠? 우리 딸아이 남자 친구가 당신의 트위터 계정을 팔로우하는데 사진을 보여줬어요. 우리는 마룻바닥을 대부분 노란색으로 칠했어요. 솔직히 말하려니 부끄럽지만, 복도는 보라색으로 칠했고 계단은 라임색으로 칠했어요.

가루 색소를 섞어서 순수 색을 만들었죠. 한때 존은 온 방에 캔버스를 걸어뒀어요. 우리 대부분은 어떤 식으로든 추상화를 그렸어요. 나는 예전에 봤던 탄트라 미술 전시회를 바탕으로 작은 그림을 그렸고 금색 물감을 많이 썼어요. 그 그림으로 데이비드 호크니한테서 상을 받은 적도 있죠.

그때가 존과 사귄 지 2년째였어요. 3년 차에는 우리 둘 다 명상 강사가 되기로 마음먹고 주말에 강좌를 듣기 시작했어요. 같이 파크랜즈에 가서 존의 부모님인 낸시와 지미도 몇 번 만났는데, 내가 갈 때마다 고양이를 반드시 데리고 가겠다고 고집부렸어요. 지미를 비롯해서 존의 가족은 불운을 끌어당기는 것 같았어요. 지미는 지붕에서 떨어져 허리를 다쳤고, 어느 주말에는 부엌 찬장에서 뭔가를 꺼내려다가 찬장이 떨어져서 덮친 사고도 터졌어요. 지미는 존과 꽤 거리를 뒀고, 부자 관계가 상당히 서먹서먹했죠. 지미는 자주 신경질을 부렸고, 우리는 지미가 근처에 있으면 살금살금 걸어 다녔어요. 낸시는 존을 아주 사랑했어요. 존은 여러 면에서 낸시와 많이 닮았고, 외가를 이상적으로 생각했어요. 가여운 지미에게는 남은 가족이 없었어요. 지미의 부모님이 이혼했는데, 어머니는 그림자 같은 존재였죠. 그때쯤이면 세상을 뜨고 없었을지도 몰라요. 나는 한 번도 만나본 적이 없어요. 그 사람[존]은 스코틀랜드 출신 이모부 샌디와 [로지]를 엄청나게 좋아했어요. 또 당시에는 로디지아(짐바브웨의 옛 이름—옮긴이) 국적이었던 사촌들이 진정한 남자라며 영웅처럼 숭배했죠. 이것도 존의 독특한 면이었어요. 자기는 서리 출신의 주식 중개인 아들로 태어나 제대로 된 직업을 갖지 않고 예술가로 사니까 그런 부류에 속하지 않는다고 생각했거든요.

존은 나와 사귀는 내내 이런 생각을 버리지 않았어요. 우리 가족도 비슷하게 바라봤죠. 하지만 나는 서리 사람들에 비하면 우리 가족은 시골뜨기라고 생각했어요. 물론 그 사람들도 농부로서 진짜 일을 하기는 했지만요.

우리는 긴 여름방학을 우리 부모님 댁에서 보냈어요. 세번 강 근처 레킨 언덕 옆에 큰 집이 있었거든요. 집에서 조금만 걸으면 들판과 숲을 지나 흐르는 강이 나왔어요. 우리 부모님은 너그러웠고, 우리가 기숙학교에서 지내다가 방학을 맞아 온 것처럼 빈둥거려도 좋아했어요. 참고로 캠버웰에는 기숙학교 출신이 별로 없었어요. 그때는 일자리를 구하기 쉬웠어요. 나는 어린이 동물원과 《이브닝 뉴스》에서 일했고 웨이트리스로도 일했죠. 존은 유명한 신탁 기금이 있어서 일할 필요가 없었던 것 같아요.

존은 부유한 걸 부끄러워했고, 소유에는 전혀 관심이 없었어요. 물건을 빨리 나눠주지 못해 조급해했죠. 넌헤드에 있는 우리 집의 주인은 아주 수상한 사람들이었는데, 월섬스토에서 살았어요. 그때는 월섬스토가 지금과 달리 악당이 우글거리는 런던 동부 동네였죠. 존이 계약 때문에 그 무서운 남자들을 만나러 갔거든요. 한 명은 손을 붕대로 감싸고 있었대요. 그런데 집 상태 때문에 그 사람들이 오히려 우리한테 2,000파운드에 집을 팔겠다고 제안했어요. 아니면 1년 동안 임대료를 면제해주겠다고 했죠.

존은 당연히 세 들어 살겠다고 했어요. 평소에 자기 물건을 나눠주려고 그렇게 난리를 치는데 집주인이 되려고 할 리가 있나요. 요즘에는 집값이 꽤 올랐을 거예요. 낸시가 아름다운 가구를 선물해줬어요. 그래서 노란색으로 칠한 맨바닥에 고가구를 몇 점 놓았죠. 잡초가 무성한 긴 정원에 앉기 위해 캔버스를 깔았어요. 가전제품은 가장 기본적인 것만 들였고요.

같이 학교에 다니던 친구 두 명이 우리 집으로 이사왔어요. 존이라는 애는 지하실에 살면서 류트를 만들었고, 폴이라는 애는 아마 꼭대기 층에 살았을 거예요. 존과 나는 1층과 2층을 썼고요. 방은 크고 널찍했지만 거의 텅 비어 있었어요. 결국 어린 여자애 둘한테 남는 방을 내줬죠. 로드 스튜어트를 쫓아다니는 그루피였는데, 상당히 지저분했지만 자주 마주치지는 않았어요.

우리는 레일턴로드에서 산 흑인 문학 작품을 많이 읽었고, 대체로 인종 차별과 자본주의에 분노했어요. 우리 둘 다 성실하면서도 극도로 비현실적이었고, 그 무엇도 오랫동안 진지하게 받아들이지 못했어요. 존은 스크루드라이버 끝을 우주에 비유하는 이미지를 정말 좋아했어요. 세부 사항보다는 큰 그림을 더 좋아했고요.

캠버웰을 졸업할 시기가 찾아왔고, 나는 미술 교사가 되려고 요크셔에 있는 브레턴홀 사범대학에 가기로 했어요. 존은 명상 강사 과정을 마치고 마요르카의 마하리시 명상 수행원으로 가겠다고 했죠. 나는 브레턴에 자리 잡았지만, 평소처럼 존을 따라가기로 마음먹었어요. 그래서 몇 주 후 혼자서 첫 해외 여행을 떠났죠.

24시간제가 헷갈려서 비행기를 놓쳤어요. 다행히 그 당시에는 다음 비행편을 탈 수 있었고, 한밤중에 마요르카에 도착했죠. 택시를 타고 가는 동안, 정말로 갈지 말지 마음을 못 정하고 너무 망설이니까 결국 택시 기사가 차를 세우고는 거기에 남자 친구가 있냐고 물었어요. 결국 가도 괜찮겠다고 마음먹고 존에게 갔어요. 돈이 없어서 거기 주방 직원으로 지원했죠. 그러면 과정을 마칠 비용을 낼 수 있겠다 싶었거든요. 사람들은 존과 내가 남매인 줄 알았어요. 정말 남매나 다름없었을지도 몰라요. 우리는 서로의 말을 끝맺어 주곤 했죠.

글이 너무 길어졌네요. 할 말이 너무 많아요. 마요르카에서 우리는 헤어졌지만, 계속 가까운 친구로 지냈어요. 정신없었던 그 시절을 설명하려면 글을 새로 써야 할 거예요. 어쨌거나 존은 리즈로 돌아와서 밤색 정장을 입고 요가를 가르쳤어요. 그런데 마하리시가 재산이 좀 있는 사람 108명한테 스위스에서 자기와 함께, 아니 자기를 위해서 일해 달라고 요구했어요. 그[존]는 신탁 자금을 갖고 스위스로 가겠다고 했고, 지미와 낸시가 기겁했죠.

그 무렵 나는 복잡한 가정사와 어린 아기를 품에 안고 젊은 인도인 남편과 함께 인도에서 돌아온 참이었어요. 존이 슈롭셔에 왔는데 스위스에서 환각 증세가 나타나기 시작했고 우리를 아담과 이브로 상상했다고 말했어요. 나는 여전히 존에게 마음이 많이 쓰여서 정말 혼란스러웠어요.

우리는 늘 연락하고 지냈어요. 존이 세상을 뜨기 얼마 전에도 같이 지냈죠. 존이 심각하게 아팠을 때 병원에 가도록 설득해 달라고 낸시와 토니가 부탁한 적도 몇 차례 있어요. 존을 설득할 수 있는 사람은 나밖에 없었거든요. 하지만 존은 병원에서 끔찍한 일을 겪었어요. 한번은 산 채로 가죽이 벗겨지는 느낌이 들었대요. 나는 존에게는 그게 현실이고 존이 말 그대로 지옥을 경험한다는 걸 깨달았죠. 존은 내 생각과 대화를 나누곤 했어요. 내가 큰소리로 생각을 말하기라도 한 것처럼요. 내가 임신 중절 수술을 받은 날, 존이 병원에 찾아왔어요. 마취에서 깨어났더니, 다섯 살 난 우리 딸 애나가 유치원에서 간질 발작을 일으켜 급히 병원으로 실려 갔다는 소식을 들었어요. 그날 밤에 마음이 깊은 구렁텅이에 빠져 있는데 존이 왔어요. 존은 아마 내게 가장 가까운 친구였을 거예요. 나는 거의 날마다 존을 떠올려요.

우리는 명상 방식 탓에 그 경험에, 도파민dopamine에 중독되고 말았어요. 도파민은 사실 마약이나 다름없고, 어쩌면 마약보다 더 위험할 거예요. 그런 중독에서 벗어나기는 몹시 어려워요. 아무런 욕심 없이 도움을 베풀 사람이 필요하고요.

너무 충격받지 않았으면 해요. 존에 관해서, 당신이 태어나기 전 존의 모습에 관해서, 존이 힘겨워했지만 여전히 우리가 생각을 나눌 수 있었던 시기에 관해서 아직도 하지 못한 말이 정말 많아요.

존은 아름답고, 초연하고, 혼란스럽고, 관대한 영혼이었지만, 이 세상에 있기에는 너무 예민해서 길을 잃었고 돌아갈 길을 찾지 못했어요. 이제는 안전하게 잘 있기를 바라요.

어쨌든 나를 혼자 오랜 시간을 보내며 과거를 떠올리는 정신 나간 할머니라고 생각해줘요. 지금은 다른 데 와 있는데, 런던 아파트에 존과 낸시의 그림이 있어요. 런던으로 돌아가면 사진을 찍어서 보내줄 수 있어요. 언젠가 당신이 직접 와서 봐도 좋고요.

어디에 있든 건강하길 바라요. 유전된 정신질환에 관한 당신의 다큐 정말 좋았어요. 아빠를 정말 많이 닮았네요.

사랑을 담아, 리지

이 편지를 읽으면 눈물이 흐른다. *아빠를 정말 많이 닮았네요*. 이 말에 너무나 행복하다. 리지의 글에서는 아버지의 너그러운 마음밖에 안 보인다. 리지가 알려준 예술대학 시절 아버지의 모습은 내가 상상했던 그대로였지만, 내 생각이 사실과 같을지 확인할 길이 없었다. 나는 질병 아래에 숨어 있는 아버지의 진짜 모습을 처음으로 보았다. 정치 문제에 기민하고, 때로는 반항적이지만 결국에는 제법 순응적이었고, 생애 처음으로 경계를 허물 기회를 얻은 청년. 아버지와 조현병을 회상하다 보면 꽤 울적해질 수 있다. 하지만 리지의 글은 내가 생각했던 아버지의 이미지에 아주 단순한 무언가를 불어넣었다. 바로 재미다. 이 이미지를 처음으로 깊은 슬픔을 느꼈던 내 대학 시절과 비교하지 않을 수 없다. 존 롱먼은 다소 태평스러운 히피였고 평생 가는 우정을 쌓았다. 아버지가 리지와 세라와 잡다하게 모인 자유사상가들을 알고 지냈다는 사실이 무척 기쁘다.

편지 덕분에 아버지가 내 마음속 깊은 곳으로 들어왔다. 매력적이지만 끝내 외로웠던 사람으로만 알았던 아버지는 이제 떠도는 유령으로서 내 마음에 얽매이는 대신 마음에 뿌리내렸다. 비치 보이스, 마르크스 형제, 몬티 파이선, 비틀스 등 1960년대에 등장해 경쟁하면서도 서로를 보완했던 음악은 아버지에게 색채와 생기를 불어넣었다. 리지가 이야기한 내용을 자세히는 모르지만, 어쩐지 전부 완벽하게 이해할 수 있다. 리지는 아버지를 되살려냈다. 나는 편지를 읽고 리지를 꼭 만나야겠다고 마음먹었다.

그래서 봉쇄가 끝나고 리지를 만나러 갔다. 우버를 타고 가는 내내 심장이 쿵쾅거렸다. 아버지와 친밀했던 사람들을 만나면 아버지에게 최대한 가까이 다가가는 느낌이다. 시간을 거슬러 올라가서 아버지에 관한 새로운 지식을 얻는 것 같다.

런던 동부에 있는 리지의 집 문을 두드렸더니, 숱 많은 은회색 머리카락 아래로 환한 미소를 띤 여성이 문을 열었다. 밝은 분홍색 꽃무늬 바지를 입고 그에 못지않게 화려한 캔버스 가방을 든 리지는 내가 상상했던 예술적 보헤미안 그대로였고, 아버지와 많이 닮아 보였다. 우리는 만나자마자 포옹했다. 아버지 덕분에 인연이 있으니, 서로에게 낯선 사람이 아니었다. 리지도 문가에 서 있는 내게서 아버지를 보고 마음이 움직였다는 사실을 알 수 있었다. 리지는 미소 띤 얼굴로 나를 안으로 초대했고, 집 안이 어지럽다며 사과했다. 생활용품으로 반쯤 찬 상자가 사방에 널려 있었다. "웨일스로 이사갈 예정이에요." 리지가 위층으로 올라가며 설명했다. "그래서 이걸 전부 정리해야 해요." 아버지와 이어줄 유일한 연결고리가 떠난다고 하자 심장이 철렁 내려앉았다. 리지는 내 실망감을 눈치챘는지 덧붙였다. "존의 그림을 몇 점 보여줄게요." 리지가 계단 꼭대기에서 미소지었다.

리지는 내게 아버지의 그림을 보여주면서 아버지를 더 가깝게 느끼는 것 같았다. 나도 그랬다. 리지는 내가 앞서 설명했던 거실 그림, 그러니까 커다란 창문으로 들어오는 부드러운 빛 아래 놓인 의자 그림이 사실은 예술대학 시절에 같이 살았던 아파트를 묘사한 작품이라고 했다. 이메일을 받기 전까지는 몰랐던 사실이었다. 아버지의 작품을 훨씬 더 많이 보고 나니, 마음이 벅차올랐다. 노팅힐에 있던 우리 아파트에서 아래의 거리를 내려다본 풍경화도 있었다. 엄밀히 말해서 그다지 대단한 그림은 아니었다. 비율도 조금 어긋났고, 모퉁이 술집에 칠한 짙은 회색 물감은 어떻게 이해해야 할지 알 수 없었다. 하지만 리지가 보여주는 그림 모두 내게는 걸작이었다. 가장 멋진 작품은 대학 시절 리지의 부모님 댁에 머물 때 세번강 풍경을 묘사한 유화였다. 초록색과 파란색이 작은 캔버스를 꿈 같은 분위기로 가득 메웠다. 겨우 스물이나 스물한 살에 이런 그림을 그렸다는 사실이 지금도 놀랍다. 세번강 풍경화는 지금 우리 집 부엌에 할머니가 그린 아버지 초상화 옆에 걸려 있다.

리지의 집은 도시 동쪽의 드넓은 녹지 해크니 마쉬스 근처였다. 우리는 몇 시간 동안 그곳을 걸었다. 햇살 좋은 9월이었고, 우리는 공원을 가로지르는 운하를 따라 걸으면서 여름의 마지막 조각을 만끽하는 런던 시민을 지켜보았다. “그 사람을 똑 닮았네요.” 리지가 말했다. “코도, 눈도. 생김새가 똑같아요.” 리지는 왕년에 히피족이었을 테지만, 말투가 꽤 무미건조했다. 감정이나 감상에 얽매이지 않았다. 엉뚱한 상상이 아니라 사실을 관찰하고 있는 그대로 말하는 사람 같았다. 그래서 리지의 말이 더욱 강렬하게 다가왔다.

"우리는 그저 뭔가를 찾고 있었을 뿐이에요. 예술대학은 우리 정체성을 탐구하고 이해하는 과정이었죠. 그 사람은 남들보다 좀 더 열심히 탐색한다고 생각했어요. 하지만 정신질환 같은 건 본 적이 없어요. 그때는 그런 걸 알아차릴 수도 없었으니까요. 솔직히 말해서 늘 그 사람과 함께 있고 싶었어요. 자석처럼 사람을 끌어당기는 매력이 있었죠."

우리는 수문 옆 카페에서 걸음을 멈췄고 햇살 아래에 놓인 작은 테이블을 발견했다. 주변이 온통 삶으로 가득했다. 차를 따른 종이컵을 들고 둘러앉은 가족, 케이크가 먹고 싶다고 부모님을 졸라 대는 아이들, 사람들이 흘린 부스러기를 찾으려고 테이블 사이를 헤집고 다니는 개들. 하지만 나는 리지가 만들어낸 다른 세상에 갇힌 기분이었다. 리지가 우리를 보이지 않게 만든 것 같았다. 리지가 먼 과거의 마법사고, 현재에 머물러 있는 제자인 나를 가르치려고 온 것 같았다. 아버지가 가장 활발하게 정체성을 만들어 가던 시절에 아버지를 그토록 사랑했던 사람과 같은 여름 공기를 마시면서 나는 이전에 한 번도 경험한 적 없는 방식으로 아버지와 가까워졌다. 당장에라도 아버지가 직접 만 담배를 입가에 삐죽 문 채 희미한 연기 사이로 눈을 가늘게 뜨고 한 손으로 위태롭게 커피 석 잔을 들고서 카페 문을 열고 달려올 것만 같았다. 우리 셋은 주변의 필멸자에게 눈길도 관심도 주지 않은 채 아른하게 가물거리는 그 평행우주 속에 머무를 수 있을 텐데. 리지는 내가 마치 아버지와 함께했던 시절을 훌쩍 뛰어넘은 시간에서 온 외계인 같았을 것이다. 하지만 나는 리지가 나를 바라보며 아버지를 기억한다는 걸 느낄 수 있었다.

10. 염증 기술과 두뇌 치료, 가능한 일일까?

> 인간은 서로를 파괴하는 능력만큼이나 서로를 치유하는 능력도 지닌다.
>
> — 베셀 반 데어 콜크, 《몸은 기억한다》

우리의 유전 부호와 그 유전적 표지가 실생활에서 어떻게 발현되는지는 전혀 다른 문제다. 자, 뇌를 탐구해보자. 브루스 립턴이 말했듯이 뇌는 우리 몸의 화학자다. 지난 몇 년 동안 엄청난 도약을 일군 신경과학은 뇌가 어떤 화학물질을 혈류와 중추신경계로 방출하는지, 또 이런 화학물질을 어떻게 만드는지 발견했다. 유전학자와 행동심리학자는 정신질환의 원인을 놓고 의견이 엇갈리지만, 뇌에서 정신질환의 영향이 느껴진다는 데에는 동의한다.

앞서 언급했듯이, 정신질환은 대개 증상을 바탕으로 진단한다. 의사는 어떤 기분인지 환자의 말을 듣고 질병을 진단한다. 하지만 암 같은 병은 다르다. *숨이 약간 가빠*요라는 말을 듣는다고 해서 갑자기 폐 질환이라고 진단하지는 않는다. 신체 내부를 살펴보며 병을 진단할 증거를 찾는다.

정신질환도 다른 질병처럼 진단하기까지는 아직 갈 길이 멀다. 그렇더라도 학계는 이런 진단 방식이 현실이 되기를 바란다. 그렇게 된다면 얼마나 좋을까? 우울증을 순전히 생각의 질병이 아니라 생물학적 질병으로 이해한다면 큰 도움이 될 것이다. 실용적인 면을 따져볼 때, 발전한 뇌 과학은 약물을 개인에게 맞춰서 더 효과적으로 쓸 수 있다는 사실을 의미한다. 회의적인 이들은 정신질환을 '생물학적으로 이해'하면 사회적 건강 염려증을 조장해서 우리가 약물에 지나치게 의존하리라고 주장한다. 이미 서구 국가들은 우리 질병을 이용해 먹으려는 대형 제약회사의 약품에 너무나 많이 의존한다고도 말한다. 나는 전인적 치료holistic treatment(질병의 증상에만 집중하지 않고 환자 개인의 육체적, 정신적, 감정적 안녕을 모두 고려하는 치료—옮긴이)를 적극적으로 지지하지만, 아주 분명하게 말하건대 항우울제는 효과 있다. 하지만 정신건강을 '생물학적으로 이해'하는 일이 단지 약물과만 관련되지는 않는다. 정신질환을 생물학적 질병으로 바라보는 일은 내 안에서 벌어지는 변화를 발견하고, 이것을 되돌리거나 해결할 방법을 알아내는 것이다. 나는 이런 발견이 힘을 준다고 생각한다.

도나 잭슨 나카자와Donna Jackson Nakazawa는《멍든 아동기 *Childhood Disrupted*》에서 우리 뇌를 바꿀 수도 있는 중요한 일을 설명한다. 내게는 걱정스러운 내용이었다. "최신 연구에 따르면, 반드시 아픈 만큼 성장하는 것은 아니다. 대개는 그 반대다. 어린 시절에 마주하는 예측 불가능한 만성 스트레스 요인과 상실, 역경은 우리의 생명 활동에 중대한 영향을 미쳐서 성인기 건강을 미리 결정한다."

이런. 나카자와의 저서는 앞서 말한 획기적인 공중 보건 연구 〈아동기 부정적 경험 연구〉에 기반을 둔다. 이 연구는 10가지 유형의 부정적 경험을 측정하고, 어린 시절에 받은 심리적 스트레스 때문에 성인이 되어서 자동으로 발생하는 신체 변화를 밝혀냈다. 나는 적어도 두 가지 유형, 부모의 자살과 부모의 알코올 남용 항목에 해당한다.

나카자와는 이렇게 설명한다. "스트레스를 받으면 우리 몸에서 화학물질과 호르몬이 솟구치며 염증 수치를 높일 수 있다는 사실은 누구나 잘 안다. 스트레스가 큰 사건은 감기에 걸리거나 심장마비를 일으킬 가능성과 연관성이 있다." 염증은 우리 면역체계에서 핵심이다. 염증은 세포와 단백질, 조직이 몸에 침입한 박테리아나 바이러스, 다른 이물질과 싸울 때 생긴다. 이 과정에서 만들어지는 화학물질 사이토카인cytokine이 염증 반응을 일으킨다.

신체 기능이 모두 정상적으로 작동한다면, 이런 화학물질은 나중에 몸에서 빠져나간다. 하지만 아이가 트라우마나 반복되는 스트레스를 경험하고 이 화학물질이 거듭 체내에서 생겨나면 후성유전학적 변화가 일어나기 시작한다. 뇌에서 스트레스 호르몬 수용체의 활동을 조절하는 특정 유전자에 화학적 표지가 달라붙는다. 그러면 유전자가 '음소거'당하고 아이는 앞으로 평생 스트레스를—아무리 작은 스트레스라도—견디지 못한다. 이는 레이철 예후다가 홀로코스트 생존자 연구에서 관찰한 현상 뒤에 숨어 있던 후성유전학적 변화와 같다. 스트레스 반응을 억제하지 못하는 일이 만성이 되면 염증 수치가 올라가고 면역체계가 약해진다.

면역체계와 정신질환의 연관성은 요즘에야 명확하게 드러나고 있다. 에드워드 불모어Edward Bullmore 박사는《염증에 걸린 마음*The Inflamed Mind*》에서 심리 건강과 면역체계의 관계를 아주 자세하게 설명한다. 신경면역학neuroimmunology 연구진은 우울증 환자의 뇌에서 물리적 염증이 발생하는 현상을 관찰했다. 혈류를 타고 온몸을 순환하며 면역체계를 형성하는 세포와 항체는 뇌에도 접근할 수 있다. 이런 호르몬은 강력한 염증 반응을 일으키고, 결국 이런 상황이 악순환에 빠질 수 있다. 염증 반응이 심해지면 스트레스에 대한 민감도가 높아지고, 다시 스트레스 호르몬이 더 많이 만들어지면서 뇌에 염증을 일으킨다. 결국 악순환이 이어진다.

예전에는 염증을 긍정적인 면역 반응으로 여겼지만, 만성 염증이 심각한 질병과 밀접하게 연관되어 있다는 의견이 점점 더 힘을 얻고 있다. 무엇보다도 신경 염증은 인지 기능 저하, 특히 알츠하이머병과 관련성이 점점 커지고 있다. 불모어는 염증과 우울증의 연관성을 보여주는 사례를 제시한다. 예를 들어 잉글랜드 학생 15,000명을 조사한 2014년 연구 결과, 아홉 살 때 우울증은 없었지만 염증이 약간 있었던 아이들은 10년 후 우울증에 걸릴 가능성이 훨씬 더 높았다. 코펜하겐에서 73,000명 이상을 조사한 연구에서는 우울증을 진단받은 사람의 혈액에서 스트레스 호르몬을 만드는 염증 수치가 높다는 사실을 발견했다. 볼모어는 이것이 우연일 확률은 1조분의 1도 안 된다고 말한다.

염증은 단지 호르몬이 뇌를 공격하게만 하지 않는다. 볼모어의 설명을 들어보자. "신경세포에 염증이 생기면 신경세포 사이의 연결부, 즉 시냅스가 정보 패턴을 학습하는 능력이 떨어지고, 염증이 신경전달물질인 세로토닌의 공급을 줄인다."

이런 관점에서 보면 과거의 조현병 연구가 특히나 흥미롭다. 19세기 정신의학자 에밀 크레펠린Emil Kraepelin은 조현병에 관한 과학적 이해의 선구자였다. 당시 빅토리아 시대에는 '조증'과 '울증'을 마음에 일어난 질병으로, 순수하게 심리적인 손상으로 여겼다. 하지만 크레펠린은 조현병을 신체가 뇌를 '자가 중독autointoxication(자기 몸에서 만들어진 유독성 대사산물로 인한 중독—옮긴이)'시켜서 생기는 병이라고 보았다. 크레펠

린의 이론은 면역체계에 관한 현대 지식이 정립되기 훨씬 전에 등장했지만, 오늘날 이야기하는 면역체계의 오작동과 무서울 정도로 닮았다. 면역체계가 제대로 조절되지 않으면 스트레스 호르몬을 과다하게 만들고 만성 질환을 유발한다.

놀랍게도 수십 년 후, 캐스린 루이스 박사를 비롯해 조현병을 일으키는 특정 유전자를 규명하려는 연구자는 핵심 유전적 변이가 인간 유전체에서 면역체계와 자가면역에 중요하다고 밝혀진 부분에 존재한다는 사실을 발견했다. 이 대목에서 분명히 루이스 박사는 연구가 아직 초기 단계에 머물러 있으며 함부로 추론해서는 안 된다고 경고할 것이다. 하지만 조현병—정신과 너무나도 밀접하게 관련된 질환—의 유전적 소인을 결정하는 유전 부호가 면역체계나 전반적인 신체 건강에 영향을 미치는 유전 부호와 뒤섞일 수 있다는 생각은 *정말로* 놀랍다. 우리의 생물 작용과 심리 작용이 어떻게 얽혀 있는지 다시 생각하게 된다.

유전자를 조금 더 살펴보자(간단하게 끝내겠다고 약속한다). 우리 몸의 각 세포에는 염색체chromosome 23쌍이 있다. 염색체는 DNA를 운반하고 단백질로 변환하며, 이 단백질이 이를테면 '눈을 파란색으로 만들어' 같은 명령을 실행한다. 각 염색체에는 번호가 매겨진다. 2017년 연구에 따르면, 인간 유전체에서 조현병과 가장 강하게 연관된—더불어 면역체계의 유전 부호도 지정하는—부분은 6번 염색체다.

이 염색체는 혈액이나 세포 표면에 있는 단백질 약 60개를 부호화한다. 이 단백질 집단에는 C1부터 C9까지 주요 단백질군이 포함된다. 이 단백질군의 역할은 혈류에서 외부 병원체pathogen(넓은 의미에서 질병을 유발하는 유기체를 말한다)를 식별하고, 파괴할 수 있도록 꼬리표를 붙이는 일이다. 최근의 획기적인 연구에 따르면, 조현병 환자는 C4 수치가 비정상적으로 높다. C4 단백질군은 '시냅스 가지치기synaptic pruning'에 명확하게 관여한다. 시냅스 가지치기란 과도한 시냅스, 즉 뇌에 더는 필요하지 않은 연결을 없애는 과정이다. 그런데 조현병 환자는 C4 단백질이 과도하게 작용해서 가지치기가 지나치게 많이 일어난다. 그러면 마치 자가면역 반응이 발생하듯이 파괴해서는 안 될 뇌 시냅스가 엉뚱하게 파괴될 수 있다. 이런 과정은 보통 10대 후반이나 20대 초반에 일어난다. 통상적으로 조현병 증상이 시작되는 연령대와 같다. 이런 초기 연구 결과는 결국 루푸스lupus나 다발성 경화증multiple sclerosis 같은 자가면역질환과 같은 방식으로 조현병을 생각할 수도 있다고 시사한다.

이 책의 초반에서 우리는 정신질환의 유전적 소인과 환경적 소인이 분리되어 있다고 생각했다. 그래서 어떤 유전자가 영향을 미치는지 살펴봤고, 환경의 역할도 조사했다. 그런 다음, 별개의 과정인 유전자와 환경이 '더해져서' 정신질환을 일으키는 것이 아니며 둘을 하나로 이해해야 한다는 사실도 배웠다. 환경 요인은 우리에게 영향을 미칠 뿐만 아니라 우리 자식에게도 유전될 수 있는 후성유전학 변화를 유발한다. 더 나아가 우리는 면역체계가 후성유전학적 변화에서 어떤 중추적 역할을 맡는지도 확인했다. 면역체계는—아울러 면역체계에서 일으키는 염증도—유전적 소인과 환경적 요인 사이의 잠재적 연결고리로 보인다.

어느 연구는 *환경*이라는 말을 있는 그대로 해석해서 대기오염과 조현병 사이의 연관성을 발견했다. 2011년 연구에 따르면, 조현병 환자에게서 변형된 유전자 상당수가 대기 중 유독 가스 노출에 영향을 받은 유전자와 겹쳤다. 구체적으로 말하자면, 대기 오염은 뇌 발달과 손상 회복에 중요한 중추신경계의 면역세포—미세아교세포microglia—를 변화시킨다. 게다가 세포 사이의 전기회로를 가로막아서 세포 간 소통까지 바꾸는 것으로 보인다. 조현병 환자에게서 바로 이런 작용이 제대로 기능하지 않는 것으로 드러났다.

장 건강 역시 현재의 주요 연구 분야로, 조현병과 관련 있을 가능성이 존재한다. 팀 스펙터Tim Spector는 전 세계의 인체 내 미생물군유전체microbiome 연구를 선도하는 유전학 교수다. 이 미생물군유전체는 우리 몸속에 자연적으로 서식하는 박테리아와 균류, 바이러스 등 모든 미생물 집합을 가리킨다. 스펙터는 인체 내 미생물군유전체를 신체 장기처럼 진지하게 받아들이고 세심하게 관리해야 한다고 말한다. 인체 내 미생물군유전체의 건강에는 물론 유전적 요소가 중요하지만, 우리에게 이 생태계를 적극적으로 개선할 힘이 있다는 사실을 유념하자. 일란성 쌍둥이라도 인체 내 미생물군유전체의 약 34%만 동일하다고 한다. '유익한' 박테리아를 생성하는 식단이 미생물군유전체 건강을 지키는 핵심이다.

이런 사실은 우리에게도 중요하다. 인체 내 미생물군유전체가 면역계와 신경계 발달과 유지에 영향을 미친다는 사실이 밝혀졌기 때문이다. 장뇌축gut-brain axis(장과 뇌의 상호작용을 가리키는 개념으로, 장내 미생물이 장과 뇌 사이에서 신호를 전달한다고 본다—옮긴이)이라는 개념도 있다. 1997년의 어느 연구는 과민성대장증후군irritable bowel syndrome(이하 IBS)과 조현병의 연관성을 발견했다. 연구 대상이었던 조현병 환자 19%가 IBS도 앓고 있었는데, 일반 인구 중에서 IBS가 있는 사람은 2.5%에 지나지 않는다. 미세아교세포—앞서 말한 면역세포—가 과잉 생산되면 장과 뇌에서 염증이 일어난다. 이런 연구 결과는 장 건강 악화와 정신건강 악화 사이의 상관관계를 보여주며, 면역체계가 장 건강과 정신건강을 연결한다고 시사한다.

사실, 우리가 뇌 화학물질과 연관짓는 세로토닌의 90%는 정말로 장에서 만들어진다. 염증 때문에 장내 미생물군유전체가 변화하면 세로토닌 생성도 영향을 받을 수 있다. 정신질환을 앓는 경우 세로토닌이 제대로 생성되지 않는다는 사실은 이미 잘 알려져 있다. 인체 내 미생물군유전체를 잘 관리하지 않으면 혈뇌장벽blood-brain barrier에도 영향이 갈 수 있다. 혈뇌장벽은 중추신경계에 있는 혈관과 조직의 네트워크로, 해로운 물질이 뇌로 들어가지 못하게 막는다. 심지어 임산부의 인체 내 미생물군유전체 건강은 나중에 태아의 장뇌축이 발달하는 데에도 커다란 힘을 발휘한다.

갓난아기였던 시절부터 오늘날까지, 우리 몸은 우리 행동—점심으로 먹은 음식까지—을 기록하고 그에 반응한다. 나카자와의 말처럼 "나의 일대기가 나의 생명 작용이 된다"라는 사실을 이해하는 일은 심각한 정신질환을 극복하는 데 필수라고 생각한다. 조현병은 과학자가 살펴볼 유전 패턴이 더 명확하므로 학계의 관심을 집중적으로 받았다. 하지만 앞서 보았듯이, 이 책에서 다루는 주요 정신질환 세 가지 모두 유전적 변이를 공유한다. 그런데 팀 스펙터는 평생 나쁜 습관이 몸에 배었더라도 건강한 음식을 먹으면 단 사흘 만에 장 건강을 회복할 수 있다고 말한다. 다른 과학자도 동의한다. 나카자와 역시 "어린 시절의 유독한 스트레스가 우리 몸에 미치는 영향을 되돌릴 수 있다"라고 이야기한다. 이 사실이 임상 진단과 환자 지원에—그리고 우리 모두의 정신건강 개선에—미칠 영향은 엄청나다. 염증을 *유발*하는 약물 대신 면역체계에 집중한다면 정신건강 문제를 해결하는 데 혁명을 일으킬지도 모른다.

학계는 수십 년 동안 설치류를 이용해서 ELS를 검사했는데,

주로 '모성 분리maternal separation'라는 방법을 사용했다. 아동 방치나 학대를 모방하고자 갓 태어난 쥐를 2주 동안 하루 평균 3시간 정도 어미와 따로 떼어놓는 방법이다. 어미 쥐가 보금자리를 만들기 어렵게 방해해서 방치를 유발하는 방법도 있다. 이렇게 방치된 새끼 쥐는 자라서 우울하거나 불안한 행동을 보인다. 잘 움직이지도 않고, 다른 쥐와 어울리지 않고, 짝짓기도 하지 않는다. 이후 일부 쥐가 지내는 환경을 '풍부하게', 다시 말해 사회적 상호작용과 신체 활동이 늘어나도록 우리의 상태를 바꿔준다. 이처럼 환경이 달라진 쥐는 우울한 행동이 사라지지만, 환경이 바뀌지 않은 쥐는 계속 우울증 증상을 보인다.

설치류 실험이 완벽하지는 않다. 온갖 변수가—사용된 쥐의 종류부터 다양한 유형의 방치를 더욱 구체적으로 구분해서 실현해야 할 필요성까지—결과에 영향을 미칠 수 있다. 하지만 이런 실험은 뇌가 얼마나 유연한지, 어려서 겪은 일을 성인기에 어떻게 극복할 수 있는지 보여준다. 에드워드 불모어의 견해를 들어보자. "우울증은 오로지 마음의 병이라고 보거나 오로지 뇌의 병이라고 보는 양극화된 해묵은 관점에서 벗어나 신체 역시 우울증의 근원이라고 생각할 수 있다. 우울증은 적대적인 세상에서 생존 도전을 맞닥뜨린 온전한 유기체 또는 인간 자아의 대응으로 볼 수 있다."

그렇다면 어떻게 바로잡아야 할까? 어떻게 뇌에서 타오르는 불길을 잡고 유전자에서 독소를 없앨 수 있을까? 쥐가 할 수 있다면, 우리도 할 수 있지 않을까?

앞에서 세로토닌을 여러 번 언급했다. 세로토닌이 기분을 안정시키는 데 중요하다는 사실을 확인한 학계는 세로토닌의 양뿐만 아니라 세로토닌이 뇌의 신경세포에 미치는 영향 역시 기분을 좌우한다는 사실까지 발견했다. 하지만 세로토닌의 효과는 사람마다 다른 탓에 SSRI(선택적 세로토닌 재흡수 억제제)가 기분 전환에 별로 도움이 되지 않는다고 생각하는 사람이 많다. 이런 차이는 왜 생길까? 다들 짐작하다시피 우리의 유전자와 환경 때문이다. 뇌 속 화학물질의 균형을 다시 맞추는 일은—일종의—치료법이지 질병 예방법이 아니다. 예방책은 우리 몸 안에 있다.

유전학에 관심이 많은 독자라면 데이비드 싱클레어David Sinclair라는 이름을 들어보았을 것이다. 싱클레어는 하버드 의과대학 유전학 교수이자 노화 연구의 선구자다. 2014년에《타임》은 싱클레어를 세계에서 가장 영향력 있는 100인으로 선정했다. 싱클레어는 '수명 연장'이라는 사명을 이루고자 획기적인 발견을 수없이 이루었다. 그는 당뇨부터 알츠하이머병과 심장병에 이르기까지 인간에게 영향을 미치는 질병 전부와 관련된 공통 요소가 있다고 주장한다. 바로 나이다. 싱클레어는 나이가 들면서 이런 질병에 걸릴 가능성이 더 커진다고 말한다. 이 논리에 따라 노화의 징후를 뒤집을 수 있다면 발병 확률도 낮출 수 있다.

영생의 비밀을 찾는다고 하니 꼭 영화 줄거리처럼 들린다. 하지만 싱클레어는 생물학적 나이를 실제로 되돌릴 *수 있다*는 사실을 보여줬다. 세포 수준에서 노화 과정을 역전시키기만 하면 된다. 싱클레어는 카세트테이프에 비유해서 세포의 작동 원리를 설명한다. DNA는 세포 안에 빽빽하게 들어차 있다가 시간이 흐르며 서서히 풀리면서 부호의 여러 부분이 읽히거나 활성화된다. 그런데 나이가 들면 이 과정에 점점 문제가 생긴다. 카세트테이프가 헐겁게 늘어나는 것과 같다. 특정 유전자가 잘못 해석되면서 세포가 정체성을 잃고 만다. 피부와 머리카락이 얇아지고, 뼈가 갈수록 약해지면서 근육을 지탱하는 능력이 떨어진다.

물론 이런 현상은 노화의 일반적인 징후다. 하지만 노화 과정은 유전자 부호 속 특정 유전자가 원래라면 묶여 있어서 읽히지 말아야 하는데 풀어지는 바람에 활성화하는 현상을 의미할 수도 있다. 쉽게 말해, 후성유전학적 변화가 혼란스럽게 발생하며 우리 몸이 질병의 유전적 소인을 전부 읽기 시작한다. 싱클레어는 DNA를 다시 단단하게 묶어놓는 방법이 있다고 한다. 연필을 카세트테이프 구멍에 꽂아 돌려서 테이프를 되감는 일과 같다. 각 질병을 따로 치료하기보다는 유전자 구성의 화학물질 균형을 다시 맞추고 노화 징후를 되돌리는 방법을 찾아야 질병 없이 살 가능성을 높일 수 있다. 싱클레어는 식단부터 영양제, 특정 유형의 운동까지 다양한 전략을 제안한다.

싱클레어는 간헐적 단식을 지지하며—최적의 단식 시간은 16시간이라고 한다—고강도 인터벌 트레이닝을 추천한다. 세상에는 다이어트와 건강한 생활, 운동과 관련된 온갖 종류의 자기 계발서가 나와 있다. 여기서 그런 책을 소개할 생각은 없다. 하지만 싱클레어의 전략이 정말로 와닿았고, 특히 인터벌 트레이닝은 즐거운 기분을 유지하는 데 도움이 되는 것 같다. 그렇다고 운동 후 단 며칠이나 몇 주 만에 기분이 좋아진다는 말도, 가끔 크로스핏 수업을 듣는다고 해서 질병의 유전적 소인을 피할 수 있다는 말도 아니다. *실제*로는 장기적 전략을 실천하고 수년 동안 습관을 기를 수 있도록 충분히 지식을 쌓아야 한다는 의미다. 그러면 건강을 유지하는 데 도움이 될 생물학적 메커니즘을 활성화할 수 있을 것이다.

지식은 힘이며, 따라서 회복력도 있다는 것이 레이철 예후다의 연구가 내세우는 핵심 전제다. 예후다는 여기서 한 걸음 더 나아가 우리 유전자가 슬픔을 배울 수 있다면, 행복도 배울 수 있다고 말한다. 예후다는 트라우마 경험뿐만 아니라 심리치료에서도 후성유전학적 변화가 발생하며, 치유 또한 유전될 수 있다는 사실을 발견했다. 잼 병 비유를 다시 들자면, 단순히 병에 붓는 물의 양을 줄이는 대신 병 바닥에 깔린 돌멩이를 작게 줄일 수 있다는 뜻이다. 돌멩이는 여전히 잼 병 안에 있겠지만, 차지하는 공간이 줄어들 것이다.

치유가 일어나려면 틀림없이 뇌가 훌륭한 시작점 아닐까?

나는 2016년에 BBC에서 우리 아버지와 유전성 정신질환을 다루는 단편 다큐멘터리를 제작하면서 킹스칼리지런던 교수 롤런드 잰의 연구를 처음 접했다. 신경과학과 심리치료 분야 연구가 대부분 그렇듯이, 잰의 연구 역시 프로이트에 뿌리를 두고 있다. 프로이트는 죄책감이 우울한 기분에서 핵심이라고 보았다. 하지만 이런 연관성은 프로이트 이전에도 존재했다. 고대 그리스인은 우울과 비탄의 여신 오이지스를 밤의 여신 닉스의 딸로 여겼다. 게다가 오이지스의 쌍둥이 오빠 모모스는 조롱과 비난의 신이다.

우울하다가 어느 순간 자책감이나 죄책감을 느낀다고 말하는 사람이 많은 듯하다. 만성 질환을 앓는 사람은 외부 세계와 접촉해서 무언가를 느낄 만한 에너지가 없을 때가 있다. 하지만 죄책감은 널리 퍼져 있다. 나는 확실하게 죄책감을 느꼈다. 잰은 "사람들이 죽음에 어떻게 반응하는지 살펴보면, 일반적인 슬픔의 단계를 겪는 사람에 비해 우울증을 앓는 사람에게서는 자책이 뚜렷한 역할을 하는 듯하다"라고 설명한다.

잰은 죄책감과 행위 인식을 만들어내는 뇌 부위에 초점을 맞춘다. 바로 뇌 앞쪽 부분(슬하전대상피질anterior subgenual cingulate cortex)과 오른쪽 관자놀이 아랫부분(전상측두피질anterior superior temporal cortex)이다. 잰은 우울증 환자의 뇌에서 이 부위의 시냅스가 약하고, 자주 오작동하거나 제대로 연결되지 않는다는 사실을 발견했다. 따라서 두 부위 사이의 연결성을 높이고, 행위와 죄책감 사이의 '정상적인' 상관관계를 재확립한다는 목표를 세웠다.

"뇌는 심리 작용과 생물 작용이 만나는 곳이죠. 뇌는 학습 경험에 반응해서 변화하기 때문이에요." 잰이 말했다. "그래서 우울증 환자에게서 발견한 변화를 되돌릴 수 있다고 생각해요. 뇌의 연결성은 학습 신호거든요. 그러니까 뇌가 다시 학습하는 일이 가능해야 해요." 그렇다면 어떻게 다시 학습할 수 있을까? 글쎄, 대답이 과학보다 전체론 의학에 가깝게 들릴지도 모른다. 하지만 실제로는 둘 다 섞여 있다.

나는 2016년에 잰 박사를 만나서 뇌를 스캔했다. fMRI로 뇌 지도를 그려서 구조를 파악하고 슬하전대상피질과 전상측두피질 사이의 연결성을 관찰했다. 기계 아래에 눕자, 잰 박사가 죄책감을 느끼는 상황을 떠올리라고 요청했다. 상황을 가짜로 꾸며내는 것처럼 보이겠지만—실제로도 그랬다—뇌는 거짓말하지 못한다. 아니나 다를까. 죄책감을 느끼라고 명령받은 뇌는 죄책감을 느꼈다. 나는 기계 아래에 누워서 낸시 할머니가 돌아가시기 전에 자주 찾아뵙지 못한 일, 어머니를 돕지 않은 일, 좋은 친구가 되지 못한 일을 생각했다. 다른 방에 있는 의사들은 내 뇌가 과잉 죄책감 반사 반응overactive guilt reflex을 보인다는 사실을 확인했다. 우울증을 앓는 사람에게서 흔히 나타나는 현상이다.

기계 속 화면에 막대그래프가 떴다. 나는 죄책감이 줄어드는 것을 상상해서 그래프의 수치를 낮춰보라는 과제를 받았다. 연구진은 환자가 떠올리는 어떤 죄책감 상황에서든 되뇔 수 있도록 주문을 수백 가지 고안했다. "이렇게 행동해도 아무런 소용이 없다." "다른 사람들도 다 이렇게 느낀다." 환자들이 마음속으로 끝없이 되풀이했을 때 가장 효과적이었던 문구는 따로 있었다. "나 자신을 용서한다."

연구진은 이 표현에는 대꾸할 말이 없기 때문이라고 설명했다. 예를 들어서 "입원한 조부모님을 뵈러 가는 사람은 별로 없어"라고 스스로 말한다면, 죄책감을 덜 수 있다. 하지만 이렇게 우기더라도 받아칠 말이 늘 생긴다. 조부모님과 관계가 무척 특별했다거나, 조부모님이 위중하므로 반드시 찾아뵈어야 했다고 대꾸할 수 있다. 죄책감을 느끼는 마음은 그 죄책감을 합리화하는 방법을 찾는다.

하지만 자기 용서에는 받아칠 말도, "그래, 하지만…"이라며 딴지를 걸 내면의 목소리도 없다. 잰 박사의 연구는 이를 생물학적 차원에서 증명한다. 실험 참여자 가운데 70% 이상이 "나 자신을 용서한다"라는 말을 반복하기만 해도 뇌 연결성이 향상되고 죄책감 수치가 조정되었다.

기계 아래에 누워서 그런 말을 하니까 기분이 정말 이상했다. 바보 같다는 생각이 들었다. 효과가 전혀 없을 것 같았다.

과학이 아닌 듯했다. 낯선 사람들이 가득한 실험실에서 이 표현의 의미를 찾으려고 애쓰다 보니 다른 사람들 시선을 몹시 의식하게 됐다.

그러다가 문득 깨달았다. 지난 몇 년 동안 심리치료사를 많이 만났는데, 하나 같이 단어만 조금 다를 뿐 똑같은 주문을 외워보라고 제안했다. "나 자신을 친절하게 대하자." "자기 자신을 너무 힘들게 하지 마라." 친구들도 비슷하게 조언했다. 나는 이런 조언이 무슨 말이든 무의미해 보일 때 던지는 위로에 지나지 않는다고 생각했다. 그런데 잰 박사의 연구실에서 내 뇌가 이런 말에 실제로 반응한다는 경험적 증거를 처음 얻었다. 바로 옆 연구실로 가서 그래프를 직접 보았다. 내 뇌의 한 부분이 다른 부분에 죄책감을 덜라고 말하는 것을 보았다. 잰 박사의 말처럼 정말로 뇌가 건강한 패턴을 다시 배우도록 가르칠 수 있었다.

두뇌행동연구재단Brain & Behavior Research Foundation(이하 BBRF)의 회장이자 CEO 제프리 보렌스타인Jeffrey Borenstein 박사와도 이야기를 나누었다. BBRF는 미국에서 정신건강 연구에 민간 기금을 가장 많이 지원하는 단체다. 지난 35년 동안 4억 달러 이상을 모아서 뇌 예비 연구에 지원했다. "사람들은 대체로 유전적 소인을 매우 걱정하죠." 보렌스타인 박사가 말했다. "하지만 10년 전이나 5년 전보다는 요즘에 이런 질병을 앓는 편이 더 나아요." 보렌스타인도 싱클레어처럼 치료보다는 예방에 관심이 많았다. "정신의학 분야에서는 예방에 그다지 중점을 두지 않죠. 심장병은 예방을 강조하면서요. 건강한 식습관과 운동을 권장하잖아요. 암 예방을 위해 검진을 받고요. 하지만 정신건강에 관해서는 그런 조치를 할 방법이 없어요. 지금까지는 그랬죠. 아주 흥미로운 문제예요."

"제가 레지던트 과정을 마쳤던 1988년에는 늙은 뇌가 새로운 세포를 성장시킬 수 없다고 배웠어요. 두 살 이후를 '늙었다'라고 했죠." 보렌스타인이 말을 이었다. "이제는 잘못된 정보라는 걸 알아요. 늙은 뇌도 새로운 세포를 성장시키죠. 모든 연령대에서요. 확실해요. 이 과정에서 운동이 무척 중요하죠. 저는 환자와 상담할 때 상담 치료와 약물 치료, 운동을 모두 권해요. 뇌는 긍정적인 방향으로 변할 수 있고, 젊은 세대일수록 특히 그렇죠. 뇌는 20대 중반까지도 계속 발달하거든요."

BBRF가 자금을 지원하는 분야 중에는 로버트 프리드먼Robert Freedman 박사의 태아 뇌 발달 연구도 있다. 프리드먼은 콜로라도대학교 의과대학의 교수이자 학과장이다. 프리드먼에 따르면 "인간 유전자는 2만 개인데, 그 어떤 일보다 뇌 형성에 가장 많은 유전자가 관여한다. 이 유전자는 출생 이후보다 이전에 약 10배 더 활성화한다." 프리드먼의 연구실은 신경세포가 주고받는 신호를 진정시키는 '억제' 과정을 연구한다. 앞에서 살펴봤듯이, 트라우마를 경험하면 스트레스 호르몬이 분비된다. 건강한 사람이라면 트라우마나 위험이 사라지고 나면 호르몬이 더는 만들어지지 않는다. 하지만 건강하지 않은 사람, 이를테면 조현병 환자의 경우 이 능력이 저하되어서 스트레스 신호가 과도하게 활성화할 수 있다.

다행히도 학계는 조현병에 걸리기 쉬운 사람들이 가능한 한 빨리 이 문제를 해결할 새로운 방법을 모색하고 있다. 콜린choline은 기억력과 근육 조절, 세포 생존력 등을 조절하는 데 도움을 주는 영양소다. 체내에서 콜린이 자연적으로 만들어지기는 하지만, 결핍을 예방하려면 음식으로 더 많이 섭취해야 한다. 콜린이 풍부한 음식으로는 소와 닭의 간, 달걀, 생선, 일부 채소가 있다. 오래전부터 의료진은 임산부에게 태아의 전반적인 건강을 위해 콜린 보충제를 먹으라고 권장했다. 프리드먼의 연구실에서는 콜린이 정신건강에 미치는 잠재적인 이점을 새롭게 발견했다. 콜린은 생물학적 억제 발달에 필수적이다.

프리드먼은 "조현병에서 신경계가 제대로 작동하지 않는 방식을 알아내는 데서 나아가 그런 일을 예방하고자 실제로 조치하는 단계로 나아갔다"라고 밝힌다. 현재 임산부는 조현병이나 다른 정신증 가족력이 있다면 콜린을 섭취하라고 권고받는다. 이 연구는 유전적 소인을 걱정하는 부모에게 대단히 고무적일 뿐만 아니라, 일부에게 조현병을 예방할 가능성을 안겨준다. 진정한 의미에서 인생을 바꾸는 연구다.

BBRF의 줄기세포 연구는 뇌를 이해하는 데 이바지하며, 앞으로 치료법을 개선할 수도 있다. 과학자는 피부 표본을 채취해서 줄기세포로 만들고, 이 줄기세포를 뇌세포로 바꿔서 페트리 접시에서 배양할 수 있다. 보렌스타인은 현재 이 과정을 조현병 환자의 뇌와 일반인의 뇌를 비교 연구하는 데 사용한다고 설명했다. "장래에는 이런 일이 가능할 거예요. 저는 현업에 있는 정신과 의사니까 누군가가 찾아오겠죠. 그러면 그 사람의 피부 세포를 실험실로 보내서 진단에 도움이 되는 정보를 받을 거예요." 그는 앞으로 몇 년 안에 세포 검사 결과를 바탕으로 특정 항우울제를 추천하는 일까지 가능해지리라고 예측한다.

BBRF는 미국식품의약국에 승인받은 여러 우울증 치료법에 자금을 지원했다. "우리가 초기부터 지원했고 현재 널리 사용되는 치료법 중에는 경두개자기자극transcranial magnetic stimulation이 있어요." 보렌스타인이 설명했다. 경두개자기자극은 환자의 머리에 자석을 붙이고 뇌에 아주 미세하고 정밀한 전기 회로를 유도해서 우울증과 관련된 뇌 부위의 과잉 활동을 감소시킨다. "이 방법이면 몇 주가 아니라 며칠 만에 우울증을 치료할 수 있죠. 강박장애를 치료하는 데에도 유용할 겁니다. 약물 의존증 치료도 가능하리라고 기대하고요."

뇌는 우리 몸의 화학자이면서 두꺼비집이기도 하다. 인간의 뇌에는 신경세포가 약 890억 개 있고, 각 신경세포가 서로 소통하면서 우리의 생명 활동을 유지한다. 뇌파가 보내는 전기 신호의 강도는 신경세포가 얼마나 원활하게, 어떤 용량으로 소통하는지 반영한다. 가장 흔한 뇌파는 델타파와 세타파, 베타파, 알파파다. 뇌파마다 속도가 다르고—헤르츠 단위로 측정한다—고유한 용도도 다르다. 특정 시점에 어느 뇌파가 더 우세한지를 보며 뇌의 여러 영역을 평가할 수 있다.

1995년 8월, 우리 아버지는 뇌파를 측정하는 뇌전도 검사 electroencephalogram(EEG)를 받았다. 검사를 받으려면 작은 전극을 머리 전체에 붙여야 한다. 진료 예약서에 전극을 확실히 붙일 수 있게 머리를 깨끗하게 감고 오라는 내용이 적혀 있다. 의료 기록에는 아버지의 환각, 아버지가 보는 환영과 듣는 목소리에 관한 설명이 담겨 있다. 기억 상실도 최소한 한 번은 있었다고 한다. 의료진은 발작 같은 다른 뇌 질환은 배제하려고 했다.

델타파는 속도가 가장 느리며, 깊은 수면 상태에서 활성화한다. 이렇게 깊은 수면 상태에서는 꿈을 꾸지 않는데, 이때 델타파는 뇌 기능을 회복하고자 은밀히 일한다. 깊은 잠에 빠져 있다가 깨어나면 내가 어디에 있나 싶어 혼란스러울 때가 있다. 델타파는 기억 저장에 필요한 해마를 회복시키고 인간 성장 호르몬 분비를 촉진한다. 의식이 있을 때 델타파가 확인된다면, 뇌가 심각하게 손상되었다거나 학습장애를 앓는다는 의미일 수 있다. 다행히도 우리 아버지는 그런 경우가 아니었다.

세타파는 꿈을 꾸는 수면 상태, 이른바 렘REM 수면 상태에서 활성화한다. 백일몽을 꾸거나 명상 중이거나 깊은 사색에 빠져 있을 때도 세타파가 감지될 수 있다. 세타파는 몸을 편안하게 이완시키고, 우리를 직관과 잠재의식과 이어준다. 아버지는 검사에 집중한 탓인지 세타파가 '거의' 감지되지 않았다.

알파파는 상상에 집중하며 휴식하는 상태에서 나타난다. 아버지는 검사받는 거의 내내 이완되어서 머릿속 상상에 마음을 쏟았다. 창의적인 사람들은 알파파 비율이 높은 경향이 있으므로, 아버지에게서 알파파가 가장 많이 감지된 것도 당연하다. 알파파는 정신을 이완하고 창의적 사고를 촉진하지만, 전두엽에서 알파파가 과도하다면 ADHD나 우울증 증상을 시사할 수 있다.

베타파는 집중할 때, 예를 들어 강연이나 발표할 때, 다른 사람들과 소통하려고 노력할 때 활성화한다. 문제 해결에 뛰어난 사람들—논리적인 사고 패턴을 보이고 집중력이 높은 사람들—은 베타파가 많이 흐른다. 장시간 집중하거나 스트레스를 과도하게 받거나 지나치게 몰입하면 베타파가 상승할 수 있다. (베타파 때문에 머리로 혈류가 쏟아져 들어오면 가벼운 두통을 앓을 가능성이 있다.) 검사 결과를 보면, 아버지의 뇌는 베타파가 별로 활성화하지 않았다.

뇌의 전기회로를 재설정하고 뇌파 활동을 조절하는 일도 정신질환 치료법에 포함된다. 헬렌 메이버그Helen Mayberg 교수는 이런 치료법에 초점을 맞춘다. 마운트시나이 의과대학 정신의학 및 신경과학 교수인 메이버그는 뇌에서 우울증과 관련 있는 부위를 확인하고 정밀한 신경정신장애 수술 치료법을 개척했다. 2015년 TED 강연에서 메이버그는 뇌 회로의 작동 원리를 더 잘 이해하고 뇌에서 우울증 표지를 확인하는 일이 중요하다면서도 이렇게 덧붙였다. "심각한 우울증이라는 고통에는 그 어떤 것과도 비교할 수 없는 무언가가 있다. 내게는 이것에 가장 설명하기 어렵고 특정하기 어렵다. 여러모로 다른 모든 것은 부정적인 경험에서 비롯하는 일의 파생물이기 때문이다. 그렇다면 그 무언가가 어디에 있느냐가 핵심이다."

메이버그는 세포가 감정과 불안, 동기, 심지어 수면까지 조절하는 것으로 보이는 브로드만 영역 25Brodmann area 25라는 부위를 발견했다. 이 영역은 잰 박사가 fMRI 스캔으로 집중적으로 연구한 뇌 부위와 같다. 잰과 마찬가지로 메이버그도 우울증 환자의 뇌에서 이 부위가 과도하게 활동한다는 사실을 발견했고, 이 부위에 전기 충격을 가하면 과잉 활동을 진정시키고 뇌파를 더 규칙적인 패턴으로 안정시킬 수 있다고 생각했다. 이 방법은 현대에도 중증 정신질환을 치료하는 데 쓰이는 ECT(전기경련요법)를 훨씬 더 정밀하게 발전시킨 방식이다.

아버지의 의료 기록을 보면 20대에 ECT를 받았다고 나온다. 솔직히 말해서 그 기록을 읽고 정말 마음이 아팠다. 정신 나간 과학자들이 아버지의 머리에 전극을 붙이고 레버를 힘껏 밀어서 전압을 높이는 장면이 머릿속을 휩쓸었다. 사실, 초창기 ECT는 *정말로* 마취 없이 전기를 대량으로 썼고, 기억 상실과 심지어 골절까지 일으켰다. 그 탓에 우리는 ECT를 싸늘하고 어두컴컴한 정신병원에서 쓰는 구식 요법으로 여기곤 한다. 다행히도 상황이 달라졌다. 요즘에는 환자에게 진정제를 투여하고 뇌에 미세한 전류만 흘려서 짧은 발작을 유도한다.

아버지의 치료가 고통스럽지 않았기를 바란다. 약이 제대로 듣지 않을 때만 ECT를 받을 수 있었을 텐데, 내 생각에 아버지는 효과적인 치료법을 알아보려고 전부 시도하고 싶어 했을 것 같다. 뇌의 회로를 다시 구성할 수 있다면, 에너지를 빨아들이고 창의성을 억누른다고 느꼈던 약물에 의존하지 않을 수 있다면, ECT가 매력적인 선택지로 보였을지도 모른다. 하지만 아버지는 ECT를 다시 받지 않았다. 아마 기분 좋은 경험은 아니었나 보다.

메이버그가 개척한 시술은 일종의 21세기 맞춤형 전기충격요법으로, 환자의 머리에 구멍을 뚫고 브로드만 영역 25에 전극을 부착해서 자극을 가한다. 머리에 구멍을 뚫는다고 하니 음산한 정신병원이 다시 떠오르지만, 이 기술은 최첨단이다. 메이버그의 시술은—아직 초기 단계지만—그 어떤 치료법으로도 효과를 보지 못했던 환자에게 커다란 변화를 가져다줬다. 첫 환자는 즉시 변화를 경험했다. 메이버그는 실험 중 또렷하게 깨어 있던 환자가 "갑자기 평온함을 느꼈다. 지난 5년 동안 느꼈던 공허함과 부정적 감정이 사라졌다"라고 밝혔다. 변화 속도는 놀라웠다. 연구진이 전기회로를 끄자마자 그 환자는 다시 우울한 상태로 돌아왔고, 잠시나마 평온했다는 사실을 믿지 못했다. 전기회로 반응이 즉각적인 효과를 낸다는 이 관찰 결과는 뇌가 얼마나 유연한지 잘 보여줬다. 심장에 심박조율기를 이식하듯이, 앞으로는 뇌의 전기회로가 제대로 작동하도록 뇌에 마이크로칩을 이식할지도 모른다.

우울증과 관련 질환에 관한 인식이 변하면서 의료계도 특정 약물에 대한 접근 방식을 바꾸고 있다. 예를 들어 요새는 케타민ketamine 사용을 재평가한다. 이제까지 케타민은 의료 환경에서 진정제로만 쓰였으나 새로운 연구는 케타민이 우울증 치료에도 효과적일 수 있다고 시사한다. 보렌스타인은 최신 개발에 커다란 기대를 건다. "비강 스프레이 형태로 쓸 수 있는 케타민이 최근에 난치성 우울증, 그러니까 일반적 치료에 반응하지 않는 우울증 치료제로 승인받았죠. 2~4시간 안에 우울증 증상을 완화해요. 이 약으로 삶이 얼마나 크게 달라질지 생각해보세요."

흔히 '파티용 마약'으로 여겨지는 약물도 치료에 상당한 영향을 미친다. 레이철 예후다는 MDMA(메틸렌디옥시메타암페타민methylenedioxymethamphetamine의 줄임말로, 흔히 엑스터시라고 불린다—옮긴이) 같은 환각제에 초점을 맞추며, PTSD로 발전하는 트라우마를 관리하는 데 MDMA가 유용하다는 사실을 발견했다. 지금은 환각제 혁명(1960년대 미국에서 유행한 반문화운동의 한 갈래로, LSD 같은 환각제를 사용하여 의식을 확장하고 사회적, 문화적 규범에 저항하려 했던 현상—옮긴이)의 일부로 여겨지지만, MDMA는 공감과 자기 성찰, 대인 신뢰를 증진하는 약물인 엔탁토겐entactogen(정서적 연결과 개방성, 공감을 유발한다고 알려진 향정신성 약물—옮긴이)이다. MDMA는 치료제로 사용되던 초기에 환자가 고통스러운 기억을 털어놓고 마주하도록 돕는 데 쓰였다. 예후다는 "보통 직면하기 어려운 것을 직면하게 돕는 약"이라고 묘사한다. 아울러 트라우마에서 치유된다는 것은 다른 관점에서 경험을 바라보고자 자기 자신에 관한 새로운 이야기를 만드는 것이라고 설명한다. 예후다가 보기에 MDMA는 트라우마를 이야기할 때 자기 연민은 극대화하고 자기 비판은 최소화하는 자기 성찰의 기회를 제공한다.

여러분이 이 책을 읽을 때쯤이면 우울증과 양극성장애, 조현병, 기타 관련된 정신질환을 다루는 실험적인 치료법에서 훨씬 더 흥미로운 진전이 있을 것이다. 이 분야에서 연구가 많이 이루어지고 있으며 커다란 발전을 일구고 있다는 사실에 희망을 느낀다. 하지만 적어도 영국에서는 우리 아버지 같은 사람을 위한 지역사회 돌봄이 우선순위가 아닌 듯해서 희망이 다소 꺾이기도 한다. 아버지의 주치의였던 솔켈드 박사가 요즘이라면 지역사회복지사가 예전처럼 아버지를 지원하지 못했을 것이라고 한탄했던 일을 다들 기억할 것이다. 미국에서 정신질환 환자 중 알맞은 의료 서비스를 받은 사람보다 투옥된 사람이 더 많다는 사실은 이미 잘 알려져 있다. 과학계는 정신질환을 치료할 방법을 찾고자 노력하고 있다. 하지만 사회는 정신질환을 앓는 사람들을 돌보는 데 훨씬 소홀한 것 같다.

11. 수호천사

세상에는 어두운 그림자가 있지만, 그와 대비되어 빛은 더욱 강하게 빛난다.

— 찰스 디킨스, 《픽윅 보고서*The Pickwick Papers*》

아버지의 의료 기록은 엄청난 정보의 세계를 열어젖혔다. 이 문서는 아버지가 어떤 사람이었고 어떤 어려움을 겪었는지 자세하게 알려줬다. NHS의 훌륭한 담당자가 서류를 보내줬을 때 더없이 기뻤다. 하지만 의료 기록이 틀림없이 더 중요한 만남으로 이어질 줄은 상상조차 하지 못했다. 나는 아버지 치료에 깊이 관여했던 두 사람과 연락이 닿았다.

의료 기록에는 리즈 모리슨이라는 이름이 거듭 나왔다. 리즈는 아버지의 부고 소식을 들었다고 기록을 남긴 그 사회복지사다. 리즈를 찾아야겠다고 생각했지만, 가능성은 희박했다. 리즈가 어디에 있을지 알 수 없었다. 잉글랜드에서 사회복지사를 관리하는 기관인 소셜 워크 잉글랜드Social Work England에 먼저 문의했는데, 리즈가 일하던 시절에는 이 기관이 설립되지 않았다고 했다. 아버지가 치료받았던 병원에는 가 봤냐고? 글쎄, 그동안 의료 시스템이 너무 많이 개편되어서 정확히 어느 병원인지조차 확실하지 않았다. 나는 허공으로 이메일을 더 많이 보내고 기다렸다.

기적처럼 몇 주 후에 답장이 왔다. 어딘가의 누군가가 다른 누군가에게 이메일을 전달했고, NHS만이 아는 신비로운 소통 과정을 통해 누군가가 리즈를 찾아냈다. 나는 영화 〈101마리의 달마시안 개〉에서 전국의 모든 개가—도시에 사는 잡종개부터 시골의 콜리까지—도움을 요청하는 메시지를 수백 킬로미터 넘게 전달하려고 힘을 합쳐 울부짖는 장면을 떠올렸다. 담당자는 리즈를 찾았을 뿐만 아니라 리즈가 나와 만나고 싶어 한다는 소식까지 전했다. *그뿐인가*, 리즈는 이웃 동네에 살고 있었다! 내가 울부짖어서 보낸 메시지는 영국 전역을 가로질러 우리 집에서 1.6킬로미터 정도 떨어진 곳에 사는 여성분을 찾아냈다. 리즈는 우리 아버지를 만났던 곳에서 그리 멀지 않은 지역에서 여전히 정신건강 돌봄 복지사로 일하고 있었다. 문자 메시지를 몇 차례 주고받은 후(*얼른 보고 싶어 죽겠어요!* ♥) 리즈가 우리 집을 방문하기로 했다.

문을 두드리는 소리에 문을 열자, 금발을 한 갈래로 묶고 배낭을 멘 채 커다란 초록색 눈을 반짝이며 함박웃음을 짓고 있는 여자가 보였다. 리즈는 막 일을 마치고 온 참이었다. 30년 넘게 수백 명이나 되는 정신질환 환자를 돌봤고, 그날도 환자를 만나고 왔다. 흡연자 특유의 쉰 듯한 목소리와 런던 북부 억양, 느긋한 태도가 눈에 띄었다. 아버지와 잘 지냈을 것 같았다. 생전 처음 만나는 우리는 현관에 서서 포옹했다. 전혀 몰랐던 가족을 만난 기분이었다. 내 안내에 따라 부엌으로 들어온 리즈는 곧장 할머니가 그린 아버지 초상화를 봤다. "그 데님 셔츠네요." 리즈는 아버지의 옷깃을 가리키며 미소 지었다. 내 기억 속에서도 선명한 아버지의 데님 셔츠와 청바지를 기억하고 있었다. 나는 리즈가 거의 30년 전에 직접 쓴 메모와 함께 아버지의 의료 기록을 건넸다. 내가 차를 우리는 동안 리즈는 자리에 앉아서 서류를 읽었다. 리즈는 아버지가 돌아가시기 약 15개월 전인 1995년 6월부터 아버지를 도왔다. "우와." 리즈가 한 장 한 장 넘겨보며 말했다. "이렇게 오랜 시간이 지나서 읽으니까 정말 놀랍네요." 리즈는 직접 쓴 관찰 기록을 큰 소리로 읽었다. "'약 자체보다는 무언가를 먹는다는 생각이 더 큰 도움이 되었다.' 아시다시피 아버님은 바로 그런 사람이었어요. 약물을 좋아하지 않았죠."

"오래전 일이에요, 제임스. 그래도 난 래드브로크 그로브에 살던 그 사람에 관해 늘 이야기했어요. 그런데 이메일이 불쑥 나타났고, 기억이 되살아났어요." 오랜 세월 동안 너무나도 많은 환자를 돌본 리즈가 아버지를 그렇게 자세히 기억하고 있을 줄은 몰랐다. "우리는 서로 통하는 게 있었어요. 아버님에게는 뭔가 특별한 게 있었죠. 신비한 기운이 있었어요. 나는 그 사람이 참 안타까웠어요. 어머님하고 만났다가 헤어졌다가 반복하는 것 같았어요. 그러다가 당신이 생겼고요. 나도 갓 아이를 낳았을 때라서 그 처지에 마음이 아팠어요. 아들 때문에, 그러니까 당신 때문에 안쓰러웠죠." 갓난아이를 키우던 리즈는 아버지를 돕는 일에 마음이 끌렸고, 아버지가 우리 모자와 의미 있는 관계를 맺을 수 있기를 바랐다. 놀랍게도 리즈는 내가 걸음마를 배우던 무렵 노팅힐의 우리 아파트에 방문했던 일도 기억했다. "나이 지긋한 어르신이 계셨어요. 당신을 돌봐주셨는데." 그 사람은 아마 우리 외할머니 가브리엘이었을 것이다.

그때 리즈는 겨우 스물여덟이었다. 열다섯 살 이상 나이가 많은 남자를 돕는 일이 이상하다고 느낀 적은 없는지 물었다. "나는 내가 늘 애늙은이 같았어요. 나이는 생각하지 않았죠." 리즈는 런던 북부로 막 이주한 아일랜드계 가톨릭 가정에서 태어났다. 엄격한 가족 가치관과 직업 윤리를 배우며 자랐고, 고작 16세에 브리티시텔레콤에서 전화 교환원으로 첫 일자리를 얻었다. 하지만 사람들을 돕는 일이야말로 소명이라고 생각했다. 자기가 무슨 일을 하고 싶은지 그냥 알았다고 한다. 그래서 돌봄 업무에 뛰어들었다. 그리고 얼마 지나지 않아서 아버지를 담당하게 됐다.

"정말로 유행의 최첨단에 있던 사람이었어요." 리즈가 웃으며 이야기했다. “노팅힐의 히피 분위기가 물씬 풍겼죠. 딱 어울리더라고요. 매력적이고 재미있는 사람으로 기억해요. 나를 보더니 정말 기뻐하던 모습이 기억나요, 알죠? 무척 행복해했죠. 우리는 친하게 지냈어요. 아버님네 아파트 바로 앞에 있는 ‘카페 루주’에서 커피를 마시곤 했어요. 햇볕을 쬘 수만 있다면 밖으로 나갔죠. 담배를 피우려고요. 포토벨로 마켓을 산책하곤 했는데, 그 동네가 참 마음에 들었어요.” 리즈의 목소리에서 그리움이 묻어났다. “온갖 커피숍이랑 환자를 만날 수 있는 곳이 있었거든요. 킹스로드를 따라서 자선 가게들도 있었고요. 아버님이 자원봉사 자리를 구할 수 있는지 알아보려고 그런 가게에 같이 갔죠. 똑똑한 사람이었는데, 뭘 해야 할지 몰랐어요. 나는 그냥 자기 자신에서 빠져나올 수 있게 도우려고 애썼을 뿐이에요.”

리즈에게 아버지가 외로워했는지 물었다. 아버지를 이런 식으로 묘사하고 싶지는 않지만, 아버지가 어떤 사람이었는지 더 풍부하고 자세하게 묘사해야 한다는 사실을 잘 안다. “그랬던 것 같아요.” 리즈는 아버지의 다른 면도 묘사했다. 아버지는 더 내성적이었고, 고립과 자기 성찰에 빠지기 일쑤였다. 리즈는 아버지의 아파트를 방문하곤 했는데, 양초와 예술 작품이 곳곳에 놓인 집은 분홍색과 붉은색이 어우러져서 신비로운 분위기가 흘렀다고 한다. 하지만 집이 완전한 어둠에 잠길 때도 있었다. “무거운 기운이 감돌았어요. 슬픔에서 흘러나오는 에너지를 느낄 수 있었죠. 마치 고치 속에 있는 것 같았어요."

"어떻게 보면 정신과 간호사가 아니라 사회복지사로 일해서 다행이었어요. 간호사로 일하면 냉철해야 하잖아요. 위험을 평가하고 관리해야 하고요. 하지만 나는 그냥 나 자신일 수 있었어요." 아버지는 약도 싫어했고, 자기가 아프다는 생각도 싫어했다. 리즈는 아버지와 인간적으로 소통하며 '단짝'처럼 지낼 수 있었다. 두 사람은 예술과 삶에서 원하는 것을 이야기하곤 했다. 아버지에게는 정신증이나 기분, 약 등 의료가 아닌 다른 주제로 전문가와 대화할 기회였다. 리즈에게는 자기 삶을 향한 감정과 아들을 향한 마음을 터놓고 이야기할 수 있었다. "아내가 그리웠던 것 같아요. 하지만 마음속 깊은 곳에서는 그 관계가 잘 풀리지 않는다는 걸 알았을 거예요."

그러다가 리즈의 이야기를 듣고 내가 울음을 터뜨렸다. "하루는 같이 차를 타고 당신이 다니는 학교 앞을 지나갔어요. 나한테 보여주고 싶어 했거든요. 아들이 그렇게 좋은 학교에 다닌다는 걸 정말로 자랑스러워하는 것 같았어요. 아들과 가까워지기를 바랐죠. 당신과 함께하지 못해서 몹시 슬펐을 거예요." 둘이 구경했다는 학교는 런던 서부에 있는 사립 초등학교다. 당시 나는 여섯 살이나 일곱 살이었을 것이다. 리즈는 아버지가 나와 더 가까워졌다고 느낄 수 있게 학교 앞까지 차로 데려다줬다. 그 생각에 눈물이 차올랐다. 아버지를 떠올릴 때 나를 가장 크게 뒤흔드는 것은 커다란 사건이 아니다. 아버지의 병도, 아버지의 죽음도 아니다. 이렇게 소소한 순간, 지금도 아버지의 기억을 드러내며 반짝거리는 가느다란 빛줄기다.

리즈는 예전에 쓴 메모를 계속 읽어 내려가며 마음에 와닿는 내용을 읽었다. "사회 부적응자처럼 느껴진다는 주장. 어휴, 정신질환이 얼마나 큰 영향을 미치는지 너무 슬퍼요." 그러더니 다른 기록을 읽었다. "'그가 아들을 만날 예정이라며 기대하고 있다.' 이건 참 좋네요." 리즈가 나에게 따뜻한 미소를 지어 보였다. 그 메모는 리즈의 과거를 돌아보는 여정이기도 했다. 리즈는 서류에서 추억 속 이름도 마주쳤다. "아, 여기 나오는 이 정신과 의사 있잖아요." 리즈가 내게 메모를 보여주며 말했다. "정말 좋은 분이셨죠. 하지만 스스로 삶을 마감했어요. 아마 아버님이 떠나고 몇 년 후였을 거예요."

리즈는 아버지에게 희망을, 병에서 벗어나 살아갈 기회를 주고 싶었다. 아버지가 시간을 보낼 수 있는 미술 스튜디오도 찾아줬다. "정말 좋아했어요. 하지만 이제는 그런 곳이 너무 많이 문을 닫았어요." 리즈는 생생하게 기억하는 사건도 발견했다. "경찰에 전화해서 그 집 문을 부수고 들어가라고 했어요. 집에서 무슨 일이라도 저지른 줄 알고 너무 걱정했거든요. 그때 아버님은 친구 집에 가 있었는데, 이 일로 엄청나게 화냈어요."

리즈는 아버지가 사망했다는 전화를 받았던 때도 기억했다. "세상에, 이걸 읽으니까 많은 게 떠오르네요. 그런 상황을 받아들이는 건 힘들어요. 아주 끔찍한 상황이었죠. 저는 잠재된 가능성을 알고 있었어요. 아버님은 나를 만나는 날을 고대했고, 그걸 느낄 수 있었죠. 내가 진심으로 걱정한다는 걸 알았을 거예요. 나는 대화할 때 의견에 귀를 기울였고, 함부로 판단하지 않았어요. 이래라저래라 하지 말고 아주 희미한 빛이라도 줄 수 있어야 해요. 그냥 작은 일이라도 해서 마음을 열어야죠. 나는 그렇게 일해요."

리즈를 만난 일은 무척 특별한 선물이었다. 아버지가 힘겨워했던 시절을 떠올리면 혼자였던 모습이 떠오른다. 정신증과 자살로 삶을 마감했던 아버지의 마지막 순간은 끔찍했을 것이고, 그런 처지에 놓인 아버지를 생각하면 마음이 아프다. 하지만 이제는 아버지를 돌보는 사람들이 있었다는 사실을 안다. 리즈와 함께—아버지의 그림을 걸어놓은—우리 집 부엌에 앉아 있으니 돌아와야 할 제자리를 찾은 것 같아 경이로웠다. 아버지를 지켜준 사람에게 감사한 마음을 전할 기회이기도 했다. "당신이 나를 찾고 있다는 이메일을 받고 정말 기뻤어요. 날아갈 것만 같았죠. 행복해서 눈물이 핑 돌았어요. '날 찾아서 얼마나 기쁠지 상상이나 할 수 있을까?' 싶었죠." 우리가 대화하는 중에 알렉스가 집으로 돌아왔다. 리즈는 알렉스를 꼭 안아줬다. 리즈도 우리 가족인 것 같았다.

"이 일을 하려면 열정이 있어야 해요." 리즈가 우리에게 말했다. "열정이 내면에 있어야죠. 사람들을 기분 좋게 하는 일이 그 무엇보다 중요해요." 나는 아버지를 돕던 시절 이후로 상황이 어떻게 달라졌는지 물었다. "복지센터 같은 시설이 많이 문을 닫았죠."

1990년대 중반, 영국 정부는 정신질환 치료 방식을 바꿨다. 환자를 다시 사회로 통합하고자 정신과 시설—대부분 빅토리아 시대 정신병원이었다—을 폐쇄했다. 지역사회 돌봄Care in the Community이라고 불리는 이 계획은 오늘날까지 이어지고 있다. 하지만 그러는 사이에 정신질환 환자에게 제공되는 지원의 상당 부분이 비용 절감 때문에 서서히 규모가 축소되거나 완전히 폐지되었다. 아버지 같은 사람들이 이용할 수 있었던 지역 복지센터—노팅힐의 덴비, 그레이트 포틀랜드가 근처의 디오라마 등—는 이제 완전히 폐쇄되었다. 이런 기관은 비용만 잡아먹을 뿐 긴급하지 않은 사치로 여겨졌을 것이다.

당국은 많은 치료 과정을 다시 중앙화했지만, 치료 수준과 다양성은 여전히 협소하다. 오늘날 아버지가 살아 있었다면, 아파트 모퉁이만 돌면 나오는 해로로드 재활센터 대신 대형 병원에 가서 정신과 간호사를 만나야 했을 것이다. 아버지 같은 사람이 갈 수 있는 외래 환자 전용 병원도, 미술치료 수업도 이제는 사라졌다. 의료 기록을 보면 당시에는 아버지가 정기적으로 진료받을 수 있고 예약 없이 만날 수 있는 의사가 있었다. 정신과 검진은 정기적이었고, 뇌 스캔 검사를 받거나 약물 처방을 재개하려고 다른 병원으로 인계하는 일도 지체 없이 이루어졌다. 아버지를 이끌어줄 리즈도 있었다. 최근 런던에서 진료 예약을 시도해본 사람이라면 누구나 이 모든 일이 아득한 꿈처럼 들린다고 말할 테다.

영국 정치인이 지역사회 돌봄 제도가 왜 효과적이리라고 생각했는지 당최 이해되지 않는다. 비슷한 제도가 있었던 1970년대 미국을 살펴보기만 해도 만성적인 자금 부족 때문에 많은 취약 계층이 더욱 위험해졌다는 사실을 확인할 수 있었다. 1960년대 빅 애플의 화려함이 차츰 사라지고 뉴욕이 정전과 폭동으로 시달리자, 주 정부는 정신과 병동을 비워서 환자를 거리로 내몰면서 지역사회의 지원이 보호 시설의 치료보다 더 효과적이라고 주장했다. 1980년대 초반 뉴욕의 전체 노숙자 중 1/3에서 절반이 정신건강 시설에서 쫓겨난 사람이었다고 추정된다.

미국에서 샌프란시스코만큼 가진 자와 못 가진 자 사이의 엄청난 격차를 극명하게 보여주는 곳은 없을 것이다. 2022년 연구에 따르면, 샌프란시스코 노숙자 가운데 16%가 심각한 정신질환을 앓고 있다. 이처럼 취약한 상태는 약물 남용으로 이어질 수 있다. 연구 결과, 노숙자 35%가 정신질환과 약물 중독을 동시에 앓는다. 지구에서 가장 부유하다고 손꼽히는 지역에서도 여전히 수많은 사람이 소외된다는 사실은 인류 전체의 비극이다.

다행히도 NHS는 단순한 관료주의 체계가 아니다. 리즈를 만나면서 정신질환을 앓는 사람도 리즈 같은 이들에게 의지할 수 있다는 희망을 얻었다. 여전히 리즈는 병실보다 치유에 더 도움이 되는 환경에서 20명 남짓한 환자를 정기적으로 만난다. "사람들을 공원에 데려가는 게 좋아요." 리즈가 말했다. "나는 임상 간호사가 아니라서 계속할 수 있다고 생각해요. 내가 좋아하는 방식으로 인간적인 관계를 맺을 수 있으니까요."

리즈는 최근 서비스 운영 방식에 변화가 생겼다며 알려주고 싶어서 안달이었다. 가방을 뒤적이다가 얼마 전에 이수한 과정의 안내서를 꺼냈다. 환자와 만날 때 가족 구성원까지 포함하는 새 프로그램은 동료 지원 개방형 대화peer-supported open dialogue라는 핀란드의 접근 방식을 기반으로 한다. "환자와 가족은 보통 치료에 위계가 있다고 생각해요. 그들과 우리가 나뉘어 있다고 말이에요. 이 프로그램은 그런 생각을 깨뜨리죠." 이 프로그램은 환자와 나누는 소통을 더 인간적인 협력으로 바꾼다. "이 일을 평생 했는데, 새 프로그램이 정말 마음에 들어요. 평생 지내온 내 모습을 드러낼 여지가 더 많거든요". NHS가 정신질환 환자와 가족이 더 쉽게 도움을 받을 수 있도록 이렇게 치료 과정을 시험하고 도입한다는 소식이 기쁘다.

대화가 끝나갈 무렵, 리즈의 인간적인 면은 대체로 리즈가 겪은 비극에서 비롯했다는 인상을 받았다. 우리 아버지가 돌아가시고 1년 후, 리즈는 클레어라는 딸을 낳았다. 클레어는 생후 18개월에 백혈병을 진단받았다. "별안간 이 이상한 암 세상에, 이 아픈 아이들 사이에 발을 들여놨어요. 너무 무서웠어요." 리즈는 다시 가방에 손을 뻗어 밝은 파란 눈의 금발 소녀 사진을 끼운 액자를 꺼냈다. "클레어예요. 암을 발견하고 넉 달 만에 세상을 떠났죠." 억장이 무너져서 꼼짝도 못 할 지경이었지만, 리즈는 곧바로 마음을 추슬렀다. "기금을 모으고 싶었어요. 리처드 브랜슨, 모하메드 알파예드, 돈이 있을 것 같은 사람이라면 누구에게나 편지를 썼죠. 그 병동에 있던 다른 아이들을 위해서요."

리즈는 정말로 해냈다. 딸을 진료한 과를 위해서 8,000파운드가 넘는 기금을 모았다. 모금 활동은 리즈와 다른 자녀가 슬픔에서 벗어날 수 있도록 돕는다는 이점도 있었다. "집안에 그런 슬픔이 가득하면 조용해져요. 라디오도 켜지 않죠." 리즈는 다시 임신했고, 1년 후에 딸아이를 낳았다. "클레어가 세상을 뜬 지 1년이 되던 날 아기를 낳았어요." 리즈는 활짝 웃었다. "슬픔 속에서 좋은 일이 생길 수도 있어요. 아버지가 정말 자랑스러워할 거예요." 리즈는 얼른 다른 환자를 보러 가야 했다. 나는 알렉스와 함께 현관에서 리즈에게 작별 인사를 건넸다. 알렉스가 문을 닫았고, 우리는 복도에서 꼬박 1분 동안 껴안고 서 있었다. 나중에 정적이 가라앉은 부엌에 잠시 앉아서 리즈의 말을 되뇌었다. "그 사람은 아들과 가까워지기를 바랐죠." 이 말이 내게 얼마나 큰 의미인지 리즈는 모를 것이다.

아버지의 진료 기록으로 만난 인연은 리즈에서 끝나지 않았다. 팻 렁이라는 이름도 서류에서 계속 등장했지만, 이미 은퇴한 터라 찾을 수 있을지 확신하지 못했다. 리즈와 연결해준 병원에서 팻의 전화번호도 알려줬지만, 혼자서는 역부족이었다. 분별력 있는 사람이라면 뜬금없이 걸려오는 전화를 받지 않는다! 리즈에게 이 사실을 털어놓자, 리즈는 특유의 열정을 불태워서 어느 동료에게 팻의 집 문 너머로 쪽지를 떨어뜨려 달라고 부탁했다. 리즈에게 도움을 청한 지 일주일 후, 다시 한번 아버지를 돌보던 사람과 마주 앉는 초현실적 상황이 찾아왔다.

나는 사무실 아래 커피숍에서 팻을 만났다. 노래하는 듯한 랭커셔 억양으로 말하는 팻에게서 철두철미한 의료 전문가의 면모를 한눈에 알아볼 수 있었다. 임상 간호사였던 팻은 리즈와 비슷한 방식으로 우리 아버지를 만났지만, 업무는 조금 달랐다. 팻은 아버지의 건강 상태를 평가하고, 약이 듣는지 확인하고, 필요한 경우 약을 투여하는 일을 맡았다. 리즈보다 1년 먼저 우리 아버지를 배정받았고, 다른 병원으로 옮기면서 아버지를 리즈에게 인계했다.

팻은 중년 부인처럼 코끝에 안경을 얹고 30년 전에 쓴 진료 기록을 훑었다. 팻의 글씨를 알아보기가 다소 어려웠던 터라 팻이 직접 내용을 읽어줄 기회가 반가웠다. "아버님이 연구 그룹에 있었네요." 팻이 고개를 들어 말했다. 나는 무슨 말인지 어리둥절해졌다. "NHS는 어떤 방식이 더 효과적인지 알고 싶어 했어요." 당국은 간호사나 사회복지사가 환자를 15명만 담당한다면—이를 '집중' 담당 건수라고 불렀다—당시 표준이었던 최대 42명을 담당할 때보다 더 나은 결과를 낼지 알아보려고 했다. 여기서 '집중'이라는 말은 환자의 관점에서 간병인과 시간을 얼마나 많이 보낼 수 있는지를 의미한다. 42명을 돌보려고 시간과 에너지를 엄청나게 집중해야 할 간병인의 관점에서 생각하면 안 된다! 담당 건수가 적어져서 환자 한 명을 돌보는 시간이 늘어나면 결과가 좋아지리라는 사실은 불 보듯 뻔했지만, 듣자 하니 NHS에서는 이런 추론이 옳다고 증명해야 했다.

"먼저 아버님이 동의해야 했어요. 그런 다음에 어느 쪽에 포함될지 정해졌죠. 집중 담당 건수냐 표준 담당 건수냐 이렇게요. 간호팀도 나뉘었어요. 우리가 어느 쪽에 속할지는 미리 알 수 없었죠. 또 의료진에 순응하지 않은 이력이 있고 행동이 더 까다로운 환자를 연구 대상으로 선정했어요. 더 젊은 편이고 약물을 거부하는 사람들로요." 아예 처음 듣는 내용이었다. 아버지가 표준 담당 건수 집단에 포함되었지만, 당시 다른 질환을 앓았던 사람들보다 관심을 훨씬 더 많이 받았던 이유를 이해할 수 있었다. "이럴 경우, 우리 모두 인간이라는 게 문제죠. 어려움을 겪는 사람들을 그냥 내버려두기가 어렵잖아요. 담당 환자 수를 정상적으로 받아서 일하는 상황이라고 해도요." 리즈와 팻 모두 일정 기간 연구 자금을 지원받았다고 했다. 아버지는 표준 프로그램에만 소속되었던 것 같지만, 정말 다행히도 연구 대상으로 선정되었다. 그리고 물론, 여느 헌신적인 간병인이 그렇듯이 리즈와 팻도 초과 근무를 했다.

기억이 되살아나자, 팻은 의자에 기대어 앉았다. "아버님은 아무것도 안 먹었어요. 상황이 안정적이었을 때는 집에서 나한테 커피를 끓여주곤 했죠. 커다란 창문이 기억나네요. 그래도 음식보다는 물감을 사는 편이었어요. 그런 사람은 한둘이 아니었어요. 집중하는 대상이 있고 그런 데 집착하는 사람은 그렇게 행동했어요. 다들 내가 찬장과 냉장고 감시인이라면서 웃곤 했죠. 뭐가 신선한지 아닌지 그런 걸 확인했거든요."

팻은 아버지와 나눈 대화의 주제가 대부분 나와 가까워지는 일이라고 했다. "어머님과 2주에 한 번씩 만나긴 했어요. 하지만 어머님이 항상 당신을 데리고 오지는 않았을 거예요." 나는 팻에게 아버지가 나도 보고 싶어 했는지 물어놓고는 곧바로 걱정에 휩싸였다. 가장 두려워하는 대답을 들을까 봐 잠깐 겁에 질렸다. 아버지가 내 삶에서 손을 떼고 싶어 했다는 말이 나올까 봐 겁났다. "아, 그럼요." 팻은 내 마음을 눈치채고 미소 지었다. "정말로 아들을 보고 싶어 했죠. 어머님 때문에 매번 만날 수 없었거든요. 어머님은 아버님의 기분이 불안정해지면 아들한테 영향을 미칠까 봐 걱정했어요. 하지만 아버님은 아들을 잃은 상실감에 몹시 깊이 빠져 있었어요. 그래서 아들 없이 나타난 아내를 보면 더 괴로웠을 거예요."

아버지의 의료 기록을 읽으면서 아버지가 아버지 노릇에 커다란 부담감을 느끼고 나와 내가 상징하는 전부를 감당하지 못했다는 인상을 받았다. 어머니도 아버지에게 나를 만나보라며 억지로 떠밀었다고 했다. 팻에게 당시 어때 보였는지 물었다. 아버지가 되는 일이 너무 버거웠을까? "아뇨." 팻은 단호하게 대답했다. "자식을 볼 수 없어서 정말로 마음 아파했던 걸로 기억해요. 본인이 아프다는 사실을 잘 알았고, 모두가 당신을 보호하려고 애쓰는 것도 지켜봤죠. 심각한 정신증을 겪는 사람은 자기 상태가 정말로 나쁠 때 드러나는 모습에만 사람들이 집중하면 무척 힘들어해요. 사람들은 그 환자가 오랫동안 안정적으로 지내면서 자기만의 삶을 살아간다는 사실을 잊곤 하죠. 정신질환을 앓는 사람도 세상 속에서 살아가려고 애써요. 그저 존재하려고 애쓴다고요. 하지만 아이가 생기면 그 영향은…. 결혼 생활이 파탄 나고, 너무 많은 것을 잃고 말죠."

팻은 의료 기록을 읽다가 아버지의 상태가 갑자기 나빠진 순간을 발견했다. "주말에 당신의 첫영성체가 있을 예정이었어요. 그때 재정 문제가 있었죠." 어머니가 낸시 할머니에게 돈을 빌려 달라고 부탁했던 것 같다. 팻은 아버지가 이렇게 나를 둘러싸고 사람들이 옥신각신하는 일을 감당하기 어려워했다고 설명했다. "아버님은 늘 그런 사건 주변에 있었고, 다른 사람들한테서 뭔가를 요구받았어요. 어머님도 뭔가를 요구했죠. 하지만 아버님은 보상이 될 만한 걸 못 받았어요. 아들을 보는 일 같은 거요. 그렇게 살아가면 고통스럽죠. 심각하고 낫기 어려운 병을 앓는다는 것만으로도 힘겨운데, 그 병 때문에 또 벌을 받는 셈이니까요."

아버지는 팻에게 내 이야기를 많이 했고, 어머니가 내게 지나치게 엄격하다고 생각했던 것 같다. "부모님은 세계관이 서로 아주 달랐거든요." 내가 팻에게 설명했다. 어머니는 가톨릭 신자였고, 양육 방식도 훨씬 더 엄격했다. 아버지는 종교에 회의적이었고, 영적인 문제에 더 집중했다.

"아버님은 언제 상태가 안 좋은지 나한테 꽤 잘 알려줬어요." 팻이 말을 이었다. "정신증 증세가 항상 심각하지는 않았죠. 하지만 상태가 나빠지고 기분이 가라앉으면 나한테 알려줬어요. 상황이 불안정해지기 시작할 때를 확실하게 알았어요. 하지만 약을 고분고분하게 먹는 편은 아니었어요. 증세 중에 지각의 변화도 있었거든요. 그림을 많이 그렸다면—그림을 그릴 때 진정하는 것 같았죠—그림 속 사물이 움직인다고 말했을 거예요. 본인이 현실에 있다고 생각하지 않았어요. 현실에서 길을 잃을 수도 있었고요."

"정신증 증상을 겪다가 아주 빨리 회복했던 것도 기억나네요. 어떤 때는 며칠 만에 회복하기도 했죠." 팻은 아버지의 병이 상황 탓에 악화한 기분장애가 아닌지 궁금했다고 했다. "여기 설피리드sulpiride 성분이 보이네요. 이건 기분장애에 쓰이는 약이에요. 조울증 환자, 그러니까 기분장애 환자한테 처방하죠. 하지만 다시 한번 말하는데," 팻이 웃음을 터뜨렸다. "순순히 약을 먹지 않았어요!" 내 생각에 아버지는 필요할 것 같을 때만 약을 먹은 듯하다. 그러나 약을 먹을 즈음에는 너무 늦은 뒤였고, 이미 정신증 증세가 나타나고 있었다. "맞아요, 정확해요." 팻이 동의했다. "그래도 회복이 꽤 빨라서 '약을 며칠밖에 안 먹었는데!'라고 말하곤 했죠. 환자한테 이런 약을 장기간 먹이는 일은 쉽지 않을 수 있어요. 약을 먹으면 둔해지는 기분이거든요. 아버님도 약 때문에 굼떠진다고 느꼈어요. 사실이에요. 정말 그렇거든요. 하지만 그게 최악의 상황일까요? 우리는 환자를 입원시키고 싶지는 않아요. 환자가 멀쩡하게 생활하기를 바라죠."

팻은 아버지에게 근무지를 옮기게 됐다고 알려야 했던 날의 기록에 이르렀다. "오늘 존의 집을 방문했다." 팻이 소리내어 글을 읽었다. "존은 적당한 주제로 대화를 시작했지만, 시간이 가면서 철학과 의미론, 의미 탐색으로 옮겨갔다. 뜻이 통하는 소리를 할 때도 있었지만, 대체로 알아듣기가 어려웠다. 그는 현실 감각 없이 자기만의 세계에 갇혀 사는 것 같다. 요즘은 그림을 전혀 그리지 않고 대부분 혼자 지내는 것으로 보인다." 아버지는 팻이 떠난다는 소식을 잘 받아들이지 못한 듯하다.

"아버님은 자기 마음속에서 무슨 일이 일어나는지 이해했어요. 하지만 삶의 골칫거리가 마음을 짓눌렀어요. 그런 고민을 나눌 사람이 없다면, 가족이나 친구가 없다면 외롭겠죠. 특별한 경우가 아니라면 환자 다수가 외로웠고, 고립되어 있었어요. 자녀가 있는 환자는 주변에서 자녀와 떨어뜨려 놓기도 해요. 사실, 그런 일은 전혀 도움이 되지 않았어요. 내 생각에는 그래요. 우리 집에도 아이가 넷이나 있거든요. 우리 가족도 역시 골치 아픈 문제가 있었죠. 그래서 어느 정도는 이해했어요. 그래도 누가 나한테 우리 아이들을 만날 수 없다고 했다면… 세상에!"

팻은 무척 즐거운 대화 상대였다. 리즈처럼 평생 돌봄 일에 헌신했다. 임상 간호사로서 1990년대 중반에 정신과 병동이 문을 닫기 전까지 정신과에서 일했다. "사실 미용사 교육을 받았어요." 팻이 낄낄거리며 털어놓았다. "하지만 그땐 1970년대였고, 일자리가 필요했어요. 직장을 구하려고 남쪽으로 내려왔죠. 뭐랄까, 뭔가 마음이 끌리는 게 있었어요. 그냥 정신건강 관련 일을 하고 싶었죠. 다른 사람의 삶에 변화를 줄 수 있을까? 사람들을 도울 수 있을까? 뭐 그런 거였어요. 당사자뿐만 아니라 가족까지도 파괴하는 일이니까요. 정말 끔찍해요."

"끝나지 않는 정신질환을 앓는다는 건 인생에서 가장 고통스러운 일이에요. 이런 환자를 지지해주는 사람은 아무도 없죠. 제가 돌본 환자는 남자가 많았어요. 스물부터 마흔이나 쉰까지 다양했죠. 그 사람들 처지를 이해해줄 이가 아무도 없었어요. 사람들은 이해해주지 않아요. 닫힌 문 뒤에서는 다른 사람들처럼 아플 수 있어요. 하지만 세상으로 나갔는데 다른 사람들이

'어머, 저 사람 좀 이상하네'라고 하면 영향을 받죠. 게다가 밖으로 나가서 사회적 문제라도 일으키면 잡혀갈 거예요."

팻은 정신병원을 폐쇄하고 환자를 바깥세상으로 내보내라는 명령이 내려왔을 때 최전선에서 일하고 있었다. 근무지는 런던 외곽의 셴리 병원이었다. 지역사회 돌봄 제도가 공식적으로 시작되었고, 팻은 평생 시설에서 지내던 사람들을 재활시켜서 사회 복귀를 도와야 했다. "우리가 전부 다 했어요. 요리와 청소를 가르치는 일부터요. 남녀 환자가 지내는 병동이 하나 있었는데, 환자를 지역사회 내 재활원으로 옮기는 2개년 계획을 세웠죠. 그래서 극장이나 미술관으로 데려가기도 했어요." 팻은 옛 추억을 떠올리며 웃었다. "어느 환자가 했던 말이 항상 떠올라요. '팻, 극장에 가기 전에 우리 모두 뜨거운 물로 샤워하고 머리를 손질하라고 했잖아요. 그런데 극장에 갔더니 냄새가 말도 안 되게 고약한 사람들이 있었어요!' 웃다가 죽을 지경이었죠!"

그 환자들은 그동안 내내 병원에서 지내다가 사회에 나가서 살아야 했다. 팻에게 당시에 지역사회 돌봄 제도가 옳은 정책이라고 생각했는지 물었다. "글쎄요, 돈보다 환자가 우선이어야 했지만, 그렇지 않을 때가 많았어요. 그래도 우리는 운 좋게 그 사람들과 잘 헤쳐 나갔어요. 이건 꼭 말해야겠네요. 정신과 병동 공동체 밖에서는 살아남을 수 없는 사람들도 있어요. 셴리 병원은 공동체였어요. 통계를 따져보면, 해마다 장기 입원 병동을 만들곤 했어요. 지속적인 지원과 장기적인 치료가 필요하고 앞으로 평생 병을 앓을 사람들이 있으니까요. 그런데 그 사람들을 내보냈어요. 가슴이 찢어질 듯 아팠던 순간이 기억나요. 반년이 지나고, 아주 잘 관리하는 시설로 갔던 환자 네 명이 다시 와서 말했어요. '사람들이 우리를 싫어해요. 길거리에서 욕해요. 우리는 눈에 띄어요. 우리는 어울리지 못해요.'"

그 환자 중 상당수가 아름답고 푸른 시골에서 평생 살았다는 것도 문제였다. 런던 동쪽에 있던 시골 하트퍼드셔의 셴리 병원은 부지가 넓었다. 그런데 환자들은 도심 자치구로 '되돌아갔다.' 그들에게 필요한 평화와 고요와는 동떨어진 세상이었다. "할스던 같은 데라고요." 팻이 뚜렷하게 짜증이 난 목소리로 말했다. "20년 동안 녹음이 우거진 교외에 살다가 어떻게 할스던으로, 대로가 뻗어 있고 상점이 붐비는 곳으로 돌아갈 수 있겠어요?" 결국, 정부는 이런 환자를 위해 소규모 수용 시설을 마련했다. "빅토리아 시대 같은 거대한 정신병원은 필요 없었어요. 전혀요. 하지만 지원이 훨씬 더 많이 필요했죠." 나는 아버지가 거의 평생 '쓰레기통'이라고 부르던 곳을 드나들었다고 말했다. "아버님 같은 사람이라면 시설에 들어가는 게 두려웠을 거예요. 그래서 바깥에서 제대로 살아가려고 최선을 다했죠."

팻은 오랫동안 경력을 쌓으면서 많은 것을 목격했다.

1990년대 초 에이즈AIDS 위기의 한가운데서 정신질환 환자를 돕기도 했다. "젊은 사람들이 죽어가는 모습을 지켜보는 게 힘들었어요. 정신증까지 겪던 사람들이었으니까요. 의료팀이 어떻게든 도울 방법을 찾으려고 미친 듯이 연구했어요. 지하실에서 3D 스캔을 하고 생체 정보를 수집했죠. 과학자들이 스캐너를 가리키면서 '6개월 더 살 수 있다, 3개월 더 살 수 있다' 그랬어요. 상태를 정확하게 확인할 수 있었지만, 막을 수가 없었어요. 너무 끔찍했어요. 청년이 계속 죽어 나갔고요. 너무나 슬픈 시절이었죠. 얼마나 안타까워요."

"아주 젊은 남성 환자가 기억나요. 스물세 살이었는데 부모님께 무슨 일인지 말하지 않았어요. 에이즈가 완전히 진행된 상태였죠. 죽어가고 있었어요. 내가 '부모님께 알려야 해요. 무슨 병이든 상관없어요. 부모님이 아셔야죠'라고 했더니 안 된다고 했어요. 날 돌아보더니 그랬죠. '팻, 제일 힘든 건 따로 있어요. 주변에 게이 친구가 엄청나게 많거든요. 내가 에이즈 치료실에 있을 때는 다들 날 보러 와서 울어줬어요. 그런데 정신증을 앓고 여기로 오니까 나와 인연을 끊었어요.' 그게 사람들이 가장 괴로워하는 일이에요. 그런 위기에서도 정신증을 앓는 거요. 사람들이 참 잔인했죠."

팻은 죽어가는 사람들의 손을 수백 번쯤 잡아준 직후에 앞서 말한 연구 프로젝트에 들어가서 아버지 간호를 맡았다. 오랜 세월 다른 사람들에게 보여주었던 사랑과 정성을 아버지에게 쏟을 차례였다. 나는 아버지가 팻을 만나서 정말로 운이 좋았다고 말했다. 아버지가 돌아가셨을 무렵 팻은 이미 다른 곳에서 근무하고 있었지만, 아버지의 사망 소식을 들었던 기억이 어렴풋하게 남아 있었다. "돌보던 환자의 자살은 정말로 견디기 힘들어요. 내가 실패한 것 같으니까요. 당시 무슨 일이 있었는지는 모르지만, 희망을 품어야 해요. 살면서 겪는 일이 정말로 충격적일 수는 있죠." 팻에게 우리 아버지가 팻의 진지한 북부식 태도를 좋아했으리라고 말했다. 팻이 웃었다. 팻도 리즈처럼 아버지에게 나를 계속 만날 수 있다고 응원하면서 자기도 힘을 냈다고 했다. "'정신 차려요! 아들을 보고 싶다면 평정심을 유지해야죠!'라고 말하곤 했어요. 아버님에게는 아들이 삶의 중심이었어요."

12. 초월명상은 어지러운 마음을 불안하게 뒤흔들까?

만약 당신이 잠든다면?
그리고 잠결에 꿈을 꾼다면?
그리고 그 꿈속에서
천국에 가
기묘하고 아름다운 꽃 한 송이를 꺾는다면?
그리고 만약 깨어났을 때
그 꽃이 당신의 손에 놓여 있다면?
아, 그러면 어떨까?

— 새뮤얼 테일러 콜리지, 〈만약 당신이 잠든다면〉

리즈와 팻은 아버지 일생의 마지막 무렵에 아버지를 만났지만, 아버지의 첫 여자 친구였던 리지는 아버지를 일찌감치 알았고 아버지의 정신증 증상이 처음 나타났을 때도 곁에 있었다. 리지는 우리가 직접 만난 일이 내게 얼마나 커다란 의미였는지 깨달았고, 아버지와 알고 지냈던 다른 예술대학 친구들을 소개해주겠다고 했다. 그렇게 리지와 함께 공원을 거닐고 3년이 흐른 후 어느 날, 세라—리지가 이메일에서 이야기했던 친구—와 역시 아버지와 어울려 놀았던 프랭크 부부가 우리 집을 찾았다. 추억의 골목길을 더듬어보고, 특히 다 함께 참여했던 초월명상 운동을 더 자세히 이야기할 계획이었다. 세라는 머리카락에 분홍빛이 살짝 감돌았고 미소 띤 얼굴로 표정을 풍부하게 지었으며 손에서 예술가 태가 났다. 프랭크는 풍성하게 기른 콧수염의 양쪽 끝을 뾰족하게 다듬어서 에드워드 7세 시대 신사 같은 분위기를 풍겼다. 괴짜 같은 세 사람은 복도를 따라 부엌으로 들어오자마자 벽에 걸린 아버지 그림 주위로 모였다. "이건 당신 할머니가 그린 초상화네요." 리지가 기억을 더듬었다. "맞아, 기억나. 낸시는 꽤 괜찮은 사람이었지, 안 그래?"

나는 초월명상에 관해 더 알고 싶다고 말했다. 세라는 명상에 굉장히 회의적이었고, 시간이 흐르면서 이 문제로 친구들 사이가 소원해졌다고 설명했다. 하지만 우정은 사그라지지 않았다. 세 사람은 다시 뭉쳐서 가장 친했던 친구의 아들에게 지난날을 빠짐없이 이야기했다. 세 친구가 우리 집 부엌에 함께 있는 모습을 보니, 아버지가 70대가 되었다면 어땠을지 궁금해졌다. 틀림없이 나이 지긋한 보헤미안 지식인 모임에 즐겁게 드나들었을 것이다. 순수한 창의성과 재능을 지닌 사람들과 허세라곤 조금도 없이 예술을 통해 삶을 이야기했을 테다.

리지와 세라는 1968년에 열여덟이었고, 캠버웰 예술대학에서 미술 과정을 시작했다. 리지가 이메일에서 말했듯이 둘은 아파트에서 같이 살았다. 아버지는—두 살 더 많았고 법대에 진학했지만 끔찍하게 싫어했다—원래 근처에 있던 작은 지하실에서 지내다가 결국 리지와 세라의 아파트로 들어갔다. "집이 엄청나게 붐볐죠!" 세라가 회상했다. "그래도 파티는 끝내주게 재미있었어요."

젊고 창의적이고 영적으로 반체제 성향이 있는 이 무리는 초월명상에 즉시 빠져들었다. "마하리시와 비틀스와 같이 인도에서 지내던 사람이 있었거든요." 리지가 말했다. 리지가 이메일에서 언급했던 제프리였다. "그 사람이 하는 이야기를 들으려고 존과 같이 가곤 했죠. 우리는 출신 배경이 꽤 '영국적'이었어요. 당시 유행하던 마약에는 그다지 끌리지 않았고요. 그런 데에는 좀 고지식했거든요. 하지만 초월명상은 더 안전한 대안처럼 보였어요. 우리 둘 다 푹 빠졌죠."

나는 초월명상이 무슨 효과가 있는지 물었다. 리지는 초월명상이 도파민을 생성한다고 설명하면서, 이 때문에 중독을 일으키는 것 같다고 덧붙였다. "명상을 하다가 끊으면 짜증이 나고 두통이 생겨요."

세라는 졸업 앨범을 들고 왔다. 바인더에 꽂힌 흑백 사진을 보니, 다들 1960년대 예술대학교 학생 하면 떠올릴 모습으로 꾸미고 있었다. 귀를 덮은 머리카락, 길게 내린 앞머리, 높이 세운 옷깃. 아버지 사진도 있었다. 어느 사진 속에서는 클래식 미니 트렁크를 닫고 있었다. "운전할 줄 아는 사람이 존뿐이었어요!" 세라가 웃으며 말했다. "그래서 우리를 태우고 온갖 곳을 쏘다녔죠. 여기 이 명부 좀 봐요." 세라가 이름 목록이 적힌 페이지를 펼쳐서 보여줬다. "거의 모두 초월명상을 하고 있었어요. 그냥 사람들이 하는 일이었어요. 자기 작품 활동에 활용하는 사람들도 있었고요." 세라는 캠버웰에 그들이 입학한 일이 변곡점이었다고 했다. 엄청나게 고루했던 학교에 반항적이고 정치에 열성인 청년들이 갑자기 들이닥쳤다. 미술계에서는 미국 표현주의가 유행이었고, 유럽 대륙 전역에서 학생 폭동이 격화하고 있었다. "학교에서는 2년 동안 우리에게 미술사를 가르치지 않았어요. 우리가 무슨 짓이라도 저지를까 봐 걱정했거든요. 프랑스 소르본대학교에서 연좌 농성이 일어난 후였죠. 우리는 뭔가 새로운 걸 발견할 수 있겠다고 생각했어요."

이 새로운 물결은 젊은 학생이 이전에 배웠던 모든 것, 애초에 예술학교를 선택하도록 이끌었던 모든 것을 버려야 할 계기가 되었다. 고상한 정물화나 아름다운 풍경화를 내던져야 할 때였다. 아방가르드 형태를 만들고 경계를 허물고 새로운 경지를 경험하는 일이 중요해졌다. 영적 탐구 권고와 명상은 학생을 초월적 경지로 끌어올렸다. 우리 집 부엌에서 졸업 앨범을 넘겨보던 세 친구는 추억에 잠겼다. "우리 집 지하실에 살면서 류트를 만들던 그 사람 아냐?" "아, 그 사람 스웨덴으로 가서 스탠드업 코미디언이 됐어." "이 여자애 정말 멋있었어. 먹을 수 있는 그림도 그렸잖아!"

아버지는 예술학교에 다닐 때만 해도 정신증이 시작되지 않았다고 했다. "존은 엄청나게 열정적이었죠." 리지가 말했다. "밤새도록 깨어 있었어요."

"존은 늘 급진적인 일을 하려고 했어요." 세라도 말을 보탰다. "언제나 추진력이 넘쳤죠. 항상 호기심이 많았고요. 뭐든 확실하기를 바랐어요. 그 에너지가 정말 매력적이었죠. 힘든 일을 꾸준히 해나가면서 그림만 그리는 사람은 많았거든요. 존은 달랐어요. 언제나 진실을 갈구했죠. 신이 나서 '대체 이게 뭐야?' 묻곤 했어요. 의욕이 대단했어요."

리지는 아버지와 사귀며 우리 조부모님 댁에 가서 가족을 만나고 함께 시간을 보냈다. 이렇게 리지는 내가 모르는 아버지의 삶을 알려줬다. "존은 부유한 잉글랜드 주식 중개인의 아들로 태어난 걸 좀 부끄러워했어요." 아버지는 하트퍼드셔 시골에 있는 헤일리버리 기숙학교에 다녔지만, 학교를 싫어했다. 토니 삼촌도 명문 공립 기숙학교인 차터하우스에 다녔고, 역시 학교를 싫어했다. "형제가 사이좋게 지내려고 애썼죠. 하지만 두 사람은 절대 친해지지 않았어요."

"자기가 기숙학교에 다니며 특권을 누린 중산층이라고 생각했고, 그런 배경에서 정말로 벗어나고 싶었던 것 같아요. 그러면서도 여전히 트위드 재킷을 입고 다녔죠. 그랬지? 그러다가 머리를 기르고 새 옷을 샀어요."

"맞아, 달라졌지!" 세라가 맞장구쳤다.

"깔끔하게 입고 다니다가 좀 더 르네상스풍으로 변했어요. 긴 머리에 벨벳 바지 차림으로요." 리지가 말을 이어 나갔다.

"존과 아버지 사이에는 정말로 냉담한 기류가 흘렀죠. 사실, 존의 아버지는 꽤 차가운 사람이었어요. 그 세대는 좀 그런 것 같아요. 전쟁을 겪은 세대잖아요. 낸시는 명랑하고 다정했죠. 완벽한 아내였어요. 파스텔 색조로 차려입었고, 쾌활했어요. 주디 덴치를 약간 닮았고요. 스코틀랜드의 대단한 일족 출신인데, 존이 스코틀랜드의 외가를 무척 좋아했어요. 낸시도 존을 너무나 사랑했고요. 토니도 사랑했지만, 존을 편애했죠. 존은 아름다웠어요. 재기 넘치고 예술 감각이 뛰어났어요. 낸시는 소란을 피우며 판을 뒤집는 건 바라지 않았어요. 그런 면에서는 꽤 피상적이었죠. 약간 스코틀랜드식 태도로 '그냥 묻어두자.' 이런 식이었죠. 조현병을 앓는 두 아들을 돌봐야 했고, 나중에는 남편이 자살까지 했으니까요. 감당해야 할 일이 많았잖아요."

내가 아는 사람 중에 청년 시절 아버지를 만나서 아버지는 물론 가족까지 외부인의 시각으로 바라본 사람은 리지가 유일하다. 리지의 관찰은 내게 정말로 의미가 크다. 리지가 기억을 짜내려고 애쓰는 모습이 눈에 보였다. 리지는 예술가답게 내게 필요해 보이는 색깔을 더하고 싶어 했다. 그리고 지미 할아버지가 당신 시신을 아버지가 발견하도록 자살을 계획했다고 이야기했다. "지미는 존이 발견할 걸 알았어요. 낸시는 쇼핑하러 나가 있었죠. 해군에서 복무할 때 쓰던 총이 있었고요. 존이 정말 무심하게 반응했던 게 기억나요. 존한테 아버지는 아무도 아니었거든요. 세라, 전에 나한테 존은 살갗이 별로 없는 것 같다고 했잖아. 존은 끔찍하게 취약했어요. 영향을 받지 않으려고 자기 자신과 분리할 줄 알았고, 아주 무심하게 굴 줄도 알았죠."

"존은 보호해주는 외피가 얇아서 아주 매력적이었다고 생각해요." 세라가 덧붙였다. "훨씬 더 마음이 열려 있었죠." 세라는 아버지의 어두운 현실이 아니라 가장 멋진 모습을 되새기고 있었다. 하지만 곧이어 내가 이미 직감하던 사실을 확인해주었다. 아버지의 병은 아버지의 심원한 마음속 일부였고, 사람들을 끌어당기는 매력의 일부였다. "예술학교에 다니면 모두가 자기 위상을 쌓는 데 집착해요. 하지만 우리는 학교에서 인생이 무엇인지 알아가고 탐구하고 성장하려고 했어요. 존은 나머지 학생들보다 그런 일에 더 많이 몰두했고요."

아버지와 리지는 졸업한 뒤로 헤어졌지만, 여전히 둘 다 초월명상에 푹 빠져 지냈다. 좋은 친구로 지내면서 스페인과 잉글랜드 북부에서 명상을 가르치는 훈련 과정을 밟았다. "우리는 '라운딩rounding'이라는 걸 했어요. 한 번에 몇 시간이고 계속 명상하는 거죠. 그렇게 오랫동안 명상할 때는 많은 걸 억눌러요. 그러면서 억누른 게 벌컥 터져 나오기를 기다리죠. 원래는 잠깐만 해야 해요. 라운딩에 중독되어서 너무 많이 한다는 게 문제였죠."

"마하리시는 스위스로 건너가서 '세계 계획'이라는 걸 세웠어요. 수중에 돈이 있어서 자립할 수 있는 사람 108명이 나와서 자기를 위해 일하기를 원했죠. 존은 신탁 기금이 있어서 다른 사람들과 함께 떠났어요. 디자인팀에 들어갔죠. 존은 그 계획을 좋아하면서도 싫어했지만, 그래도 깨달음을 얻기 위한 해답이라고 생각했어요. 완전한 평화와 평온 등등을 찾을 수 있다고 보았죠."

바로 이때 아버지는 처음으로 심각한 정신증 증세를 겪었고, 이 사건이 기록으로 남았다. 리지가 편지로 알려줬는데, 아버지는 정장 차림에 맨발로 루체른 호수를 돌아다니다가 발견되었다. "가진 돈은 모조리 운동에 기부한 뒤였어요. 그런 후에 영국으로 돌아와서 회복하려고 애썼죠." 아버지의 친구들은 아버지가 초월명상 운동에 확실히 이용당했다고 생각했다. 아버지는 그 단체에서 엄선된 소수로 '선택'받았지만, 그들의 도움이 필요해졌을 때 버림받은 듯하다.

"존은 진실을 품은 곳, 세상을 이해시켜줄 곳을 찾고 싶어 했어요." 세라가 말했다. "하지만 결국 자기에게 해를 끼칠 곳을 선택하고 말았어요. 참 슬프죠." 그 당시에는 의도가 의심스러운 단체에 휘말리는 사람이 많았다고 했다.

리지와 세라는 분명히 아버지의 정신증을 초월명상 탓으로 돌렸다. 하지만 그 시절 이후로 초월명상은 수백만 명이 수행하는 명상법이 되었으므로, 공식 자격으로 초월명상 운동 단체에 연락해서 의견을 들어보는 편이 최선이라고 생각했다. 영국 마하리시 재단의 대변인 데이비드 휴스는 자기 역시 스위스에서 초월명상 수련생으로 일한 적이 있다고 했다. "아버님의 친구분들이 초월명상을 그렇게 생각하는 이유는 충분히 이해합니다. 하지만 저는 제 개인적인 인상만 말씀드릴 수 있어요. 우리는 아주 긍정적이고 고무적인 환경에서 우리 모두 유용하고 쉽게 접근할 수 있다고 여긴 명상 기법을 촉진하는 데 중점을 뒀습니다." 휴스는 개인적인 생각을 밝혔다. "저는 아버님을 몸소 만나지는 못했어요. 1970년대에 거기서 아버님을 만났던 사람이 친절하고 매력적이며 쾌활한 분이었다고 하더군요. 분명히 재능 있고 선량한 분이었을 텐데, 제가 직접 만났더라면 좋아하고 존경했을 겁니다." 그는 아버지의 정신증 발병을 기억하는 사람을 찾지 못했다. 그러면서 초월명상 강사는 본인이 의료 전문가가 아니라고 늘 강조하며 아버지에게 어떤 식으로든 조언하는 데 신중했을 것이라고 덧붙였다. 나는 초월명상 운동이 아버지와 아버지의 돈을 이용했다는 세 친구들의 생각도 전했다. "재정 상황에 관해서는 정말로 말씀

드릴 수 없습니다. 하지만 진정으로 책임 있는 유일한 조치는 아버님이 최대한 빨리 영국으로 돌아가서 적절한 자격을 갖춘 전문가를 만나도록 돕는 일이었을 거예요. 정말로 그랬기를 진심으로 바랍니다."

내가 어렸을 때 우리 가족과 가깝게 지냈던 지인이 내게 초월명상을 하지 말라고 경고했다. 나도 아버지처럼 초월명상을 수행하다가 정신증에 걸릴 수 있다고 했다. 지미 할아버지는 초월명상이 아버지의 조현병을 유발했다고 확신했고, 리지와 세라, 프랭크는 과격하게 명상에 빠졌다가 정신질환을 앓는 친구가 많아지자 초월명상에 깊은 회의를 느꼈다. 그렇다면 이런 의견이 옳을까? 더 깊은 의식에 다가가는 명상과 정신증 증상 사이에 연관성이 있을까?

고드프리 펄슨Godfrey Pearlson은 예일대학교 정신의학과 교수다. 정신신경과학 분야에서 경력을 쌓으며 대체로 환각제를 비롯한 약물이 뇌에 미치는 영향을 집중적으로 연구했다. 1960년대 영국에서 의과대학을 다닌 펄슨은 초월명상을 가까이서 지켜보았다고 했다. "초월명상에 빠져 있던 의대 친구도 많았어요. 그래서 라운딩을 잘 알죠." 펄슨은 신비로운 경험에 끌리는 사람들이 명상 운동에 쉽게 마음을 뺏기는 것 같았다고 이야기했다. "하지만 그다지 건강해 보이지 않는 방식으로 끌려 들어갔어요. '이해하지 못하는' 옛 친구들을 모두 뒤로 하고 떠나갔죠. 예전에 하던 활동도 내팽개쳤고요. 피상적인 일이라고 여겼거든요. 그러다가 어느 시점에 초월명상 운동을 떠났어요. 아니면 거기서 쫓겨났죠. 그러면서 환멸을 느꼈어요." 리지와 아버지도 비슷한 일을 겪지 않았을까 싶다.

펄슨은 명상이 유발하는 인지 과정이 아직 잘 알려지지 않았다고 설명했다. 그리고 명상 연구가 대체로 초기 단계에 머물러 있다고 경고했다. 이런 연구는 fMRI 스캐너로 명상 상태에 있는 사람들의 뇌를 관찰하고, 시간이 지나면서 뇌에 어떤 변화라도 영구적으로 나타나는지 추적한다. 뇌 반응을 높이는 다른 요인은 대체로 통제하지 않는다. 하지만 초기 단계 연구는 뇌의 특정 영역에서 활동이 증가했을 뿐만 아니라 뇌 구조가 변화했다고 분명히 시사한다.

2015년에 fMRI 명상 연구를 메타 분석한 결과, "명상 수련은 뇌에서 주의와 행동 수행, 기억 기능과 관련된 영역뿐만 아니라 자기 인식과 자기 조절과 관련된 영역에서도 기능적, 구조적 변화를 유도한다"라는 사실이 밝혀졌다. 불교 승려의 마음챙김 수련을 구체적으로 살펴본 어느 연구에서는 뇌의 전전두피질—자기 통제, 기억, 감정 표현처럼 고도의 인지 기능을 담당하는 부위—이 매우 활발하게 움직인다는 사실을 발견했다. 명상이 알파파와 세타파를 증가시킬 수 있다는 연구 결과도 있다. 두 전기 펄스는 학습 능력 향상과 정신적 행복과 가장 밀접하게 관련되며, 전전두피질과 전두엽을 다시 활성화한다. 아울러 명상은 뇌에 복잡한 신경화학 변화를 일으킨다. 도파민과 세로토닌이 더 많이 생성되고, 아드레날린과 코르티솔은 감소한다. 이 모든 변화가 합쳐져서 행복감과 평온함을 선사한다.

"흥미롭게도 명상을 수련하는 사람과 하지 않는 사람은 회백질의 양에 차이가 있어요." 펄슨이 설명했다. 일부 연구에서는 꾸준히 명상을 수행하면 시간이 흐르며 회백질이 실제로 증가한다는 사실을 발견했다. 하지만 펄슨은 섣부른 추론을 경계했다. "인과관계가 있는지 파악하려는 적절한 연구가 아직 한 건도 없어요. 회백질이 더 많은 사람이 명상을 선호하는 경향이 있을 수도 있고요."

정리하자면, 앞서 보았듯이 명상이 뇌에 도움이 될 수 있다. 하지만 명상 수행이 정신증을 유발했다는 사례도 보고된 바 있다. 펄슨은 집중적인 명상이 한 차례의 정신증 증세뿐만 아니라 지속적인 정신질환을 유발한 사례도 여러 건 보고*되었다*고 말했다. 예를 들어서 2022년《아일랜드 정신의학 저널》에 실린 어느 연구 논문은 명상 수행과 관련해서 정신증장애가 발병한 사례를 확인했다. 이 연구는 명상 수행과 정신증 발병 사이의 인과관계를 규명하는 일이 몹시 어렵다고 분명히 밝혔지만, 앞서 살펴보았듯이 조현병은 전전두피질에서 발생한 연결 이상과 관련 있다. 연결에 문제가 생기면 전전두피질이 뇌의 다른 영역과 제대로 소통하지 못한다. 명상이 전전두피질을 활성화하므로, 시냅스가 제대로 작동하지 않으면 정신증이 발생할 위험이 있다. 알맞은 화학물질을 알맞은 양만큼 생성하는 능력이 손상되었을 때 명상 때문에 세로토닌이나 도파민 같은 신경전달물질이 몸에 넘쳐흐르면 이 능력이 더욱 위태로워질 수 있다. 명상은 화학물질 생성을 자극해서 피가 전두피질로 몰려들게 하고, 제대로 작동하지 않았을 가능성이 있는 시냅스 연결을 활성화한다. 이미 정도에서 벗어난 활동에 취약했던 아버지의 뇌는 집중적인 명상의 영향에 휘둘렸다.

펄슨은 명상 때문에 정신증이 발병했다고 보고된 사례가 대부분 우리 아버지처럼 집중적인 집단 명상에 참여한 경우라고 알려줬다. "명상이 정신증에 취약한 사람들한테 스트레스 요인으로 작용한 것으로 보여요. 사례 보고 대다수가 여기에 동의하죠. 이런 스트레스 요인은 혼자서 명상할 때가 아니라 '라운딩' 중에 발생해요. 집중적으로 명상할 때 약간 감각이 혼미해진 환경에 장시간 머무는데, 바로 이때 정신증이 발생하는 것 같아요."

펄슨은 명상으로 인한 정신증을 예루살렘 증후군Jerusalem syndrome(정신병력이 없던 사람이 예루살렘을 방문한 후 종교를 소재로 한 강박적 사고와 망상, 정신병적 체험을 겪는 현상—옮긴이)에 빗댔다. "사람들은 예루살렘에 가면 일종의 종교적 깨달음을 기대하죠. 자기가 믿는 종교의 경전을 읽고 다양한 신앙이 만나는 이 신성한 장소에 가요. 그곳에 가면 삶이 달라지리라고 엄청나게 커다란 기대를 품죠. 예루살렘에 도착하면 약간 혼란스러울 테고, 어쩌면 기대와 다를지도 몰라요. 그리고 짧게 정신증을 겪어요. 예루살렘 증후군이라는 이름이 붙을 만큼 자주 일어나는 일이에요."

펄슨은 집중적인 집단 명상도 비슷한 효과를 낼 수 있다고 했다. "내 생각엔 라운딩이 비슷한 것 같아요. 특정한 정신 상태set가 있어서 취약한 사람이 특정한 환경setting에 놓이죠." 환각제를 사용하는 사람들 사이에서는 '세트set'와 '세팅setting'이라는 말이 널리 쓰인다. '세트'는 약을 먹기 전 그 순간에 느끼는 감정이다. 약물에 얼마나 기대하는지, 그날 하루가 나빴는지 아닌지, 기분이 언짢은지 아닌지 등이 포함된다. '세팅'은 내가 처한 상황이다. 친구들과 함께 안전하고 편안한 상태인가? 혼자 거리에 나와 있는가? 위협적인 다른 사람들과 마주쳤는가? 펄슨은 이 모든 변수가 영향을 미친다고 말했다. "세트와 세팅은 약물로 겪을 환각의 유형뿐만 아니라 정신증 유발에도 영향을 미치죠."

또 다른 고려 사항은 '역인과성reverse causality'이라고 한다. "위험에 빠진 19살짜리 자녀가 있다면, 명상이 정신증 경험을 막는 방법이라고 생각해서 끌릴 수 있어요. 명상이 정신증을 경험한 사람들에게 유익하다는 관찰 결과도 있고요. 아버지를 생각할 때 이 점을 명심하세요." 2016년 연구에서는 마음챙김 수련과 전반적인 정신증 특성의 증가 사이에 아무런 연관성이 없다고 결론 내렸다. 아울러 이 연구 결과를 볼 때, 올바른 방식으로 명상을 수행했다면 아버지에게 도움이 되었으리라고 짐작할 수 있다. 조현병이 대뇌 피질의 위축을 의미하고 명상이 회백질을 증가시킬 수 있다면, 명상이 엄청나게 커다란 도움이 되었을지도 모른다. 나는 명상이 여생 내내 아버지를 괴롭힐 무언가의 고삐를 풀어 놓지는 않았을지 의심스럽다고 펄슨에게 말했다. 예루살렘 증후군은 나타났다가도 사라지는 듯하다. 명상이 어느 정도 영향을 미쳤을지라도, 아버지의 인생을 완전히 바꿔놓은 것은 경험이었다.

리지는 초월명상에 중독성이 있다고 했다. 나는 펄슨에게 이 중독이 어떻게 작용하는지 물었다. "내가 이야기를 나눠본 사람들은 명상 과정과 명상하는 사람들의 사회적 모임에 참여하는 경험을 분리하는 데 어려움을 겪었어요." 펄슨은 '애정 공세' 즉 모임의 주도자와 다른 구성원이 새내기에게 애정과 긍정적인 격려를 퍼붓는 일을 설명했다. 온갖 종류의 단체가 이 기법으로 새 구성원을 모집한다고 알려졌다. "애정 공세가 중독적이며, 명상 자체와 따로 떼어서 생각하기 어렵다는 사람들도 있어요. 사람들은 관심과 애정을 그리워하죠. 그 둘을 분리하는 건 어려워요."

초월명상을 수련하는 사람들은 요즘도 '라운딩'을 계속하므로 데이비드 휴스에게 라운딩의 원리를 질문했다. "단순한 요가 자세를 몇 가지 하고 몇 분간 호흡 운동을 한 후 20분 동안 표준 초월명상을 하는 방식입니다. 주말에 명상하는 사람들은 이 순서대로 한 번 더 반복해서 명상 시간을 늘리기도 하고요." 휴스는 초월명상을 비롯해 여러 명상 방식이 정신질환 환자에게 유익하며 과학 연구 결과가 이런 견해를 뒷받침한다고 생각했다. 나도 휴스의 말을 믿는다. 하지만 초월명상 운동의 초창기에는 실험적인 면이 강했을지도 모른다는 생각도 든다. 선의에서 시작했지만 무모하며 도취로 영혼을 마비시키는 이 새로운 세상에 아버지의 정신건강이 희생되었을지도 모른다는 생각도 든다.

함께한 시간이 끝나갈 무렵, 리지와 세라, 프랭크는 나한테서 아버지가 보인다고 입을 모았다. "세상을 향한 호기심이 아주 비슷해요. 어떤 면에서는요." 세라가 말했다. "존은 예술을 통해서, 그리고 영적인 방식으로 세상을 바라봤죠. 존의 아들은 저널리즘을 통해서 세상을 바라보고, 조사하고, 새로운 걸 발견하고요. 두 사람에게 똑같은 에너지가 흘러요." 늘 그렇듯, 내가 아버지와 닮았다는 말을 들으면 가슴이 벅차오르면서 눈물이 핑 돈다.

"존이 당신을 보면 깜짝 놀랄 거예요." 리지도 말을 보탰다. "존이 바라던 모습 그대로니까요." 리지도 감정이 북받쳤다. "정말로 날마다 존을 생각해요. 지금 존이 어디에 있든 행복하기를 바라요. 장례식에 갔을 때 소리를 지르고 싶었어요. '존이 방금 죽었어!' 그러다가 당신을 봤죠. 누군지는 몰랐지만, 속으로 생각했어요. '어머, 이 꼬마한테 뭔가를 주고 싶네. 카메라를 선물해야지!' 그랬더라면 좋았을 텐데요. 그 아이가 세상을 예리하게 관찰하는 사람이 될 것 같았어요. 그런데 정말로 당신이 기자가 됐죠. 나한테 통찰력이 있었나 봐요!"

이 세 사람과 이야기를 나누면서 내가 아버지와 얼마나 많이 닮았는지 깨달았다. 내가 이따금 아버지에게서 물려받았다고 느끼는 유산은 슬픔이나 우울함이 아니다. 내가 아버지의 가장 좋은 면을 물려받았다는 사실을 안다. 이를테면 아버지의 유머 감각이 그렇다. 우스꽝스러운 목소리와 익살은 아버지와 리지의 우정에서 핵심이었다. 나도 늘 그러고 논다. 아침 9시부터 오후 5시까지 사무실에 앉아 있을 생각은 단 한 번도 해본 적이 없다. 나는 탐험하며 사람들을 만나고 싶었다. 우리 아버지도 마찬가지였다. 우리 집 소파에 앉은 자유로운 영혼 세 명에게서 아버지의 에너지를 느꼈고, 세 친구의 추억이 마법처럼 불러낸 아버지가 곁에 앉았다. 친구들은 함께 어울려 다니던 아버지를 결코 잊지 못할 것이다.

13. 공포를 목격하고 회복력 키우기

> 불안과 야망과 자존심이 가득한 세상에서는 무언가에 빠져들고, 삶을 무너뜨릴 위험을 무릅쓰고, 우리가 하는 일과 우리에 관해서 사람들이 하는 말 때문에 목숨을 걸고 도박을 할 만하다고 생각하기 쉬워. 이제 몇 센티미터 떨어진 곳에서 잠든 너의 얼굴을 바라보니, 네가 가끔 길게 숨을 내쉬고 옹알이하는 소리를 들으니, 대체 어떻게 영광과 포상과 칭찬이 삶보다 더 달콤하다고 생각할 수 있었는지 모르겠구나.
>
> — 퍼걸 킨Fergal Keane, 〈대니얼에게 보내는 편지Letter To Daniel〉

지금은 베이루트에서 출발한 비행기 안, 시리아에서 바샤르 알아사드 정권의 몰락을 목격하고 집으로 돌아가는 길이다. 지난 몇 주는 내 인생에서 가장 특별했다. 내전이 수년간 이어지자, 세상은 아사드 없는 시리아라는 생각을 포기한 것 같았다. 하지만 새로운 반군 활동이 2주도 채 되지 않는 기간 만에 아사드를 권좌에서 몰아냈다. 우리는 아사드가 버리고 떠난 다마스쿠스 궁전과 개인 저택 안으로 들어갔다. 페라리와 람보르기니가 줄줄이 서 있는 차고에도 들어갔다. 50년 넘는 폭정의 어두운 현실이 공개된 감옥에도 들어갔다. 시리아는 내게 깊은 향수를 불러일으켰다.

시리아는 내 마음속에서 몹시 특별한 자리를 차지한다. 내가 시리아를 발견했을 때는 2007년 여름, 대학교 2학년으로 올라가기 전에 다마스쿠스에서 지내며 아랍어를 배우던 시절이었다. 시리아로 떠나면서 일기를 썼는데, 윌리엄 달림플 William Dalrymple의 《성스러운 산에서 *From the Holy Mountain*》를 읽고 여행 작가가 되기를 막연하게 꿈꿨던 19세 청년은 눈이 휘둥그레지는 경험을 가죽으로 장정한 공책에 빠짐없이 담았다.

일기의 첫 문단을 소개하겠다.

> 자, 이제 시작한다. 1일 차다. 드디어 비행기에 탄다. 하늘을 나는 거대한 녹색 알리탈리아 비행기에 피부를 오렌지색으로 태운 사람들이 잔뜩 탔다. 3개월 동안 집에서 떨어져 있어야 한다! 어디서부터 이야기를 시작해야 할지 감도 안 잡힌다. 다마스쿠스행 편도 비행기표. 새벽 2시 도착. 최고다. 공항에서 누군가, *아무나* 찾아서 도움을 받을 수 있을지 알아볼 계획이

다. 아, 뭐. 친구들이 작별 인사를 건네니 불안감이 많이 사라졌다. "총에 맞으면 안 돼"가 공통된 주제 같다.

일기를 계속 읽다 보니, 밀라노에서 비행기가 고장났고 이탈리아 시골 호텔 로비에서 셀린 디옹의 〈나 혼자서*All by Myself*〉를 들으며 밤을 지새우다가 마침내 다마스쿠스로 날아갔던 일이 떠올랐다.

요새 여러분은 시리아라고 하면 전쟁과 폭력, 테러, 혼돈을 떠올릴지도 모르겠다. 하지만 다마스쿠스에 도착해서 보낸 첫 몇 달 그리고 그 후 시리아에서 지내던 몇 년 동안 내가 만난 시리아는 눈부시게 아름다운 옛 정원에 들어선 레스토랑에서 따뜻한 여름밤을 맞고, 재스민과 블랙커피, 카다멈과 향긋한 과일의 향기가 풍기는 꿈 같은 세상이었다. 나는 며칠 동안 사막을 가로지르는 버스를 타고 레바논과 이집트, 요르단까지 누비며 경탄이 절로 나오는 모험을 즐겼다. 아랍어를 배웠을 뿐만 아니라 중동의 경이로움과 매력도 더 깊이 이해했다. 청춘의 설렘이 가득했고, 평생 친구로 지낼 사람들과 끝없이 티격태격했다. 이제 와서 그 시절을 떠올리니 묘한 따스함이 느껴진다. 그 이후로 시리아에서 취재할 때마다, 폭력으로 집을 잃고 전 세계로 흩어진 수많은 사람을 만날 때마다 그들의 조국이 어떤 나라인지 내가 잘 알고 있으며 그들이 다시 고향으로 돌아가기를 간절히 기원한다고 꼭 알려준다.

시리아에 처음 갔던 그해 여름, 나는 다마스쿠스 구시가지에 있는 조르주 가족의 집에서 지냈다. 조르주네 집은 전통 가옥으로, 사방으로 방이 마구 뻗어나가고 한가운데에 하늘로 탁 트인 안뜰이 있는 구조였다. 내 방은 꼭대기 층이었고, 나는 저녁마다 몇 시간이고 옥상에 앉아서 지붕이 제멋대로 뒤섞인 다마스쿠스 밀림 위로 저무는 해를 바라보곤 했다. 안주인 조르주 부인은 70대였고, 매주 다른 색깔로 머리카락을 물들였다. 체구가 작았지만 기운이 대단했고 언제나 미소를 띠었다. 보니라고 이름 붙인 작은 개도 있었는데, 조르주 부인은 특유의 억양 때문에 강세를 다른 데 붙여서 *보니*라고 불렀다. 보니는 2분도 못 버티고 바로 옆에 있는 물체에 올라타려고 애썼다. 아무래도 중성화 수술을 시켜야 하지 않았나 싶다. 보니는 갓 들어온 새내기였던 내게 애정을 퍼부었다. 내 다리. 팔. 옆구리. 어디든 상관없이 집착했다. 다행히도 조르주 부인은 보니가 내게 치근덕거리는 줄 눈치채지 못했다. 시리아에 막 도착했을 때 내 아랍어 실력은 썩 좋지 않아서 조르주 부인이 프랑스어로 더듬더듬 이어가는 말만 알아들을 수 있었다. 한번은 내가 심한 식중독에 걸렸다. 내가 화장실에서 토할 때마다 밖에 서 있는 조르주 부인이 소리쳤다. "브라보, 제임스!" 내가 창백하게 질린 낯빛으로 기진맥진한 채 화장실에서 나오자, 보니가 달려와서 내 발 위로 기어올랐다. "브라보, 보니!" 부인이 외쳤다.

조르주 씨는 덩치가 크고, 손가락이 두껍고, 머리카락이 새하얗고, 이가 없었다. 발에 문제가 있었던 탓에 내가 그 집에 살던 3개월 동안 조르주 씨가 서 있는 모습은 두 번쯤 본 게 다였다. 아들 지하드는 호텔에서, 다른 아들 조르주는 컴퓨터 관련 일을 했다. "그러니까 이름이 조르주 조르주라고?" 또 아랍어를 틀리게 말했는지 긴가민가하며 물었던 기억이 난다. "맞아." 조르주는 내가 왜 혼란스러워하는지 전혀 이해하지 못한 채 대답했다. 조르주 가족은 벽에 교황과 아사드 대통령과 레바논 헤즈볼라의 지도자 나스랄라의 사진을 나란히 걸어 놓았다. 기독교를 믿는 조르주 가족은 시리아가 이웃한 여러 나라와 다르다는 사실을 잘 보여줬다. 시리아는 종교가 서로 다른 사람들이 함께 어울리며 평화롭게 살 수 있는 나라였다. 물론 시리아 같은 독재 국가에서는 아사드의 사진을 벽에 걸어두는 것이 훌륭한 생존 전략이기도 하다.

나는 시리아에서 1년을 꽉 채워 살기로 마음먹고 다마스쿠스에서 더 현대적인 동네에서 집을 빌리려고 했다. 아직 부모님과 함께 사는 친구들이 모여 놀 수 있게 널찍한 집을 찾아다녔다. 집주인은 나를 적잖이 의심했다. "자수스Jaasous." 집주인이 나를 세입자로 데려온 아들에게 하는 말이 들렸다. 스파이라는 뜻이다. 그 사람은 이란 대사관 맞은편에 있는 방 네 개짜리 아파트에 살고 싶다는 젊은 백인을 수상쩍게 여겼다. 나중에 알고 보니 이웃 중에 정보기관 고위 간부가 있었다. 왜

미처 눈치채지 못했는지 모르겠다. 그 사람 집 현관문이 은행 금고 입구처럼 보였는데. 나는 친구들과 우리 집 벽에 달린 거대한 스피커가 사실은 조잡한 마이크일 거라고 종종 농담했다. 어쩌면 정말이었을지도 모른다.

시리아에서 가장 친한 친구는 수업을 같이 듣는 캐시 스티프였다. 지금도 제일 가까운 친구다. 캐시는 금발과 선명한 파란색 눈동자 덕분에 나보다 훨씬 더 눈에 띄었다. 우리는 꼭 외계인이 된 것 같았다. 우리가 다르게 생겼다는 사실 때문에 거의 날마다 어처구니없는 상황을 맞닥뜨렸다. 당시 사업부 차관이 내가 살던 아파트에 사무실을 두고 있어서 나는 차관 아들에게 영어를 가르쳤다. 우리는 그 사람이 유력 인사라는 사실을 잘 알았다. 정전이 일어날 때마다—시리아에서는 흔했다—우리 건물이 어둠 속에서 타오르는 등대처럼 환하게 빛났기 때문이다. 아사드 정권의 고위 인사라면 정전 따위는 걱정하지 않아도 괜찮았다. 그 차관은 키가 크고 정중했다. 눈색깔은 짙었고, 머리카락은 은빛이 감도는 검은색이었다. 캐시와 나는 건물 밖에서 자주 차관과 마주쳤다. 차관이 메르세데스에서 내리면 운전기사가 값비싼 옷이 든 가방을 건네주곤 했다. 그 사람은 우리를 대접하기 좋아했다. 한번은 정통 영국식 펍을 주제로 꾸민 레스토랑으로 우리를 데려갔다. 초록색 펠트와 짙은 목재가 곳곳에 보였고, 바에는 맥주가 줄지어 놓였고, 심지어 의자 테두리는 코듀로이로 작게 장식하기까지

했다. 그런데 아무 단어에나 *e*를 붙이면 자동으로 진정한 영국 정통성이 생긴다고 생각했는지 간판에 'ye olde english pube' 라고 적혀 있었다('ye'는 술집이나 상점 등에서 역사가 오래된 것처럼 보이려고 'the' 대신 쓰는 단어, 'olde'는 'old'의 고어, 'pube'는 '음모(陰毛)'라는 뜻이다—옮긴이). 캐시와 나는 웃음을 멈출 수가 없었다. 붐비는 펍 한가운데 급하게 마련된 테이블에 앉자, 차관이 파히타(토르티야에 다양한 채소와 고기 등을 싸서 먹는 멕시코 요리—옮긴이)와 차가운 레드와인을 주문하고는 재빠르게 손뼉을 쳐서 공연을 시작하라고 지시했다. 그러자 성형 수술을 받은 티가 뚜렷한 남자가 벨벳 운동복을 입고 라이오넬 리치 노래를 불렀다. 캐시와 나는 이렇게 이해하기 힘든 상황을 번번이 마주쳤고, 그럴 때마다 배가 땅기고 얼굴이 아플 만큼 웃었다.

캐시와 나는 재미있는 한 쌍이었다. 우리 우정에는 성적인 면이 아예 없었고, 나는 게이라고 절대로 밝히지 않았다. 그때 썼던 일기를 꼼꼼히 읽어봤더니, 남자나 여자에 관한 언급이 전혀 없었다. 나는 나 자신을 외면하고 있었다. 캐시와 함께 있을 때는 안전하다고 느꼈고, 캐시도 나와 함께 있으면서 안전하다고 느꼈던 것 같다. 동성애 남성과 미혼 여성에게 힘겨울 수도 있는 중동 지역에서 유머는 우리를 하나로 묶어줬다.

나는 대학 졸업장을 따고 나서도 무엇을 해야 할지 몰랐다. 당시 정보기관의 활동이 훨씬 더 투명해지기 시작했던 터라 정보기관에 들어가면 어떨지 생각해봤다. 지하철에 안보기관 채용 광고가 붙어 있었고, 대학교에서도 다들 스스럼없이 채용 지원을 이야기했다. 내가 아랍어를 공부하겠다고 했을 때, 많은 사람이 스파이 훈련을 받냐고 농담하기도 했다. 그래서 생각했다. '한번 도전해보면 어떨까?' 아랍어를 공부했던 친구들 몇 명은 '런던의 중심 기관'에서 연락받았고, 나 역시 온라인 적성 검사를 받고 나서 통화도 몇 차례 했다. 그걸로 끝이었다. 내가 시험에서 수학 영역을 잘 풀었을 리가 없고, 혹시 스파이가 된다고 해도 입을 다물었을 리가 없기 때문일 테다. 그쪽에서는 다 알았을 것이다. 그야 당연히 스파이니까.

학위를 받고 나서 내가 진심으로 깨달은 것은 내가 시리아와 사랑에 빠졌다는 사실뿐이었다. 그래서 런던정치경제대학에서 석사 과정을 밟으며 시리아에 집중할 방법을 찾았다. 그때는 2011년이었고, 장차 아랍의 봄으로 불릴 시위가 격화하기 시작했다. 여전히 학생 비자가 유효했던 터라 크게 달라진 다마스쿠스로 돌아가기로 결심했다.

도시 자체는 물리적으로 변하지 않았지만, 내가 알고 있던 매력과 순수함은 바래고 있었다. 첩보기관의 움직임이 훨씬 더 눈에 띄었다. 사람들이 거리에서 나를 주시했다. 시내 중심부에서 외부인의 출입을 제한하며 잠자고 있던 거대한 관공서 건물들이 훨씬 더 활발하게 북적이는 것 같았고, 건물 밖에는 경비병이 배치되어 있었다. 시리아가 독재 국가라는 사실은 예전부터 결코 비밀이 아니었다. 처음 방문했을 때도 아사드 정권에 잠재한 폭력성을 우리 모두 알았다. 우리는 시리아의 역사와 정치를 배웠고, 우리 외가는 폭압적인 독재 정권 때문에 여러 아랍 국가를 전전해야 했다. 하지만 아사드는 시리아가 아니었다. 시리아의 여러 유서 깊은 도시는 아사드 가문보다 수천 년 먼저 존재했고, 바라건대 이제는 세상에 다시 모습을 드러낼 것이다. 나는 다소 순진하면서도 놀랍도록 평온한 안개 속에서 학창 시절을 보냈다. 시리아 사람들의 아름다움과 따뜻함을 만끽했지만, 시리아의 어두컴컴한 정치 체제에는 그다지 신경 쓰지 않았다.

하지만 시리아의 정치 상황에 주의를 기울이는 일이 내 임무가 되었다. 나는 레바논 국경 쪽의 작은 마을들에서 시작한 시위 현장으로 가고 싶었다. 시리아 문제에 많은 시간을 투자하며 런던에서 시리아인 친구들을 사귀었고, 친구를 통해 젊은 활동가들을 소개받았다. 나를 안전하게 지켜줄 그 활동가들은 내가 만나본 사람들 가운데 손에 꼽을 만큼 용감했다. 다른 아랍 국가에서 벌어지는 사태를 목격했고, 자유를 향한 외침을 본받고자 했다. 예상대로 정부는 강경하게 대응했고, 국제 언론인에게 비자를 발급하지 않았다. 그래서 우리가 '시민 기자'라고 불렀던 이들만 시위가 막 시작하고 실제로 벌어진 일을 기록할 수 있었다. 내가 소개받은 젊은 남녀 활동가도 그런 시민 기자였다.

나는 오로지 대학 논문을 쓰려고 시리아에 갔지만, 수많은 기자가 가고 싶어도 갈 수 없는 곳에 있다는 사실을 곧 깨달았다. 영국 신문사 몇 군데에 연락한 후 시위 현장에 가서 사람들을 인터뷰해 달라고 요청받았다. 기자가 '되고 싶다'라는 뜨거운 열망이나 거창한 계획은 없었다. 하지만 그 순간, 지금 일어나고 있는 일을 공유해야 한다는 책임감을 느꼈다. 최대한 널리 알리는 것이 자연스러운 인간적 반응 같았다. 이제 그 본능은 예전만큼 순진하지는 않아도 여전히 나를 힘껏 앞으로 밀어보낸다.

그런데 문제가 하나 있었다. 나는 금발(기가 도는) 24세 백인 청년이었고, 도저히 주변 사람들 사이로 자연스럽게 섞이지 못할 것 같았다. 내가 시리아로 돌아간 지 얼마 안 된 어느 날 밤, 자동차 뒷좌석에 함께 앉아 있던 활동가 세 명이 나를 숨길 방법을 논의하던 그 순간은 영원히 잊지 못할 것이다. 나는 그들이 부드러운 주황색 차량 조명등 아래서 아주 빠르게 말하는 아랍어를 이해하려고 애썼다. 갑자기 한 명이 나에게 후드 티를 던졌다. "이거 입어. 후드도 쓰고." 나는 시키는 대로 했다. "그걸로는 부족한데. 이것도 써." 그는 선글라스를 건네고는 잠시 나를 꼼꼼히 뜯어봤다. "한 가지 더." 얼굴을 가릴 수술용 마스크였다. 조심스럽게 마스크를 쓰고 나를 빤히 바라보는 세 명을 올려다보았다. 잠시 후, 진지한 얼굴이 일그러지더니 우리 모두 웃음을 터뜨렸다. 나는 엄청나게 우스꽝스러워 보였다. 이목을 끌기에 완벽한 모습이었다. 그래서 선글라스와 마스크를 벗고 그들과 함께 밖으로 나갔다.

우리가 간 곳은 작은 마을이었다. 2층짜리 주택과 3층짜리 주택이 커다란 격자 모양으로 배치되어 늘어서 있었고, 야트막한 언덕과 머리 위로 엇갈린 전선이 단조로운 획일성을 흐트러뜨렸다. 우리는 작은 집의 계단을 타고 지붕으로 올라가서 수백 명이 플래카드와 깃발을 들고 행진하는 모습을 지켜보았다. 모두 "AlShaab, yuriid, iskaat al nitham!"이라고 반복해서 외쳤다. *국민은 정권의 몰락을 원한다!* 처음으로 중요한 곳에 있다는 느낌을 받았고, 믿지 못할 만큼 짜릿했다. 그때까지 뉴스로만 접했던 광경을 직접 눈으로 본 것도 처음이었다. 물론 시위대 사이에 있지는 않았지만, 의미 있는 행사를 그저 구경하지 않고 몸소 참여하는 기분이었다. 멀리서 지켜보지 않고 뛰어들어서 함께하니 행복했다.

기자들이 중독되기도 한다는 느낌이 바로 그때 그 감정이라는 사실을 깨달았다. 나는 지금도 그 느낌을 쫓아다닌다. 우크라이나의 전쟁 최전선부터 테러 공격 현장까지, 그리고 그 사이 어디에서든 그 느낌이 내게 기운을 불어넣는다. 많은 이가 이 느낌을 좇다가 건강에 해로운 중독에 빠지며, 그 중독을 채우려고 해로운 위험을 기꺼이 무릅쓰려고 한다. 나는 당시 스카이 뉴스 기자였던 도미닉 와그혼의 조언 덕분에 그 위험에서 벗어날 수 있었다고 생각한다. "당신이 처한 상황이 아무리 당신에게 위험하더라도, 당신을 돕는 사람들에게는 훨씬 더 위험합니다. 세상 어디를 가든, 누구에게 말을 걸든, 어떤 식으로든 그 사람들을 끌어들이면 그들의 삶이 영원히 바뀔 수 있다는 사실을 잊지 마세요." 도미닉은 내게 이렇게 조언했던 일을 잊었겠지만, 나는 늘 도미닉의 말을 되새긴다—다른 사람들에게도 전한다. 도미닉의 충고 덕분에 무슨 일을 하든 항상 사람을 중심에 두었다. 적어도 그랬기를 바란다. 그날 내가 지붕 위에 서서 전율했던 일도 중요했지만, 행진하는 사람들의 심정이 훨씬 더 중요했다. 어떤 면에서는 그 교훈이 이 책을 쓰는 데 지침을 주었다고 볼 수 있다. 내 경험은—때때로—기록할 가치가 있다. 하지만 더 큰 목적을 위한 경험이어야 하고, 더 폭넓은 의미를 보여주고자 반드시 다른 사람들의 경험도 함께 기록해야 한다.

나중에 보안군이 와서 군중에게 총을 쏘며 시위대를 해산했다. 그날 밤, 사람들이 나를 근처의 다른 집으로 데리고 갔다. 건물 안의 불이란 불은 전부 밝혀 놓았고, 사람들이 꽉 차 있었다. 사람이 너무 많아서 거리로 밀려 나갈 정도였다. 울음소리가 들렸다. 거실로 갔더니, 어느 남자가 가족과 함께 바닥에 앉아 있었다. 다들 내가 온 이유를 이해했는지 그 남자 곁에 앉으라고 안내했다. 팔과 어깨에 붕대를 감고 있는 그 사람은 넋이 나간 기색이었다. 내 옆의 활동가와 긴 포옹과 짧은 대화를 나눈 후, 그는 무슨 일이 있었는지 설명했다.

"우리 아들이랑 길에 있었어요. 그때 총격이 시작됐어요. 아들을 안아 올리고 돌아섰는데 등에 총을 맞았어요. 아래를 내려다보고 총알이 몸을 관통했다는 걸 깨달았어요." 그 순간 그 사람은 무너져 내렸다. "우리 아들이." 그는 눈물을 쏟았고 목이 메어 제대로 말하지 못했다. 내 앞으로 휴대 전화가 불쑥 나타났다. 나는 머리가 터진 어린아이의 시신을 공포에 질린 채 바라보았다.

나를 포함해 방 안의 모두가 울었다. 나는 충격받은 동시에 깊은 부끄러움을 느꼈다. 사기꾼이 된 것 같았다. 그 사람은 자식을 잃었을 뿐만 아니라 내게 설명하면서 또다시 그 트라우마를 겪었다. 그 사람에게 필요한 대상은 진짜 기자였지 애송이가 아니었다. 하지만 그는 나를 계속 쳐다보았다. "누군가에게 알려주세요." 그가 말했다. "제발 우리 아들한테 무슨 일이 있었는지 누군가에게 알려주세요." 실내의 모두가 이제 내가 대답할 차례라는 듯 기대감에 차서 나를 바라보았다. 이제는 내가 상황을 더 낫게 바꿀 무언가를 제안해야 했다. 하지만 나는 그럴 준비가 전혀 되어 있지 않았다. 그 사람에게 질문하며 상황을 악화하고 싶지 않았다. 그저 그 사람이 가족과 함께 슬퍼하도록 내버려두고 싶었다. 자리를 뜨고 싶었다.

점차 사람들이 내게 관심을 잃고 다시 슬픔에 잠겼다. 그 남자는 울다가 진이 다 빠져 보였다. 자기 이야기를 다시 하는데 얼마 안 되는 남은 에너지를 모두 써버린 듯했다. 딱 내게 이야기를 전할 만큼만 힘이 남아 있었을 것이다. 시리아 내전 초기, 전부 너무나 엄격하게 통제되었고 시리아 내부의 독립 언론인 수도 너무나 적어서 검증할 수 있는 정보는 거의 화폐나 다름없었다. 무슨 수를 써서라도 보호해야 할 귀중한 자산이었다. 그 남자가 내게 소중한 꾸러미를 건넸고, 내가 그 꾸러미를 몰래 시리아 밖으로 빼내야 할 것만 같았다.

그 남자의 사연이 다음 날《타임스》해외 면에 실렸을 때(실제로 기사를 쓸 줄 아는 뉴스 편집부 직원이 대폭 뜯어고친 기사였다), 죄책감이 조금이나마 사라졌다. 나는 기자라는 직업이 얼마나 커다란 힘을 발휘할 수 있는지 배웠다. 내가 슬픔을 편안하게 받아들인다는 사실도 깨달았고, 그런 슬픔에 가까이 다가가는 직업이 어쩐지 옳게 느껴졌다. 이상하게 들릴지도 모르겠지만, 감정과 의미가 있는 곳에 내가 바라는 직업이 있는 것 같았다. 시리아에 도착하고, 그 남자를 만나고, 그 남자의 사연을 쓰는 과정 모두 감정으로 가득했다. 물론, 두려움도 있었다. 커다란 슬픔도 당연히 있었다. 하지만 나는 이 일자리를 책상 뒤에 있는 평범하고 아무런 감정도 없는 세상과 대조해서 바라보았다. (모든 사무직이 내가 여기서 묘사한 것만큼 끔찍하지는 않다는 사실을 이제는 잘 안다. 그때 나는 스물네 살일 뿐이었다!) 마지막으로 나는 일종의 구원까지 느꼈다. 적어도 그 남자를 위해 아들의 삶과 죽음에 관한 이야기를 신문에 실었고, 이 일로 세상이 시리아 상황에 조금이라도 더 관심을 기울일지도 모른다는 작은 감정이었다.

나는 그해 내내 시리아와 런던을 오가며 신문사와 방송사에서 일거리를 받으려고 애썼다. 학생 비자의 유효 기간이 한동안 남아 있어서 최대한 활용하고 싶었다. 하지만 여행은 갈수록 위험해졌다.

그해 여름, 활동가 한 명과 단둘이서 차를 타고 북부 마을에서 다마스쿠스로 돌아간 적이 있다. 수도와 북부 지역을 연결하는 도로는 하나였고, 길에 검문소가 있었다. 몇 킬로미터마다 이런 사막 초소에 멈춰서 서류를 검사받았다. 함께 있었던 활동가는 시리아에서 어느 정도 명망 있던 대학교수였다. 검문소에 들를 때마다 아무것도 모르는 젊은 징집병은 우리를 얼른 통과시켜줬다. 학자 신분은 저항 활동의 핵심 인물을 가리는 완벽한 위장이었다.

그런데 다마스쿠스로 돌아가는 길 중간쯤에서 우리 운이 바닥났다. 검문소를 지키던 군인은 아무것도 모르는 징집병이 아니라 상급 지휘관이었고, 수도에서 한참 떨어진 곳에서 외국인처럼 보이는 청년을 보자마자 수상한 낌새를 알아챘다. 뚱뚱하고 땀에 젖어 있던 그는 반짝이는 머리를 가릴 수 있다고 생각했는지 가느다란 머리카락을 뒤로 빗어 넘긴 모습이었다. "아랍어는 쓰지 마세요." 우리가 차를 멈추자, 활동가 친구가 재빨리 잇새로 나지막이 말을 뱉었다. 군인은 창문을 내리라는 손짓을 하며 차 안을 들여다보았다. "따라오시오." 그가 활동가 친구에게 지시했다. 친구는 시키는 대로 나갔고, 둘은 길가의 작은 판잣집으로 사라졌다. 나 혼자 차 안에 남았고, 약간 떨어진 곳에 다른 군인이 서 있었다. 나는 푹푹 찌는 앞좌석에 앉아 앞으로 닥칠 일에 대한 두려움과 상상으로 녹아내렸다. 엉덩이 아래로 쑤셔 넣은 노트북에는 목격한 시위 사진과 영상이 잔뜩 담겨 있었다. 만난 사람들과 들은 이야기에 관한 메모 파일도 있었다. 당장에라도 내 주머니에서 빼앗길 휴대 전화에는 도와준 사람들의 번호와 메시지가 저장되어 있었다. 정권이 그런 정보를 이용할 터였다. 내가 너무나 어리석다는 생각과 극심한 공포가 나를 강력하게 짓눌렀다. 왜 이런 상황으로 기어들어 갔을까? 왜 우리 가족을 이런 시련에 빠뜨렸을까?

주머니에 천천히 손을 넣어서 휴대 전화—초창기 아이폰—를 꺼내고 슬쩍 시선을 내려서 갤러리 앱을 살펴보았다. 이미지를 보지 않고도 천천히 화면을 넘기면서 사진을 삭제할 방법을 찾았다. 정면을 바라보면서 증거가 될 만한 사진을 하나하나 지우려고 애쓰는데 몇 시간이나 흐른 것 같았다—실은 고작 20분 정도였다. 지금 돌이켜보면, 이런 자료를 전부 가지고 다니는 대신 다른 곳에 보내거나 저장할 방법을 찾아야 했다. 하지만 나는 아무것도 몰랐다. 만약 군인이 휴대 전화를 압수하거나 차를 수색했다면, 그 사진을 삭제했더라도 아무 소용이 없었을 것이다. 나는 무력감을 느꼈지만, 그래도 뭔가 도움이 될 만한 일을 하고 싶었다.

마침내 두 사람이 판잣집에서 나왔고, 친구는 고개를 살짝 뒤로 젖힌 채 돌아와서 말없이 운전석에 앉았다. 군인은 느릿느릿 내 옆으로 걸어오더니 땀에 젖은 커다란 머리를 차 안으로 쑥 들이밀고는 천천히, 그리고 일부러 내 이마에 입을 맞췄다. 머리를 다시 빼고는 나를 자세히 뜯어보며 아랍어로 "환영합니다"라고 인사한 후 자동차 지붕을 톡톡 두드렸다. 우리는 먼지 가득한 도로변으로 천천히 차를 몰아서 큰길로 들어섰다. 몇 분간 말없이 앉아 있는데 활동가 친구가 나를 돌아보며 말했다. "런던으로 돌아가세요. 오늘 밤에요."

나는 그날 초소에서 어떤 말이 오갔는지 아직도 모른다. 그 군인이 내 신원을 요구했을까? 내 친구의 신원을 받아적었을까? 친구가 위협받았을까? 폭력이 있었을까? 무슨 일이 있었든 나는 무사히 빠져나올 수 있었다. 나를 도와준 탓에 곤경에 빠진 그 활동가에게 평생 감사할 것이다. 다마스쿠스로 돌아온 후, 활동가들이 쓰는 안전 가옥 한 군데서 잠 못 이루는 밤을 보냈다. 바깥 계단에서 들리는 소리에 신경을 바짝 세운 채 밤을 지새우고 다음 날 아침에 레바논으로 떠났다. 연배가 우리 어머니와 비슷한 가족 지인에게 무슨 일이 있었는지 간략하게 말했는데, 역으로 나를 데리러 와서는 어린아이를 혼내듯이 나를 꾸짖었다. "무슨 생각으로 거기에 간 거야?! 정신 나갔니?" 아마 그랬던 것 같다. 아니면 그저 어려서 내가 마주한 위험을 제대로 알지 못했을 뿐이었을까? 그 뒤로는 프리랜서로서 시리아를 여행하지 못했다. 그 검문소에서 느꼈던 메스꺼움은 내 마음속에 깊이 남았고—지금도 남아 있다—제대로 계획하지 않고는 위험한 상황에 뛰어들지 말라고 경고했다. 아울러 그 메스꺼움은 전 세계 수많은 사람이 매일 같이 직면하는 위험을 일깨운다. 내 삶이 비교적 편안하고 안전하다는 사실도 일깨운다.

ISIS의 부상과 몰락을 상세히 보도하려고 시리아 북부를 방문하면서도 다마스쿠스로 갈 생각은 전혀 못 했다. 나는 취재 활동 때문에 정부가 통제하는 지역에서는 블랙리스트에 올랐고, 내게는 사랑했던 나라에 관한 기억만이 남았다. 두 번 다시 시리아의 수도를 볼 수 있으리라고는 꿈에도 생각하지 못했다. 비행기에 앉아 있는 지금, 아사드의 몰락을 보도하고자 다마스쿠스로, 원래 있던 자리로 마침내 돌아간 일이 얼마나 놀라운지 감탄이 나온다. 나는 다시 한번 아사드의 잔혹함을 목격했다. 지난주 다마스쿠스의 어느 영안실에서 스물 먹은 아들의 시신을 막 확인한 남자와 마주쳤다. 가슴 아프게도 그 아들이 아사드 정권에 납치당한 날은 불과 두 달 전이었다. 아사드는 마지막 순간까지 살인을 저질렀다.

시신 운반용 부대에 누운 이들의 얼굴을 확인하려고 드나드는 사람들로 좁은 실내가 북적였다. 내 앞에서 눈물을 쏟는 아버지를 보며, 오래전에 기자 생활을 시작했을 때 만났던 그 남자가 떠올랐다. 슬픔에 휩싸인 두 아버지, 목숨을 잃은 두 아들. 두 아들은 13년 차이로 아사드 정권의 손에 살해당했다. 시리아에서는 여전히 수천 명이 실종 상태이며, 그들을 사랑하는 이들이 아직도 답을 찾아 헤매고 있다. 이라크와 레바논의 난민 캠프부터 2023년 튀르키예 지진 현장, 홍수로 물에 잠긴 프랑스 칼레의 들판까지, 나는 경력 내내 상상도 할 수 없는 일을 헤쳐 나가는 시리아인을 만났다. 그 사람들은 내게 상실의 의미를 가르쳐줬다. 그리고 회복력의 의미도 가르쳐줬다.

먼저 분명하게 밝혀야겠다. 시리아의 그 두 아버지는 아들의 죽음 때문에 평생 트라우마를 안고 살아가야 할 것이다. 수많은 이가 정신질환을 겪을 것이다. 2020년 연구에 따르면, 고소득 서구 국가에 재정착한 시리아 난민이 우울증과 불안, PTSD를 앓을 확률은 일반 인구보다 훨씬 높았다. 특히 PTSD 발병률은 최대 10배 더 높았다. 하지만 그 경험이 어떤 영향을 미쳤든, 내가 만난 사람들은 대체로 놀라운 회복력도 보여주었다. 스스로 깨닫지 못했더라도 마찬가지였다.

이런 환경에서 일하면 이상한 일이 벌어진다. 사람들에게 공감할 만큼 소통할 수 있지만—공감은 이 직업에서 정말로 가장 중요한 부분이다—일이 정신없이 바쁘게 돌아가다 보니 사람들의 이야기가 그 순간에는 내게 깊은 영향을 주지 못한다. 나중에야 내가 보고 들은 것을 진지하게 생각할 수 있다.

그러면 궁금증이 밀려온다. 그 사람들은 이런 상황을 어떻게 견뎌낼까? 어떻게 오랫동안 그렇게 많은 것을 겪을 수 있을까? 어떻게 아직도 한 걸음씩 나아갈 수 있을까?

일하면서 만난 사람 가운데 세 명은 이런 질문을 진지하게 고민하도록 자극했다. 5년 전 러시아 그로즈니에서 취재한 젊은이 아민은 체첸 당국에 동성애자로 의심받았다. 안타깝게도 체첸은 조금도 나아지지 않은 여성 혐오와 편협함의 전형이 되었고, 최근에는 LGBTQ+ 사람들을 체포하고 학대하고 있다—때로는 살해하기까지 한다. 아민은 가족의 고발로 당국에 붙잡혀서 2주 동안 고문받았다. 물고문과 전기고문을 받았고, 심지어 모의 처형(실제로 죽이지는 않지만, 직접 무덤을 파게 하거나 사형대에 세우거나 공포탄을 쏘는 등 극도의 공포와 절망감을 안기는 고문법—옮긴이)까지 당했다. 하지만 아민은 살아남았다. 마침내 풀려난 후, 단순히 탈출하는 데서 그치지 않고 용감하게 자기 경험을 공개하기까지 했다. 익명으로 야만적인 행위를 증언해봤자 조국의 상황을 바꾸지 못한다는 사실을 깨달은 아민은 언론에 신분을 밝히기로 마음먹었다. 우리 방송사를 포함해 여러 언론사가 아민의 이야기를 보도했다. 체첸에서 탈출하고도 당국에 쫓기는 경우가 많다는 사실을 고려하면, 아민은 그를 고문했던 자들이 꿈도 못 꿀 만큼 용감하다.

미콜라는 우크라이나 부차에서 뼛속까지 시릴 만큼 추운

3월 아침에 만났다. 러시아 군대가 마을로 진격해오더니, 미콜라가 사는 아파트 건물로 들이닥쳐서 주민 전부 마당에 모이라고 명령했다. 그러고는 50세 이하 남자는 앞으로 나오라고 했다. 앞으로 나간 사람들 모두 그 자리에서 총에 맞았다. 미콜라는 53세였다. 그는 손을 덜덜 떨며 손가락 세 개를 펼쳐 보였다. 그는 우리가 서 있던 곳에서 겨우 몇 걸음 떨어진 자리에 얕게 땅을 파고 죽은 남자들을 묻어야 했다. 황량한 땅에 성모 마리아 사진을 붙인 판자를 박아서 각 무덤의 위치를 표시했다. 그런 후 이웃과 함께 아파트 지하실로 피신했다. 그들은 싸구려 술과 권력에 취한 이 러시아 청년들이 자기 집을 차지하는 소리를 들었다. 어느 군인이 충동적으로 지하실 계단에 수류탄을 던졌고, 미콜라의 다른 친구가 죽었다. 미콜라는 조각난 친구의 시신을 주워 모아서 가방에 넣고 살해된 남자들과 함께 묻어야 했다.

나는 나중에 다시 우크라이나로 가서 미콜라와 재회했다. 여름이 와 있었다. 건물 주변에 푸른 풀과 꽃이 무성했고, 미콜라는 삶을 다시 일구고 있었다. 미콜라는 아파트를 되찾았고, 벽에 난 총알구멍을 메웠고, 당국에 상담을 요청하는 등 여러 도움을 받았다. 그는 말 그대로 상상조차 할 수 없는 트라우마를 겪었지만, 부엌 식탁에서 우리와 함께 미소 지으며 커피를 마셨다. 우리 팀을 보며 몹시 기뻐했고, 푸른 눈이 기쁨으로 반짝였다. 물론, 그날은 단 하루일 뿐이고 미콜라는 남은 평생 그 시절의 어두운 기억과 씨름해야 할 것이다. 미콜라는 지난날 겪은 어려움과 지금 겪고 있는 슬픔을 남김없이 털어놓았다. 하지만 우리 팀은 키이우로 돌아가는 길에 미콜라가 삶을 헤쳐 나가는 모습을 이야기하며 감탄할 수밖에 없었다. 미콜라가 트라우마를 극복했다고 말하기는 어렵겠지만, 트라우마를 견뎌내고 있었다. 미콜라 같은 사람들을 만나면 우리가 겪는 문제는 너무나 사소하게 느껴졌다. 하지만 따뜻함과 존엄성을 잃지 않은 그는 우리 모두의 마음을 움직였다.

세 번째 인물은 동료다. 30대 중반에 새로운 친구를 사귀고 가까워지기란 쉽지 않다. 그때쯤이면 삶에서 많은 부분이 정해지고, 인간관계도 고정된다. 하지만 매기 룰리가 런던에 와서 ABC 뉴스 해외취재팀에 합류했을 때, 특별한 친구를 만났다는 사실을 깨달았다. 매기의 매력은 끊임없이 행복하다는 것이다. 대서양 양쪽의 ABC 사무실에서 이 말이 농담처럼 돌고 도는데, 매기가 개의치 않았으면 좋겠다. 매기는 사람으로 태어난 래브라도리트리버 같다. 가장 좋아하는 꽃이 해바라기인데, 이 사실이 매기가 어떤 사람인지 잘 보여준다. 매기는 반짝이는 햇살 같다. 그렇다고 지적이고 복잡하고 깊이 생각하는 사람이 아니라는 말은 아니다. 게다가 당연히 화를 내거나 흥분하기도 한다. 하지만 매기는 거의 언제나 기쁨이 가득하다. 매기와 '행복 유전자'에 관해서 대화한 적이 있다. 매기가 그런 유전자를 어디서 얻었는지, 내가 그런 유전자를 얼마나 바라는지 이야기했다. 매기는 나와 달리 이런저런 사건이 자기를 쥐고 흔들도록 내버려두지 않는 것 같다. 일종의 회복력을 물려받은 게 분명하다. 극복하는 힘, 집착하지 않는 힘.

아민이나 미콜라가 행복의 유전적 소인을 지녔는지는 잘 모르겠다. 분명히 두 사람 모두 삶을 뒤흔든 고난의 여파에 시달리고 있다. 매기는 다행히도 그런 트라우마를 겪지 않았다. 하지만 이들은 나와 다른 식으로 뭔가를 타고나지 않았나 싶다. 우울증이나 다른 정신질환에 대한 유전적 요인이 존재한다면, 아민이나 미콜라 같은 사람에게는 트라우마를 견디는 유전 메커니즘이 있지 않을까? 매기처럼 일상의 불평에 굴하지 않는 사람에게도 그런 메커니즘이 있을까?

2022년 세계행복보고서—그렇다, 이런 게 정말로 존재한다—는 이런 질문에 대한 답을 찾고자 했다. 이 보고서는 1970년부터 1984년까지 일란성 쌍둥이와 이란성 쌍둥이를 추적하며 행복하게 생활하는지 평가한 미네소타 쌍둥이 연구를 바탕으로 한다. 연구 결과, 떨어져서 자란 일란성 쌍둥이가 함께 자란 이란성 쌍둥이보다 서로 행복 지수가 비슷했다. 유전적 차이가 행복도 차이의 원인이라고 처음 시사한 연구였다. 후속 연구는 행복도 차이에서 약 40%는 유전 요인 때문이고 나머지는 환경 요인 때문이라고 밝혔다. 정신질환의 경우도 마찬가지였다.

앞서 살펴봤듯이, 유전자와 환경의 상호작용은 복잡하며

끊임없이 변화한다. 세계행복보고서에 따르면, 행복의 유전적 소인 역시 정신질환의 유전적 소인처럼 환경 때문에 활성화한다. 그러나 유전적 소인이 *더 많이* 존재한다면, 환경이 그다지 큰 힘을 발휘할 필요가 없을지도 모른다. 간단히 말해서 매기는 나보다 더 쉽게 행복해지는 유전자를 타고났을 가능성이 있다. 아울러 연구진은 이런 유전적 소인을 지닌 사람이 긍정적인 순환에서 이익을 보기도 한다고 지적했다. 만약 부모에게서 행복 유전자를 물려받았다면, 행복한 환경에서 자랐을 가능성도 더 크다. 다시 말해서 내면에 행복을 품고 있을 뿐만 아니라 성장하는 동안 바깥의 행복도 마음껏 누렸을 가능성이 크다.

연구진은 확률을 증명하고자 단순한 집단 시험보다 더 많은 작업에 매진했다. 우울증의 유전 가능성을 이해하는 데 도움이 된 GWAS(전장 유전체 연관 분석) 덕분에 행복과 관련된 유전 변이를 수백만 개나 측정할 수 있었다. 더 나아가 연구진은 인간 유전체에서 폭넓게 말해 행복과, 더 구체적으로 말하자면 삶의 만족도와 긍정적인 정서와 관련된 지점을 세 군데 발견했다. 최근 연구에서는 행복의 스펙트럼도 만들었다. 이 세 지점에서 삶의 만족도와 관련된 변이는 모두 148개, 긍정적인 정서와 관련된 변이는 191개였다. 뇌 지도를 작성한 결과, 해마의 일부인 해마이행부subiculum에서 다르게 발현하는 유전자가 풍부하다는 증거를 발견했다. 에릭 캔들을 비롯한 학자의 연구에서 보았듯이, 오래전부터 이 부위는 기억 저장에 중요하다고 여겨졌다.

런던정치경제대학의 얀-에마누엘 드네브Jan-Emmanuel De Neve는 2012년에 이 문제를 더욱 깊이 파헤쳤고 '행복 유전자'를 찾는 데 가장 가까이 다가갔다. 드네브는 미국인 2,500명을 연구해서 특정 유전자의 변이 두 가지가 삶의 만족도에 영향을 미치는 것으로 보인다고 확인했다. 5-HTT 유전자는 뇌에서 세로토닌을 운반하는 데 관여하며, 세로토닌 공급 능력에 따라 '긴' 형태와 '짧은' 형태로 나뉜다. 드네브는 삶에 '매우 만족한다'라고 답한 사람 가운데 35.4%는 '긴' 변이를 두 개 지니며, 19.1%는 '짧은' 변이를 두 개 지닌다는 사실을 발견했다. 삶이 '불만족스럽다'라고 답한 사람 가운데 20%는 긴 변이를 두 개 지녔고, 26.2%는 짧은 변이를 두 개 지녔다. 드네브는 다른 조건이 모두 같을 때 이 유전자의 긴 변이를 하나 지니면 삶에 만족할 가능성이 8.5% 높아진다고 파악했다. 긴 변이를 두 개 지니면 17.3%로 수치가 올라갔다. 여느 과학자와 마찬가지로 드네브 역시 섣부른 추론을 경계해야 한다고 강조했다. '다른 조건이 모두 같다'라는 기준은 세상의 인간 경험을 측정할 때 절대로 충족할 수 없다.

간단히 말해서 드네브는 '행복 유전자'를 *하나* 발견했다. *하나밖에 없는* 유전자가 아니라 *그저 하나*라고 강조해야 한다. 앞서 보았듯이, 특정 기분과 관련된 소인에는 여러 유전자가 관여할 가능성이 있기 때문이다. 즉 단 하나의 유전자만 행복에 관여하지는 않는다. 드네브의 연구는 행복 유전자를 찾는 데 가장 가까이 다가간 사례다. 안타깝게도 훨씬 더 많은 사람을 연구한 후속 GWAS에서는 5-HTT나 기분과 관련된 다른 구체적인 유전자 후보를 발견하지 못했다. 하지만 드네브의 연구는 유전자 발현이 특정 유전자의 핵심 기능만큼이나 중요하다는 사실을 증명했다.

5-HTT 유전자를 살펴본 다른 연구도 주목할 만하다. 종양학자이자 작가인 싯다르타 무케르지Siddhartha Mukherjee는 무척 사려 깊고 통찰력 있는 의료 전문가로서 자기 슬픔에 대한 임상의학 해답을 찾는다. 무케르지는 5-HTT 유전자가 행복이 아니라 회복탄력성의 지표라고 여긴다. 그는《유전자의 내밀한 역사*The Gene*》에서 2010년에 미국 조지아주의 빈곤한 농촌 지역에서 진행한 연구를 강조한다. 강인한 아프리카계 미국인 가정 프로젝트The Strong African American Families는 청소년 자녀를 둔 600가구를 무작위로 두 집단으로 나누었다. 한 집단은 7주 동안 교육과 상담은 물론이고 알코올 중독과 약물 사용을 예방하고자 체계적으로 마련한 사회적 개입까지 집중적으로 지원받았다. 반대로 대조군은 최소한으로만 지원받았다. 이후 연구팀은 두 집단 어린이의 5-HTT 유전자 염기 서열을 분석했다.

드네브의 연구와 마찬가지로, 이 연구에서도 5-HTT 유전자의 '긴' 형태와 '짧은' 형태를 지닌 아이들 사이에서 뚜렷한 차이가 드러났다. '짧은' 변이를 지닌 아이들은 알코올이나 약물 남용에 빠지고, 수업을 빼먹고, 반사회적 행동을 보일 가능성이 더 컸다. 연구팀이 예상했던 결과 그대로였다. 그런데 연구팀은 바로 이 아이들이 사회적 개입에 반응할 가능성 역시 더 크다는 사실도 발견했다.

무케르지는 이렇게 설명한다. "짧은 변이는 심리적 민감성을 높이는 과민한 '스트레스 센서'를 의미한다. 하지만 이 센서는 심리적 민감성을 표적으로 삼는 개입에 반응할 가능성이 가장 크다. 가장 불안정하거나 상처 입기 쉬운 정신은 트라우마를 일으키는 환경에 왜곡될 가능성이 가장 크지만, 그런 정신을 목표로 삼은 개입을 통해 회복할 가능성도 가장 크다."

"회복력 자체에 유전적 핵심이 있는 것 같다. 어떤 사람은 회복력을 타고나고(그 대신 개입에 덜 반응한다), 다른 사람은 타고나기를 예민하다(그 대신 환경 변화에 더 잘 반응한다)."

무케르지는 우리 유전자 부호 속 한 가닥 희망을 추적한다. 생존에 필요한 도구를 제대로 갖추지 못하고 태어나는 사람도 있다. 하지만 결핍은 우리에게 필요한 변화를 만들어내는 원동력이 될 수도 있다. 어떤 면에서 볼 때, 5-HTT 유전자에 집중해야 하느냐 마느냐 따지는 일은 중요하지 않다. 근본 원리는 여전히 유효하다. 유전적 소인이 우리를 파멸로 이끌지 않는다. 우리 몸은 한 손으로 무언가를 가져가면, 다른 손으로 되돌려주기도 한다.

하버드대학교의 데이비드 싱클레어 교수 이야기로 돌아가자. 싱클레어는 생물학적 나이를 되돌릴 수 있다고 주장한다. 그는 유전자와 건강 사이의 명확한 연관성을 밝혔으며, 행동이 후성유전학적 발현—우리 유전자가 활성화하는 방식—을 조절할 수 있다고 말한다. 학계는 인간 유전체가 밝혀지자마자 '장수 유전자'를 찾기 시작했다. 영생으로 가는 과학적 방법은 지극히 매력적이었고, 당연히 돈벌이에도 좋았다. 돈과 시간이 너무나도 많은 억만장자는 영원히 살 방법을 찾는 데 엄청난 에너지를 쏟는다. 요전에는 어떤 사업가가 자식에게서 혈장을 채취하며 온 가족이 무슨 일을 하는 중이든 무조건 저녁 7시에 잠자리에 들게 한다는 기사를 읽었다. 걱정하지 마시길. 나는 그 정도로 극단적이지는 않다. 하지만 트라우마를 더 잘 극복하거나 견딜 수 있도록 유전 능력을 끌어올리는 방법을 정말로 찾고 싶다.

이 모든 일은 시트루인sirtuin에 달려 있다. 시트루인은 단백질 일곱 가지를 묶은 단백질족protein family으로, 대사 조절과 스트레스 반응, 세포 재생 등 노화 방지와 관련된 여러 생물학적 과정에 관여한다. 싱클레어는 이 단백질족을 활성화할 방법을 찾아야 더 건강한 삶으로 갈 수 있다고 말한다. 우리 몸은 주요 질병을 예방하고자 죽은 세포를 제거해야 한다. '유전체의 수호자'라고 불리는 시트루인은 이 과정을 돕고 세포 분열 속도를 줄일 수 있다. 게다가 시트루인은 유전자에 발현을 '켜거나 끄라고' 지시하는 꼬리표를 다는 후성유전학 변화에도 도움을 준다. 시트루인이 제공하는 화학물질이 이런 꼬리표를 옮겨서 유전자 활성화를 제어한다. 간단히 말해서 시트루인을 더 많이 만들수록 몸이 후성유전학 변화를 더 잘 제어할 수 있다.

싱클레어의 연구는 유전 과정이 우리 행동에 영향을 받는다는 사실을 보여줬다. 그리고 우리 몸은 유전자 수준에서 반응하여—DNA를 재해석하여—심각한 질병으로부터 우리를 보호한다는 사실을 밝혔다. 우리가 어떤 소인을 지니고 있든 그런 소인으로부터 몸과 마음을 보호할 힘이 있다는 사실도 알려줬다. 이런 관점에서 볼 때, 지금 나는 정신질환 병력에 '대처'하는 것이 아니라 미래 세대를 위해 악순환의 고리를 끊고 있다. 싱클레어의 연구는 주로 심장병과 암 같은 노년기 질환에 집중한다. 하지만 앞서 살펴보았듯이 우리의 신체 면역과 장 건강, 뇌는 서로 떼려야 뗄 수 없는 관계이므로 이 연구 결과는 정신건강 분야와도 상당히 깊게 연관된다.

여러분이 이 책을 통해 정신질환을 해석하고 치료하는 새로운 방식을 배우기를, 그래서 지금 겪는 정신질환에 대처하는 데 도움이 되기를 바란다. 당장 위기에 빠진 지인을 돕고 싶어서 이 책을 선택한 독자도 있을 테다. 이런 문제를 다룰 때 영국 자살위기센터Suicide Crisis Centre의 설립자이자 자살 예방 및 방지 개입 분야의 권위자인 조이 히빈스Joy Hibbins보다 더 적합한 사람은 아마 없을 것이다. 조이는 충격적인 사건을 겪고 목숨을 끊으려고 했다가 정신과 치료를 받았다. 이후 자기와 처지가 비슷한 사람들을 돕고자 자살위기센터를 세웠다. 지금은 심각한 정신건강 위기에 빠진 사람들이 제대로 된 치료를 받도록 돕는 데 그 누구보다도 헌신한다.

"해주고 싶은 조언이 정말 많아요." 조이가 말했다. "우리 가족에게는 양극성장애 병력이 있거든요. 저는 2015년에 진단받았어요. 그 사실을 아예 부정했던 바람에 병이 내게 어떤 영향을 미치는지 보지 못했어요. 시간이 흐르면서 받아들였고, 대처 전략도 세우기 시작했죠. 앞으로 우울증이 생길 걸 아니까 계획을 세운 거예요. '앞으로 이런 일이 생긴다면, 그렇게까지 우울해지는 걸 막을 전략을 짜야겠어.' 이렇게 생각했죠." 조이는 누구에게든 우울한 순간이 다가올 때 사용할 자기만의 전략을 개발해보라고 권장한다.

"심각한 우울증에 시달리는 사람을 돕는다면, 그 사람이 생각하는 방식이 완전히 달라졌다는 사실을 꼭 기억해야 해요. 자기가 완전히 무가치하다고 생각할 수도 있어요. 그러니까 친구와 가족은 그 사람의 긍정적인 자질을 알려줄 뿐만 아니라 증거까지 말해줘야 해요." 구체적인 예시를 말해준다면, 우울증 환자는 우리 이야기를 단순히 의미 없는 칭찬으로 받아들이지 않을 것이다.

조이는 그 사람이 살면서 해낸 일 대신 타고난 자질에 집중하라고도 조언한다. "인생의 성취와는 상관없어요. 가끔은 성취와 분투가 버거워지거든요. 무슨 일을 하든 그걸 초월하는 가치와 의의를 지닌다고 확실히 알려주는 게 중요해요."

조이는 우울증 징후를 전혀 보이지 않던 사람들의 자살에 가장 관심을 많이 쏟는다. 누군가, 특히 젊은 사람이 자살하면 "너무나 행복해 보였는데, 믿을 수가 없어요." 같은 말을 자주 듣는다. 나 역시 이런 말을 얼마나 많이 들었는지 셀 수조차 없다. 조이는 우울증을 앓는 사람이 부정적인 사건을 처리하거나 그 사건이 일으키는 고통스러운 감정을 표출할 기회를 전혀 얻지 못할 때도 있다고 말하면서 이를 "억누르고 계속 나아가는" 대처 방식이라고 부른다. "수년 동안 고통을 마음속에 품고 살아가기도 해요. 겉으로는 독립적이거나 자신감 있어 보이죠. 그런데 독립적이어야만 해서 독립심을 기른 경우도 있어요. 어린 시절에 대처 메커니즘을 만들면서 자립심을 키우다가 성인이 될 때까지 도움을 요청하는 법을 배우지 못하는 거죠."

"자립심 있는 사람은 보통 크게 칭찬받고 격려받아요. 자립심은 긍정적인 자질이 될 수 있어요. 하지만 지나치게 독립적이라서 도움을 구하는 법을 배우지 못하면 문제가 되죠."

조이는 다른 정신과 의료 서비스보다 훨씬 더 끈기 있고 적극적인 방식으로 일한다. "현재 정신과 의료 서비스는 환자가 주도적으로 행동하는 데 중점을 둬요. '책임을 진다'라는 말을 자주 사용하죠. 특히 환자가 의료 서비스를 자주 이용할 때 더욱 그래요. 환자가 스스로 헤쳐 나가면서 문제를 해결하려고 노력하기를 기대하죠. 저는 그런 접근 방식이 마음에 들지 않아요."

"우리는 자살 관련 사인 규명 심리에 많이 참석했거든요. 많은 사례에서 임상의가 환자에게 '더 큰 책임감'을 가지라고 권장했더라고요. 하지만 자살 위기에 빠지면 거의 언제나 사고방식이 완전히 뒤바뀌죠. 사고방식이 손상되면 탈출구를 찾기가 너무나 어려워져요."

"임상적 거리clinical distance(환자를 진료할 때 객관성과 전문성을 확보하고자 의료인이 환자에게 사회적, 정서적 거리를 유지하는 일—옮긴이)라는 면에서도 우리는 달라요. 임상적 거리를 비판하는 건 아니에요. 의료인을 보호하기 위해서, 또 환자와 맺은 관계를 오해받을까 봐 두려워서 거리를 둘 수 있잖아요. 하지만 몇 년 전에 제가 돌봄을 받았을 때 임상적 거리 때문에 제가 여전히 고립되었다는 사실을 깨달았어요. 자살 위기에 처하면 무의식적으로 주변의 모두와 멀어지죠. 임상적 거리는 그런 상황을 더욱 악화해요. 그래서 우리는 고객과 끈끈한 유대감을 쌓으려고 끊임없이 노력해요. 신뢰로 가득한 유대감이 있으니까 고객은 우리가 고객을 소중하게 여기고, 고객의 생존을 걱정한다는 사실을 알죠. 우리가 하루 24시간 내내 그 사람들과 함께할 수는 없어요. 고작 한 시간이나 그보다 조금 더 오래 함께 있을 뿐이죠. 하지만 강력한 유대감이 있다면 따로 떨어져 있는 23시간 동안 고객을 붙잡아 둘 수 있어요."

조이는 영국 정부와 보건 당국에 의료 서비스 개선 방안을 조언했다. 조이가 가장 중요하게 생각하는 변화는 정신과 입원 치료의 확대다. "요즘 인식과는 다소 어긋나지만, 일부에게는 정신병원이 가장 적합하고 유익한 곳이라고 생각해요. 정부는 이 사실을 이해하지 못하는 것 같더라고요. 이런 시설의 문제점을 다루는 언론 보도가 너무 많아서 정신병원이 얼마나 부정적인지에 모든 관심이 쏠려요. 제 생각은 달라요. 정신병원은 생명을 구하는 곳이죠. 입원하고 싶어 하는 환자도 실제로 많고요."

"저도 격리[정신병원 수용] 경험이 있고, 자유를 박탈당한 생활이 끔찍하다는 걸 알아요. 하지만 일단 환경에 적응하고 나니까 정말로 커다란 도움이 되었어요. 서로 돕고 힘을 주는 공동체가 무엇보다도 치료에 유익했죠. 그런 공동체에 관한 이야기는 잘 나오지 않아요. 하지만 그때 내 삶을 지켜준 게 그 공동체였어요. 사실 저는 그 시절을 꽤 애정 어린 마음으로 돌아봐요. 우리한테는 정신과 병상과 병원이 더 필요해요. 그건 환자에게 벌을 주는 환경을 만드는 게 아니거든요. 병원의 역할을 지역사회 돌봄으로 넘기려면 지원이 정말로 탄탄해야 하는데, 현실은 그렇지 않잖아요. 지역사회의 정신건강 팀에서 치료를 받는 사람이 병원에서 치료받는 사람보다 더 많이 죽는다는 증거도 있어요." 이 말을 들으니 안타깝게도 비슷한 일을 겪었던 우리 아버지가 생각났다.

자살위기센터는 NHS를 지원하고자 지역사회에서 활동하며 치료 방식을 바꾸려고 교육한다. 조이는 사회복지사 리즈와 임상 간호사 팻이 우리 아버지를 돌보면서 보여주었던 마음가짐을 의료 당국이 되찾도록 도우려고 한다. 환자를 직접 진료하는 의사가 재정난에 허덕이는 관료주의의 비인간적인 목표와 빠듯한 시간, 불필요한 요식 행위라는 압박에서 벗어나 환자에게 충분한 시간을 쏟고 제대로 돌보려면 이런 마음가짐이 필요하다.

우리는 의료 서비스가 무너졌다는 소식, 정신건강 서비스가 뼈대만 겨우 남았다는 소식을 거의 날마다 듣는다. 겉으로 보면 이런 문제를 극복할 수 없을 것 같을 때가 많다. 조이에게 이런 난관이 절망적으로 느껴지는지 물었다. 놀랍게도 조이는 긍정적이었다.

"여러 곳에서 희망을 봐요. 특히 매일 위기 속에서 만나는 사람들이 제게 희망을 줘요. 그 사람들이 세상으로 나가서 다른 사람들의 삶에 긍정적인 영향을 미치리라는 사실을 알아요. 지난 10년 동안 늘 이 사실을 유념했어요. 우리가 다른 방식으로 일하면서 고객이 살아남도록 돕는다는 사실도 잘 알고요." 조이는 자살위기센터의 서비스—혹은 비슷한 다른 서비스―를 제때 찾지 못하는 사람이 있어서 슬프다고 한다. 하지만 선량함이 선량함을 낳으며, 위기를 맞닥뜨린 사람들을 돕는다는 사명이 친절의 선순환을 만들어낸다고 믿는다. 조이는 많은 이의 삶을 변화시켰고, 그 효과는 그 사람들에게서 끝나지 않는다. 이런 일은 조이에게 희망을 주고, 이제는 내게도 희망을 준다. "사람들한테서 좋은 점을 알아보는 게 중요해요. 고객들은 우리와 함께한 시간이 끝나갈 무렵이면 '지금 당장 사람들을 돕고 싶어요'라고 말하죠."

"저는 트라우마 경험 때문에 엄청나게 단단해졌어요." 조이가 말했다. "어떤 장벽이든 극복하고 싶은 마음이 들죠. 설명하기는 어렵지만, 트라우마를 겪지 않았다면 그럴 수 없었을 거예요. 정말로 저를 바꿔놨어요. 저는 친절이 어떻게 생명을 구하는지 이야기해요. 작은 친절만 베풀어도 다른 사람이 한 시간을 더 버틸 수 있게 도울 수 있어요. 그 한 시간이 하루로 늘어나고요. 온화한 태도를 다들 정말로 무시하잖아요. 온화함을 요구하는 구인 광고도 없고요. 그런데 정말로 중요한 자질이에요."

조이가 내뿜는 사랑과 온기를 리즈와 팻에게서도 느꼈다. 두 사람은 우리 아버지를 정말 다정하게 보살폈다. 하지만 아버지의 의료 기록을 읽어보니, 다른 사람들의 판단이 아버지에게 아주 커다란 힘을 발휘했다는 인상을 받았다. 실제로 다른 사람들에게 휘둘리면서 아버지는 얼마나 슬펐을까. 어머니는 아버지가 남편이자 아버지로 살아갈 수 있도록 온 힘을 다했지만, 끝내 아버지는 주어진 역할을 해내지 못했다. 할머니는 아버지를 담당한 의료진에 끊임없이 전화해서 도움을 요청했다. 하지만 정작 *아버지가* 무엇을 바라는지에 마음을 썼는지는 모르겠다. 그리고 무엇보다도 아버지는 아버지 같은 사람에게 필요했을 24시간 돌봄을 받지 못했다. 연구 프로젝트에 참여해서 더 많이 지원받기는 했지만, 장기적인 정신과 치료야말로 가장 나은 해법이었을지도 모른다. 이제는 아버지의 상황을 훨씬 더 잘 알지만, 여전히 이 문제로 마음이 괴롭다. 나라면 아버지의 자유를 목숨과 바꿀 수 있었을까? 영구적인 정신과 치료를 받으며 사는 삶은 어떤 모습일까?

이렇게 말하려니 너무 이상하지만, 아버지가 결혼도 하지 않고 자식을 낳지도 않았다면 목숨을 잃지 않았을지도 모른다는 생각이 든다. 좀처럼 이해하기가 힘들다. 아버지의 예술 활동, 아버지의 고독, 아버지의 생각은 아버지를 지키는 보호막이었다. 이런 보호막이 무너진 후에는 긴급한 정신과 치료가 필요했다. 아버지는 정신질환을 앓았지만, 통찰력이 있었고 무엇이 당신을 안전하게 지켜주는지 잘 알았다. 아버지가 그런 것을 견디지 못했다니 참 슬프다. 그래도 많은 사람이 아버지를 치료하는 데 적극적으로 참여한 것 같아 감사하다. 리즈와 팻을 만난 일은 뜻밖의 기적이었다. 리즈와 팻의 헌신 덕분에 늘 안 좋은 이유로 뉴스에 나오는 NHS에 희망을 품는다.

두 사람은 아버지를 행복하게 하는 일을 찾아냈다. 미술, 디자인, 야외 활동. 아버지에게 도움과 희망을 베푼 두 사람에게 진심으로 감사하다.

이 책을 쓰려고 인터뷰했던 사람들 모두 행복을 유지하는 방법을 이야기해줬다. 적어도 더 행복해지는 방법을 알려줬다. 평생 조현병을 앓은 테오는 물에서 해방감을 느낀다. 테오는 자주 수영한다. 건강할 때 다른 사람들을 도울 수 있다는 사실도 소중하게 여긴다. 자기와 같은 병을 앓는 사람들에게 도움이 된다는 생각 자체가 활력을 준다. 엘리너는 아버지에게서 도움을 받을 수 있어서 다행이라고 한다. 가족에서 되풀이되는 양극성장애 패턴을 보며 병을 이해하는 법을 배웠고, 가족 관계에서 안정을 찾는 힘을 얻는다. 앨레이나와 어머니도 마찬가지다. 앨레이나와 올리비아는 경험을 직업으로 발전시켰다. 올리비아는 다른 사람들이 정신질환의 징후를 이해하도록 돕고 대처 수단을 알려준다. 올리비아와 대화하면서 우리 둘의 공통점을 알아차렸다. 우리는 자기 건강과 행복을 지키려면 때로는 가족이라도 어느 정도 거리를 둬야 한다는 사실을 배웠다.

알렉스가 가족과 함께 조현병을 앓는 어머니를 보살피는 이야기는 정말로 뭉클했다. 알렉스 가족은 조이 히빈스가 심각한 정신질환을 오래도록 앓는 사람을 치료할 때 중요하다고 강조한 자질을 잘 보여준다. 바로 친절이다. 알렉스 남매는 사실상 어머니의 치료 약이 되었다. 알렉스 가족의 온화하고 배려하는 태도는 정신질환이라는 어려움을 겪는 사람들을 고립시키는 대신 포용하는 법을 모범적으로 알려준다. 그 방법은 정신질환 환자의 존재를 단순히 감당하거나 용인하는 것이 아니라 우리 모두 누려야 할 삶의 방식대로 살아가도록 돕는 것이다.

이 책을 쓰면서 아버지의 삶에 있던 빈틈을 메웠다. 의료 기록은 아버지의 삶과 상태를 너무나도 노골적으로 설명했다—그래도 꼭 필요한 설명이었다. 여전히 아버지는 예전 내 생각처럼 영웅이지만, 영웅적인 면모는 상상 속에만 머물지 않는다. 아버지는 현실에서도 영웅이었다. 나는 아버지가 무슨 일을 겪었는지 보았고, 심지어 정신증을 앓으면서 한 말도 읽었다. 이제는 아버지의 '광기'를 더 잘 이해할 수 있고, 그 덕분에 아버지의 병과 나의 고난을 분리할 수 있다. 어쩌면 나의 슬픔이 유전을 통해 아버지와 이어져 있을지도 모른다. 하지만 내게는 삶을 살아가며 그런 감정을 억누르는 힘이 있다.

어떤 면에서는 내 우울증이 아버지와 연결되기를 바랐던 것 같다. 아버지에 관해 아는 게 너무나 적었기 때문에, 거의 없었기 때문이다. 우울증 말고는 아버지를 기억할 만한 다른 것이 전혀 없었던 탓에 우울증이 아주 오랫동안 간직한 커다란 연결고리처럼 느껴졌다. 이 책을 쓰면서 그런 생각을 내려놓을 수 있었다. 오늘날 세상 사람들을 바라보는 새로운 관점도 얻었다. 누구나 거리에서 이상하게 행동하는 사람을 지나쳐 본 적 있을 것이다. 소리를 지르거나 혼잣말을 중얼거리고 있어서 위험해 보였을 것이다. 나는 그런 사람을 보면 아버지가 생각난다. 리즈와 팻 같은 사람이 없었더라면, 어머니나 다른 의료진의 도움이 없었더라면, 아버지는 병에 완전히 집어삼켜진 채 집도 없이 취약한 상태로 내몰렸을지도 모른다. 그러므로 우리 삶을 좌우할 결정권을 맡길 사람을 고를 때는 배려심과 연민을 지녔는지 우선해야 한다.

조현병과 정신질환의 유전학을 깊이 파고든 덕분에 믿을 수 없을 만큼 광범위하고 그래서 감당하기 어려워 보이는 정신질환의 현실을 둘러싼 신비감을 걷어내고 어느 정도는 명쾌하게 이해할 수 있었다. 우울증을 겪을 때는 거대한 먹구름이 내려앉아서 전부 삼켜버릴 듯한 느낌이 든다. 먹구름과 함께 도무지 견딜 수 없을 것 같은 무력감과 혼란스러움도 찾아온다. 아버지의 의료 기록과 각종 정보는 막연한 불안감을 어느 정도 해소했다. 어머니의 고충을 더 깊이 이해하는 데에도 도움을 줬다. 이제는 어머니에게 더 깊이 공감할 수 있다. 어쩌면 이 책 덕분에 우리 관계가 나아질지도 모르겠다. 어머니가 이 책을 읽고 나를 더 잘 이해할지도 모른다.

거의 10년 전, 이 주제에 관한 짧은 뉴스 기사를 촬영하려고 아버지 무덤을 찾아갔다. 그보다 몇 해 전에 딱 한 번 갔던 터라 공동묘지에서 아버지 묘소가 정확히 어디인지 기억나지 않았다. 셰어라는 작은 잉글랜드 시골 마을이었는데, 우연히도 크리스마스 영화 〈로맨틱 홀리데이*The Holiday*〉 촬영지였다. 매력적이면서도 잠에 빠진 듯 조용하고 고풍스러운 잉글랜드의 작은 마을을 상상해보라. 초콜릿 상자처럼 예쁘장한 주택이 늘어서 있고 야트막하게 경사진 들판이 펼쳐져 있다. 영화 속 배경과는 달리 내가 촬영하러 갔을 때는 봄이었다. 나무는 밝은 초록빛으로 물들었고, 길가에는 수선화가 줄지어 피어났으며, 묘지로 통하는 작은 나무 문을 닫자 갖가지 새가 지저귀었다. 프로듀서와 카메라맨과 함께 이슬 맺힌 풀잎에 신발을 적시며 걸어가면서 묘비에 적힌 이름을 훑어보았다. 사랑하는 어머니, 소중한 할아버지, 충실한 친구. 수백 년 전에 세상을 떠난 사람도 있었고, 겨우 몇 달 전에 죽은 사람도 있었다. 비록 지금은 잊힌 사람도 있었지만, 모두 한때는 사람들 기억 속에 자리 잡고 있었다. 마침내 우리는 베릭 제임스 롱먼—나의 친할아버지 지미—을 찾았다. 1979년에 삶을 마감한 할아버지의 사망 날짜가 묘비에 새겨져 있었다. 나는 할아버지의 무덤 양쪽에 있는 묘비를 희망 어린 눈길로 살펴보았다. 그때 할아버지의 묘비에 새겨진 글귀가 눈에 들어왔다. 존 제임스 롱먼. 이끼 낀 묘비의 바닥 바로 윗부분에 아버지의 이름이 있었다. 아버지가 이곳에 묻히지 않고 화장되었다는 사실을 깨달았다. 미처 몰랐던 일이었다. 아버지의 재는 할아버지의 무덤에 뿌려졌다. 아버지가 내 삶에서 너무나 오랫동안 떠나 있었던 터라 나는 그 묘지에 아버지가 정말로 누워 있기를 바랐다. 내가 평생 그리워했던 사람의 물리적 흔적이 있기를 바랐다. 내게 이름을 물려준 두 사람 모두 스스로 목숨을 끊었다. 묘비에 새겨진 내 이름을 보니 다음 세대로 전해지는 트라우마에 대한 걱정이 더욱 깊어졌다. 하지만 이제는 할아버지와 아버지의 무덤을 보면서도 두 사람과 나의 경험을 분리해서 생각할 수 있다. 아버지가 물려준 좋은 것들을 가져갈 수 있다. 아버지와 이름이 같다는 사실에 자부심을 느낄 수 있다. 그리고 나머지는 그 고요한 묘지에 남겨둘 수 있다.

가족의 정신질환 병력이 고민인 사람에게 최고의 조언을 알려주겠다. 직접 물어보라. 직접 알아보라. 우리 가족처럼 이런 문제를 반쯤 비밀 속에 파묻어둬서는 안 된다. 비밀은 우리 내면에서 도사리고 있다가 곪아 터지고 썩을 수 있다. 그러면 가족사는 지금의 나를 더 잘 이해할 수 있는 도구가 아니라 나를 짓누르는 바위가 된다. 내 우울증을 가장 정확하게 표현하는 말은 피할 수 없는 무력감이다. 내 감정과 의심과 불안이 나를 쥐고 흔들 것 같은 느낌이다. 내가 건강하다면 *그것*들을 통제할 수 있다.

지금 어려움을 겪는 사람들에게 내가 할 수 있는 말은 이뿐이다. 도움을 요청하라. 지금은 숨어 있는 것 같더라도 주변 곳곳에서 친절을 만날 것이다. 여러분이 겪는 슬픔이 마치 핏속을 흐르는 것처럼 느껴질지도 모른다. 하지만 다시 행복해질 수 있는 해답도 핏속에서 흐르고 있다. 여러분이 문제를 안고 있을지도 모른다. 하지만 해결책도 함께 안고 있을 것이다.

감사의 말

이 책을 '회고록이자 과학책'이라고 설명하면 당황한 기색을 애써 감춘 눈빛이 돌아올 때가 많다. 사람들은 대개 회고록 아니면 과학책 둘 중 하나만 기대한다. 나를 잘 알고, 내가 과학에 젬병이었다는 사실을 잘 아는 사람들은 내가 정말로 제정신을 잃었는지 궁금해한다. 다행히 하이페리온 애비뉴의 편집장 제니퍼 레버스크는 나의 과학 성적표 사본을 보지 못하고 출판을 허락했다. 제니퍼는 이 책의 잠재력을 곧바로 알아보았다. 처음부터 내 목표를 이해해준 제니퍼와 UTA 에이전트 라이언 헤이든과 필러 퀸, 마크 패스킨에게 감사드린다. 편집자 알렉시스 워셤에게도 감사하다. 알렉시스의 뛰어난 재능 덕분에 거친 원고가 매끄럽게 다듬어졌다. 알렉시스와 작업할 수 있어서 크나큰 영광이었고, 곁에서 지켜본 뛰어난 스토리텔링 감각은 경탄스러웠다.

이 책은 내가 2016년에 BBC에서 제작한 텔레비전 프로그램 〈내가 정신질환을 물려받았을까?*Did I Inherit Mental Illness?*〉에서 출발했다. 당시 편집자였던 루이자 컴프턴이 제작을 권유했는데, 텔레비전 프로그램에 대한 뛰어난 안목뿐만 아니라 엄청난 열정을 지닌 루이자는 프로그램 제작 전반을 이끌었다. 유머와 세심한 배려를 선물한 프로듀서 세라 해처드에게도 고맙다. 킹스칼리지런던의 캐스린 루이스와 롤런드 잰은 프로그램을 위해 연구 내용을 공개했을 뿐만 아니라, 과학에 무지한 나를 참을성 있게 대하며 이런 주제를 이야기할 자신감을 심어주었다. 특히 캐스린은 이 책의 교정을 맡았고 여러모로 세심하게 내용을 수정하는 데 도움을 베풀었다. 캐스린과 롤런드의 가르침 덕분에 시야를 넓히고 학계의 다양한 전문가와 인터뷰할 수 있었다. 인터뷰에 응한 전문가 모두에게도 진심으로 감사드린다.

이 책을 쓰면서 심각한 정신질환을 겪은 이들과 이야기를 나누었다. 미셸과 매슈, 테오, 킴, 올리비아, 앨레이나, 알렉스, 엘리너 모두 내게 마음을 열었고, 삶 속 깊이 숨겨놓은 순간을 터놓고 이야기했다. 내가 이 사람들의 이야기를 올바르게 전달했기를 바란다. 아울러 독자 여러분도 이들의 경험에서 깨달음을 얻었으면 한다.

아버지를 보살폈던 리즈 모리슨과 팻 렁에게도 진심으로 감사하다. 아버지에 관한 다채로운 사실을 솔직하게 알려줬을 뿐만 아니라, 내게 필요한 답까지 말해줬다. 아버지의 담당 의사 앤 솔켈드, 내가 계속 성가시게 도움을 요청했던 세인트가이스 앤드 세인트토머스 병원의 맷 메이, 폴 롤리지와 런던 중부 및 북서부 NHS 재단 신탁의 모두, 국가의료평의회, 소셜워크 잉글랜드, 브룩우드 병원 기록 보관소, 정신건강 자선단체 마인드, 10만 유전체 프로젝트, 런던 지역 보건소에서 고생하는 접수원에게도 감사한 마음을 전한다. 특히 나는 아버지의 정신건강 병력을 문의하려고 뜬금없이 보건소 접수원에게 메시지를 보내곤 했다.

내가 자라는 동안 자상하게 보살펴준 워스 스쿨 모두에게도 감사드린다. 키스 오워스와 길리 오워스, 피터 헌과 조 헌, 벤 던힐, 네이선 브라운, 마틴 맥기 신부님과 크리스토퍼 제이미슨 신부님, 고맙습니다. 우리 아버지의 첫 여자 친구 리지에게도 감사하다. 리지는 고통스러웠을 기억을 다시 떠올렸으며 친절하고 열린 마음으로 나를 대했다. 세라와 프랭크를 소개했고, 추억도 함께 나눠주었다. 아버지의 삶에 이런 사람들이 있었다는 사실을 알고 나니 아버지에 관한 추억이 끝없이 달콤해졌다.

앤더슨 쿠퍼는 오랫동안 내게 영감을 선사하고 길잡이가 되어주었다. 이 책을 쓰는 데 앤더슨의 도움을 받을 수 있어서 정말 영광이다. 롭 린더는 뛰어난 정서 지능에 필적할 날것 그대로의 지성으로 이 책에 마법을 부렸다. 멜리사 보든은 내게 가장 친한 친구일 뿐만 아니라 진정한 아름다움을 품은 작가이기도 하다. 멀리서의 의견을 들을 수 있어서 정말로 운이 좋았다. 내 멘토이자 친구 바버라 페디다의 지혜는 이 책이 여러 단계에서 발전해 나가는 데 큰 도움이 되었다. 차이나 콜린스와 매슈 쇼에게도 감사드린다. 너무나 똑똑한 두 사람은 내가 (여러 차례) 막다른 길에 다다랐을 때 격려하며 앞으로 나아가게 도왔다.

이 책을 쓰는 과정에서는 철저한 조사가 필수였다. 긴테 프리도카이테의 도움은 정말로 소중했다. 내가 유용해 보이는 생각이 떠오를 때마다 멀리서 보낸 엉뚱한 왓츠앱 메시지를 무시하지 않고 읽어줘서 감사하다. 이후인 친, 키미아 마다비, 조바나 샤닐로에게도 고맙다. 과학 내용을 이해하게 쉽게 설명한 리아 크롤과 제니퍼 애슈턴, 고드프리 펄슨에게 특별히 감사드린다. 더불어 조지프 브래넌 같은 분을 장인으로 만나 참 운이 좋다고 생각한다. 장인어른은 과학 지식이 풍부할 뿐만 아니라 내 삶의 현명한 어른이 되어주셨다.

ABC 방송국 동료에게도 감사한 마음을 전한다. 브루노 뢰버와 함께 스릴 넘치는 작업을 함께하면서 정말로 즐거웠다. 브루노의 재능과 재치는 무엇을 보도하든 활력을 불어넣었다. 클라크 벤슨은 ABC의 전설이다. 우리가 길 위에서 함께한 모든 순간에 진심으로 감사드린다. 케이티 덴다스에게도 감사하다. 슬픔이 어떤 느낌인지 아는 상사를 만나면 정말로 큰 힘이 된다. 나를 항상 웃게 해주고, 유익한 충고를 들려주는 저스틴 다이얼에게도 고맙다. 아이차 엘해머, 소헬 우딘, 앵거스 하인스, 조 매기, 소마예 말레키안, 가이 데이비스, 마이크 트루, 라시드 하두, 조 시모네티, 디미트리예 스테이, 수전 아처, 제이미 베이커, 스콧 먼로, 니키 드블루아, 앤디 로런스, 지미 길링스, 마그누스 마체도, 이언 파넬, 매기 룰리, 마커스 무어 모두 감사드린다. 다들 파견 나갔을 때 내게 저녁 식사 초대를 거절당했거나 내 사무실을 지나가는데 완전히 무시당한 경험이 있다. 다 내가 이 책에 코를 박고 있었기 때문이다. 우크라이나의 호스텔부터 아이슬란드의 택시 뒷좌석까지, 또 그 사이 어디에서든 이 모든 일을 할 수 있도록 시간과 공간을 (가끔은 노트북 충전기까지) 제공해준 모든 분에게도 감사드린다. 표지 사진을 내어준 스콧에게는 특별히 감사 인사를 전한다. 키이우에 출장 가서 찍은 사진이다. 하이페리온 애비뉴의 아트 디렉터 에이미 킹에게도 고맙다. 책 표지를 환상적으로 멋지게 디자인해줬다. 전문적인 마케팅 실력을 발휘한 대닌 굿윈과 케이티 리리 역시 감사하다.

케이트 호지슨, 재스민 브라운, 로버트 제페다, 몰리 셰이커, 세니 티에나베소, 키리트 레이디어 등 미국 동료와 함께 일하면서 정말 행복했다. 이들 덕분에 즐겁게 일할 수 있다. ABC에는 재능 있는 인재가 정말로 많다. 특히 데이비드 뮤어, 다이앤 소여, 데버라 로버츠는 열과 성을 다해 일한다. 이들의 모범적인 태도는 내게 빛나는 본보기가 되어주었고, 이 사람들의 지지가 내게는 몹시 소중하다. ABC 이전에는 스카이 뉴스와 BBC에서 일했다. 존 젤리는 뉴스 분야에서 첫 일자리를, 존 윌리엄스는 BBC의 첫 자리를, 조너선 먼로는 첫 리포터 일거리를, 제임스 골드스턴은 ABC 뉴스의 첫 자리를 마련해주었다. 이 경력이 없었더라면 이 책은 세상에 나오지 못했을 것이다. 이 모든 분에게 깊이 감사드린다. 멘토로서 큰 힘이 되어 준 리치 로스와 조용한 지혜와 우정을 나눠준 메리 누넌에게도 고맙다. 몰리 헌터는 '반대편'에서 일하지만, 폴 지아드나사르와 함께 훌륭한 언론인은 훌륭한 사람이 되는 것에서 시작한다는 사실을 보여주었다. 퍼걸 킨, 쿠엔틴 소머빌, 클래리사 워드, 테리 모런, 라이즈 두셋, 프랭크 가드너, 캐럴라인 홀리는 저도 모르게 본보기가 되어주었다. 이런 사람들을 알게 되어 정말 행운이다.

기자로서 이야기를 세상에 전달할 수 있게 사연을 들려준 모두에게도 감사드린다. 내 경험을 풍요롭게 해준 그들 모두를 내가 마땅히 존중했기를 바란다.

이 책은 가족에 관한 이야기를 다룬다. 내 마음속 가장 커다란 자리를 외할머니 가브리엘 클래리지에게 바친다. 외할머니의 사랑과 따뜻함이 그립다. 할머니 낸시 롱먼은 불굴의 용기를 보여준 모범이었다. 두 분 모두 나를 안전하게 지켜주었다. 핵가족이었던 우리 가족은 찢어지고 부서진 것 같았지만,

스코틀랜드 친척에게 언제나 고마웠다. 캐런 마크스와 조너선 마크스, 이완 뷰캐넌과 아일린 뷰캐넌, 제임스 뷰캐넌과 클로이 뷰캐넌을 비롯해 스코틀랜드 친척 모두 감사해요.

우리 남편 알렉스의 가족을 만난 일은 내 삶에서 가장 멋진 일이다. 수재너와 조, 조지, 루시 리처즈와 댄 리처즈, 로라 포비와 사이먼 포비, 레미, 헤리슨, 퀸, 맥스 모두 감사해요. 물론, 메이블과 밀리도요! 여러분 모두와 함께해서 정말 행운이라고 생각해요.

내 친구는 가족이나 다름없다. 여기에 친구들의 이름을 전부 적을 수는 없을 테다. 하지만 멜리사 보든, 야스민 레벨, 나탈리 브린과 마크 브린, 비비앤 히스, 폴리 브라운, 해리엇 프레이저, 캐서린 킴버, 캐서린 스티프, 마크 게틀슨, 스테퍼니 랭리풀, 티나 다헤일리, 니키 켈빈, 플로런스 슈미트, 에밀리 스트랜드, 세이 마틴스앨런은 내가 가장 힘들었을 때 늘 곁에 있어줬다. 고맙다는 말로는 내 마음을 다 전하지 못할 것이다. 대부모님 뤼시앵 클라와 장마르크 페레즈는 사랑이 넘칠 뿐만 아니라 헌신적인 동성애 관계의 모범도 보여줬다. 직계 가족이 거의 없는 내게 뤼시앵과 장마르크는 안정감과 조건 없는 사랑을 베풀었다. 대모인 나일라 밀른과 가족 역시 변함 없는 사랑을 선물했다. 나 역시 대자녀 루미 레벨과 인디아그레이스 슈미트, 프랭크 스터브스, 아테나 다헤일리스미스에게 사랑 어린 가르침을 베풀고 싶다.

이 책을 쓰면서 우리 어머니 앤이 어떤 삶을 살았는지 더 깊이 이해할 수 있었다. 어머니는 내게 힘든 기억을 남겼다. 어머니에게도 힘든 기억이었을 것이다. 내 삶의 일부를 다시 생생하게 경험하면서 어머니가 나를 키우고 지키고자 한 모든 일에 진심으로 감사하게 되었다.

마지막으로 알렉스, 내가 하는 모든 일은 당신을 위한 거야.

참고 문헌

머리말

Filer, Nathan. *The Heartland: Finding and Losing Schizophrenia.* London: Faber & Faber, 2019.

1장

Callanan, Liam. *The Cloud Atlas.* New York: Dial Press, 2012.

Gray, Kurt, and Daniel Wegner. *The Mind Club: Who Thinks, What Feels, and Why It Matters.* New York: Viking, 2016.

Haig, Matt. *How to Stop Time.* New York: Penguin Books, 2017.

Didion, Joan. *The Year of Magical Thinking.* New York: Alfred A. Knopf, 2005.

Ashton, Jennifer. *Life after Suicide: Finding Comfort, Courage and Community after Unthinkable Loss.* New York: HarperCollins, 2019.

2장

#TeamEBONY. "Was This Maya Angelou's Final Interview?" *Ebony*, May 30, 2014. https://www.ebony.com/was-this-maya-angelous-final-interview-987/.

3장

Kolker, Robert. *Hidden Valley Road: Inside the Mind of an American Family.* New York: Doubleday, 2020.

World Health Organization. "Schizophrenia." January 10, 2022. https://www.who.int/news-room/fact-sheets/detail/schizophrenia.

Karlsgodt, Katherine H., Daqiang Sun, and Tyrone D. Cannon. "Structural and Functional Brain Abnormalities in Schizophrenia." *Current Directions in Psychological Science* 19, no. 4 (Aug. 2010): 226–31. https://doi.org/10.1177/0963721410377601.

Van Erp, Theo G. M., Esther Walton, Derrek P. Hibar, Lianne Schmaal, Wenhao Jiang, David C. Glahn, Godfrey D. Pearlson, Nailin Yao, Masaki Fukunaga, and Ryoto Hashimoto. "Cortical Brain Abnormalities in 4474 Individuals with Schizophrenia and 5098 Control Subjects via the Enhancing Neuro Imaging Genetics through Meta Analysis (ENIGMA) Consortium." *Biological Psychiatry* 84, no. 9 (Nov. 1, 2018): P644–54. https://www.biologicalpsychiatryjournal.com/article/S0006-3223(18)31517-8/fulltext.

Salgado-Pineda, P., A. Caclin, I. Baeza, C. Junque, M. Bernardo, O. Blin, and P. Fonlupt. "Schizophrenia and Frontal Cortex: Where Does It Fail?" *Schizophrenia Research* 91, no. 1–3 (March 2007): 73–81. https://www.sciencedirect.com/science/article/abs/pii/S0920996407000345?via%3Dihub.

Schreber, Daniel, Ida Macalpone, Richard A. Hunter, and Rosemary Dinnage. *Memoirs of My Nervous Illness.* New York: NYRB Classics, 2000.

National Institute of Mental Health. "Schizophrenia." https://www.nimh.nih.gov/health/topics/schizophrenia.

Evans-Lacko, Sara, Claire Henderson, and Graham Thornicroft. "Public Knowledge, Attitudes, and Behaviour regarding People with Mental Illness in England 2009–2012." *The British Journal of Psychiatry* 202 (2013): s51–s57. https://www.cambridge.org/core/services/aop-cambridge-core/content/view/11CA0F5B4BB9C71048121C836FEB-7B9E/S0007125000246084a.pdf/public_knowledge_attitudes_and_behaviour_regarding_people_with_mental_illness_in_england_20092012.pdf.

Parcesepe, Angela M., and Leopoldo J. Cabassa. "Public Stigma of Mental Illness in the United States: A Systematic Literature Review." *Administration and Policy in Mental Health and Mental Health Services Research* 40, no. 5 (Sept. 2013): 384–99. https://www.ncbi.nlm.nih.gov/pmc/articles/PMC3835659/#:~:text=In%20all%2C%20public%20stigma%20toward,2010%2C%20p.

National Centre for Social Research. Public Health England: British Social Attitudes Report. Attitudes to mental health problems and mental well-being. 2015. https://bsa.natcen.ac.uk/media/39109/phe-bsa-2015-attitudes-to-mental-health.pdf.

Durand-Zaleski, Isabelle, Jan Scott, Frederic Rouillon, and Marion Leboyer. "A First

National Survey of Knowledge, Attitudes and Behaviours toward Schizophrenia, Bipolar Disorders and Autism in France." *BMC Psychiatry* 12, no. 128 (Aug. 2012). https://bmc-psychiatry.biomedcentral.com/articles/10.1186/1471-244X-12-128.

4장

Rollins, Henry. *Get In the Van: On the Road with Black Flag.* Los Angeles: 2.13.61, 1994.

Substance Abuse and Mental Health Services Administration (SAMHSA). "2020 National Survey on Drug Use and Health (NSDUH) Releases." https://www.samhsa.gov/data/release/2020-national-survey-drug-use-and-health-nsduh-releases.

NHS England. "Adult Psychiatric Morbidity Survey: Survey of Mental Health and Wellbeing, England, 2014." Sept. 29, 2016. https://digital.nhs.uk/data-and-information/publications/statistical/adult-psychiatric-morbidity-survey/adult-psychiatric-morbidity-survey-survey-of-mental-health-and-wellbeing-england-2014.

Duffy, Marie. "'It Will Be Sunny One Day'—Stephen Fry's Inspirational Letter to Someone Struggling with Their Mental Health." *Medium*, February 23, 2018. https://medium.com/mental-health-arena/stephen-fry-f2fc17921cba.

Cherry, Kendra. "An Overview of Sigmund Freud's Theories." *Verywell Mind.* Accessed November 2022. https://www.verywellmind.com/sigmund-freud-his-life-work-and-theories-2795860#:~:text=Personality%3A%20Freud%20proposed%20that%20personality,regulates%20how%20the%20ego%20operates.

Whitaker-Azmitia, Patricia Mack. "The Discovery of Serotonin and Its Role in Neuroscience." *Neuropsychopharmacol* 21, no. 1 (1999): 2–8. https://doi.org/10.1016/S0893-133X(99)00031-7.

Hemingway, Ernest. *The Sun Also Rises.* London: Pan Books, 1926.

5장

Mackesy, Charlie. *The Boy, the Mole, the Fox and the Horse.* London: Ebury Press, 2019.

Oppenheim, Janet. *"Shattered Nerves": Doctors, Patients, and Depression in Victorian England.* New York and Oxford: Oxford University Press, 1991.

Young, Sarah. "Who Were the Queen's 'Hidden' Cousins Nerissa and Katherine Bowes-Lyon?" *The Independent*, September 16, 2022. https://www.independent.co.uk/life-style/royal-family/queen-cousins-nerissa-katherine-bowes-lyon-crown-netflix-b2168724.html#.

Hellinger, Bert. "Foreword." In *Family Constellations: A Practical Guide to Uncovering the Origins of Family Conflict*, by Joy Manne. Berkeley, CA: North Atlantic Books, 2009.

Hilker, Rikke, Dorte Helenius, Birgitte Fagerlund, Axel Skytthe, Kaare Christensen, Thomas M. Werge, Merete Nordentoft, and Birte Glenthøj. "Heritability of Schizophrenia and Schizophrenia Spectrum Based on the Nationwide Danish Twin Register." *Biological Psychiatry* 83, no. 6 (March 2018): 492–98. https://pubmed.ncbi.nlm.nih.gov/28987712/.

MSU Twin Registry. "Why Twin Studies?" https://msutwinstudies.com/why-twin-studies#:~:text=Twin%20studies%20allow%20researchers%20to,influence%20on%20a%20specific%20trait.

Austin, Jehannine. "How to Protect Your Mental Health When Genetics Make You Vulnerable." National Society of Genetic Counselors. 2019. https://www.aboutgeneticcounselors.com/Resources-to-Help-You/Post/how-to-protect-your-mental-health-when-genetics-make-you-vulnerable.

Gauvain, Peter. *Alastair Campbell: Depression and Me.* London: BBC One, 2019.

Filer, Nathan. *The Heartland: Finding and Losing Schizophrenia.* London: Faber & Faber, 2019.

National Human Genome Research Institute. https://www.genome.gov.

Howard, David M., Mark J. Adams, Toni-Kim Clarke, Jonathan D. Hafferty, Jude Gibson, Masoud Shirali, Jonathan R. I. Coleman et al. "Genome-Wide Meta-Analysis of Depression Identifies 102 Independent Variants and Highlights the Importance of the Prefrontal Brain Regions." *Nature Neuroscience* 22, no. 3 (March 2019): 343–52. https://doi.org/10.1038/s41593-018-0326-7.

Gebbing, Maren, Thorsten Bergmann, Eric Schulz, and Anja Ehrhardt. "Gene Therapeutic Approaches to Inhibit Hepatitis B Virus Replication." *World Journal of Hepatology* 7, no. 2 (2015): 150–64. https://www.ncbi.nlm.nih.gov/pmc/articles/PMC4342598/.

Vaswani, Akansha. "Fighting for the Meaning of Madness: An Interview with Dr.

John Read." *Mad in America*, May 8, 2019. https://www.madinamerica.com/2019/05/an-interview-with-dr-john-read/#:~:text=the%20World%20News-,Fighting%20for%20the%20Meaning%20of%20Madness%3A%20An%20Interview%20with%20Dr,John%20Read&text=On%20MIA%20Radio%20this%20week,mental%20health%20over%20the%20years.

6장

Freud, Sigmund. *Beyond the Pleasure Principle.* London: The Hogarth Press, 1920.

Cole, Daniel, and Lisa Millraney. "Sigmund Freud's Little Hans: Case Study & Implications." Study.com. Last updated November 21, 2023. https://study.com/academy/lesson/psychology-case-study-little-hans.html.

van der Kolk, Bessel. *The Body Keeps the Score: Brain, Mind, and Body in the Healing of Trauma.* New York: Viking, 2014.

Centers for Disease Control and Prevention. "Anxiety and Depression in Children." Last updated July 25, 2023. https://www.cdc.gov/childrensmentalhealth/depression.html.

Stonewall.org. "LGBT in Britain: Health (2018)." November 2018. https://www.stonewall.org.uk/resources/lgbt-britain-health-2018.

Bettelheim, Bruno. *The Uses of Enchantment: The Meaning and Importance of Fairy Tales.* New York: Alfred A. Knopf, 1976.

Nock, M. K., I. Hwang, N. A. Sampson, and R. C. Kessler. "Mental Disorders, Comorbidity and Suicidal Behavior: Results from the National Comorbidity Survey Replication." *Molecular Psychiatry* 15, no. 8 (Aug. 2010): 868–76. https://pubmed.ncbi.nlm.nih.gov/19337207/.

Kandel, Eric R. *In Search of Memory. The Emergence of a New Science of Mind.* New York: W. W. Norton & Company, 2006.

Squire, Larry R. "The Legacy of Patient H. M. for Neuroscience." *Neuron* 61, no. 1 (Jan. 2009): 6–9. https://doi.org/10.1016/j.neuron.2008.12.023.

7장

Miller, Madeline. *Circe.* Boston: Little, Brown and Company. 2018.

8장

Carey, Nessa. *The Epigenetics Revolution: How Modern Biology Is Rewriting Our Understanding of Genetics, Disease and Inheritance.* New York: Columbia University Press, 2012.

Bellanti, Joseph A., and Russell A. Settipane. "Genetics, Epigenetics, and Allergic Disease: A Gun Loaded by Genetics and a Trigger Pulled by Epigenetics." *Allergy & Asthma Proceedings* 1, no. 40 (March 2019): 73–75. https://doi.org/10.2500/aap.2019.40.4206.

Lipton, Bruce H. *The Biology of Belief: Unleashing the Power of Consciousness, Matter and Miracles.* Santa Rosa, CA: Elite Books, 2005.

Yehuda, Rachel. "How Trauma and Resilience Cross Generations." *On Being with Krista Tippett.* Podcast audio. Last updated November 9, 2017. https://onbeing.org/programs/rachel-yehuda-how-trauma-and-resilience-cross-generations-nov2017/.

Hardman, Isabel. *The Natural Health Service: How Nature Can Mend Your Mind.* London: Atlantic Books, 2020.

Wolynn, Mark. *It Didn't Start with You: How Inherited Family Trauma Shapes Who We Are and How to End the Cycle.* New York: Penguin Life, 2016.

Roseboom, Tessa, Susanne de Rooij, and Rebecca Painter. "The Dutch Famine and Its Long-Term Consequences for Adult Health." *Early Human Development* 82, no. 8 (Aug. 2006): 485–91. https://doi.org/10.1016/j.earlhumdev.2006.07.001.

Lock, Margaret. "The Epigenome and Nature/Nurture Reunification: A Challenge for Anthropology." *Medical Anthropology* 32, no. 4 (2013): 291–308. https://doi.org/10.1080/01459740.2012.746973.

Ridley, Matthew, Gautam Rao, Frank Schilbach, and Vikram Patel. "Poverty, Depression, and Anxiety: Causal Evidence and Mechanisms." *Science* 370, no. 6522 (Dec. 2020). https://doi.org/10.1126/science.aay0214.

9장

Miller, Madeline. *The Song of Achilles.* New York: Ecco, 2011.

10장

Nakazawa, Donna Jackson. *Childhood Disrupted: How Your Biography Becomes Your*

Biology, and How You Can Heal. New York: Atria Books, 2015.

Bullmore, Edward. *The Inflamed Mind: A Radical New Approach to Depression.* London: Picador, 2018.

American Cancer Society. "Cytokines and Their Side Effects." Last modified December 27, 2019. https://www.cancer.org/cancer/managing-cancer/treatment-types/immunotherapy/cytokines.html.

Ebert, Andreas, and Karl-Jurgen Bar. "Emil Kraepelin: A Pioneer of Scientific Understanding of Psychiatry and Psychopharmacology." *Indian Journal of Psychiatry* 52, no. 2 (April 2010): 191–92. https://doi.org/ 10.4103/0019-5545.64591.

van Kesteren, C. F. M. G., H. Gremmels, L. D. de Witte, E. M. Hol, A. R. Van Gool, P. G. Falkai, R. S. Kahn, and I. E. C. Sommer. "Immune Involvement in the Pathogenesis of Schizophrenia: A MetaAnalysis on Postmortem Brain Studies." *Translational Psychiatry* 7, no.3 (March 28, 2017): e1075. https://doi.org/10.1038/tp.2017.4.

Miller, Brian J., and David R. Goldsmith. "Towards an Immunophenotype of Schizophrenia: Progress, Potential Mechanisms, and Future Directions." *Neuropsychopharmacology* 42, no. 1 (Jan. 2017): 299–317. https://doi.org/10.1038/npp.2016.211.

Spector, Tim. *The Diet Myth: The Real Science behind What We Eat.* London: W&N, 2015.

Comer, Ashley L., Micael Carrier, Marie-Eve Tremblay, and Alberto CruzMartin. "The Inflamed Brain in Schizophrenia: The Convergence of Genetic and Environmental Risk Factors That Lead to Uncontrolled Neuroinflammation." *Frontiers in Cellular Neuroscience* 14 (2020): 274. https://www.ncbi.nlm.nih.gov/pmc/articles/PMC7518314/.

Brown, Alan S. "The Environment and Susceptibility to Schizophrenia." *Progress in Neurobiology* 93, no. 1 (Jan. 2011): 23–58. https://doi.org/10.1016/j.pneurobio.2010.09.003.

Gupta, S., P. S. Masand, D. Kaplan, A. Bhandary, and S. Hendricks. "The Relationship between Schizophrenia and Irritable Bowel Syndrome (IBS)." *Schizophrenia Research* 23, no. 3 (Feb. 1997): 265–68. https://doi.org/10.1016/s0920-9964(96)00099-0. https://pubmed.ncbi.nlm.nih.gov/9075306/.

The Sinclair Lab, Harvard Medical School. "Research." https://sinclair.hms.harvard.edu/research.

Sinclair, David. *Lifespan with Dr. David Sinclair.* Podcast. https://www.lifespanpodcast.com/.

Byrne, Dom. "How Deep Brain Stimulation Is Helping People with Severe Depression." *Nature*, April 21, 2023. https://www.nature.com/articles/d41586-023-01375-5.

Mayberg, Helen. "Examining Depression through the Lens of the Brain." TEDxEmory, Atlanta, GA. Video. May 27, 2015. https://www.youtube.com/watch?v=KwHFHV9Jfd8&themeRefresh=1.

11장

Dickens, Charles. *The Pickwick Papers.* London: Chapman and Hall, 1836.

Treatment Advocacy Center. "Serious Mental Illness and Homelessness." https://www.treatmentadvocacycenter.org/reports_publications/serious-mental-illness-and-homelessness/Accessed July 27, 2024.

San Francisco local government: Mental Health Population Summary https://www.sf.gov/sites/default/files/2023-03/Mental%20Health%20SF%20Population%20Summary.pdf

12장

Boccia, Maddalena, Laura Piccardi, and Paola Guariglia. "The Meditative Mind: A Comprehensive Meta-Analysis of MRI Studies." *BioMed Research International* (June 2015). https://doi.org/10.1155/2015/419808.

Tomasino, Barbara, Alberto Chiesa, and Franco Fabbro. "Disentangling the Neural Mechanisms Involved in Hinduism—and Buddhism—Related Meditations." *Brain and Cognition* 90 (Oct 2014): 32–40. https://doi.org/10.1016/j.bandc.2014.03.013.

Luders, Eileen, Arthur W. Toga, Natasha Lepore, and Christian Gaser. "The Underlying Anatomical Correlates of Long-Term Meditation: Larger Hippocampal and Frontal Volumes of Gray Matter." *NeuroImage* 45, no. 3 (April 2009): 672–78. https://doi.org/10.1016/j.neuroimage.2008.12.061.

13장

Keane, Fergal. "Letter to Daniel." PBS.org. February. 1996. https://www.pbs.org/

wgbh/pages/frontline/shows/rwanda/todaniel/.

Helliwell, John, Richard Layard, Jeffrey D. Sachs, Jan-Emmanuel De Neve, Lara B. Aknin, Shun Wang, and Sharon Paculor. *World Happiness Report 2022*. New York: Sustainable Development Solutions Network, 2022. https://worldhappiness.report/ed/2022/.

de Vries, Lianne P., Margot P. van de Weijer, and Meike Bartels. "The Human Physiology of Well-Being: A Systematic Review on the Association between Neurotransmitters, Hormones, Inflammatory Markers, the Microbiome and Well-Being." *Neuroscience and Biobehavioral Reviews* 139 (Aug. 2022):104733. https://doi.org/10.1016/j.neubiorev.2022.104733.

van de Weijer, Margot P., Dirk H. M. Pelt, Lianne P. de Vries, Bart M. L. Baselmans, and Meike Bartels. "A Re-evaluation of Candidate Gene Studies for Well-Being in Light of Genome-Wide Evidence." *Journal of Happiness Studies* 23 (May 2022): 3031–53. https://doi.org/10.1007/s10902-022-00538-x.

Cembrowski, Mark S., Lihua Wang, Andrew L. Lemire, Monique Copeland, Salvatore F. DiLisio, Jody Clements, and Nelson Spruston. "The Subiculum Is a Patchwork of Discrete Subregions." *eLife* 7 (Oct. 2018): e37701. https://doi.org/10.7554/eLife.37701.

De Neve, J.-E., N. A. Christakis, J. H. Fowler, and B. S. Frey. "Genes, Economics, and Happiness." *Journal of Neuroscience, Psychology, and Economics* 5, no. 4 (2012): 193–211. https://doi.org/10.1037/a0030292.

Mukherjee, Siddhartha. *The Gene: An Intimate History*. New York: Scribner, 2016.

Mukherjee, Siddhartha. *The Song of the Cell: An Exploration of Medicine and the New Human*. New York: Scribner, 2022.

Grabowska, Wioleta, Ewa Sikora, and Anna Bielak-Zmijewska. "Sirtuins, a Promising Target in Slowing down the Ageing Process." *Biogerontology* 18, no. 4 (Aug. 2017): 447–76. https://doi.org/10.1007/s10522-017-9685-9.

옮긴이 **성소희**

서울대학교에서 미학과 서어서문학을 공부하고 바른번역 소속 번역가로 활동 중이다. 옮긴 책으로는《지구를 여행하는 히치하이커를 위한 안내서》《하버드 논리학 수업》《얼음과 불의 탄생》《여신의 역사》《땅의 역사》《미래를 위한 지구 한 바퀴》《책이란》 등이 있으며 철학 잡지《뉴필로소퍼》 번역진으로 참여하고 있다.

나는 슬픔을 물려받았다

초판 1쇄 발행 | 2025년 12월 19일

지은이 제임스 롱먼
옮긴이 성소희
기획 유인창
책임편집 이기홍
디자인 윤철호

펴낸곳 (주)바다출판사
주소 서울시 서대문구 신촌로3길 15 6층
전화 02-322-3675(편집) 02-322-3575(마케팅)
팩스 02-322-3858
이메일 badabooks@daum.net
홈페이지 www.badabooks.co.kr
ISBN 979-11-6689-388-9 03180